J. TALBOYS-WHEELER

LES ANGLAIS DANS L'INDE

(1800-1805)

TRADUIT DE L'ANGLAIS

PAR

J. PÈNE-SIEFERT

OUVRAGE ILLUSTRÉ

DE 45 GRAVURES

PARIS

FIRMIN-DIDOT et CIE

56, rue Jacob

LES ANGLAIS

DANS L'INDE

TYPOGRAPHIE FIRMIN-DIDOT ET Cie. — MESNIL (EURE).

Fig. 1. — Agra. Le Taje. Vue d'ensemble du monument.

J. TALBOYS-WHEELER

LES ANGLAIS
DANS L'INDE
(1700-1805)

TRADUIT DE L'ANGLAIS AVEC AUTORISATION DE L'AUTEUR

PAR

J. PENE-SIEFERT

PARIS
FIRMIN-DIDOT & CIE

56, RUE JACOB

1895

LES ANGLAIS

DANS L'INDE

CHAPITRE PREMIER

LES ANGLAIS A MADRAS

(1700-1756)

Pendant la première moitié du XVIIIe siècle, la ville anglaise de Madras devint un établissement important. Elle s'agrandit de plusieurs villages extérieurs dont les noms sont restés aux divers quartiers de la ville moderne [1]. Elle eut un commerce avantageux avec la Birmanie et Siam, avec Sumatra et la Chine. Elle employa plus de tisserands et manufactura plus de cotonnades qu'à aucune période antérieure, et aucun établissement dans les mers orientales n'était regardé par la Compagnie anglaise avec plus d'orgueil et de complaisance que Madras et le fort Saint-George.

Le gouvernement de Madras était le résultat naturel d'une agence commerciale. Toute factorerie anglaise dans l'Inde consistait au début en un certain nombre d'employés européens : com-

---

[1]. Au XVIIe siècle, Nunkumbankum, Vepery, Cegnore, Royapourum, et autres quartiers aujourd'hui familiers aux résidents de Madras, étaient des villages indigènes sis en dehors des terrains de la Compagnie.

mis, courtiers et marchands, peu salariés mais logés et entretenus aux frais de la Compagnie. Au XVII⁰ siècle, un commis n'avait que dix livres sterling par an, un courtier que vingt, un marchand que quarante, et le président ou gouverneur que trois ou quatre cents livres. Au XVIII⁰ siècle, les salaires furent considérablement augmentés, quoique de nos jours on les tienne pour absurdement restreints. Il est vrai que chaque employé de la Compagnie pouvait s'adonner privément au commerce dans les ports de l'Orient, pourvu que le monopole commercial de la Compagnie avec l'Europe restât intact.

Le gouverneur de Madras exerçait un contrôle suprême sur la ville blanche, assisté d'un conseil de marchands notables, et il en fut ainsi pour Bombay et Calcutta comme pour le vice-roi de l'Inde entière. Pendant le XVII⁰ et la presque moitié du XVIII⁰ siècle, le gouverneur et le conseil de Madras s'occupaient surtout de la surintendance du trafic de la Compagnie : vente des produits anglais sur les marchés indiens et approvisionnement des produits indiens pour les marchés anglais. Mais ils réglaient encore toutes les matières concernant les recettes et les dépenses, et recherchaient et punissaient tous les délits et crimes commis par les Européens. Outre le gouverneur et le conseil, la Charte royale avait établi une cour composée d'un maire et d'adjoints pour toutes les causes civiles européennes, sans appel aux premiers, semble-t-il.

Parmi les indigènes, l'administration judiciaire était plus simple et plus orientale : des juges de paix anglais connaissaient promptement de toutes les causes, civiles et criminelles, condamnaient à l'amende, à la prison ou à la flagellation. Des appels au gouverneur et au conseil étaient fort rares, sauf pour des peines capitales, ou des cas juridiques douteux. Un officier hindou, dit le Pedda Naik, avait la charge de la police et des restitutions dans la ville noire;

il était rémunéré à la façon indienne par un lot de terres héréditaires et une légère taxe sur certains articles admis en ville.

Les Anglais de Madras avaient toujours jalousé les Hollandais
quant au commerce indien. Ceux-ci avaient un fort et une ville à
Pulicat, environ à vingt-quatre milles au nord de Madras, et parfois il y avait entre eux échange de civilités et d'hostilités tour à
tour. Les Hollandais avaient encore un fort et une ville à Sadras,
environ à quarante milles au sud de Madras, et les ruines de tours
et de remparts bien ordonnés, de jardins réguliers, de jolies conduites d'eau et de bosquets isolés, frappent encore l'œil du voyageur qui cherche à se rappeler l'ancienne époque du gouvernement
hollandais dans l'Inde.

Mais les Anglais du XVIIIe siècle considéraient les Français
comme leurs ennemis naturels, et cette haine s'augmentait dans
l'Inde de ce que les Français étaient pour eux des rivaux commerciaux. Ceux-ci avaient construit environ à cent milles au sud de Madras une ville et un fort à Pondichéry, et lorsque quelque querelle
surgissait entre les deux gouvernements, elle se traduisait de part
et d'autre par une correspondance envenimée.

Outre Madras, les Anglais avaient fondé un établissement au Fort
Saint-David, à l'embouchure de la rivière Pennar, à douze milles
seulement au sud de Pondichéry. Cet établissement semble avoir été
un rival de Pondichéry et joue un rôle important dans l'histoire
ultérieure : les Anglais y détestaient les Français plus encore qu'à
Madras.

Dans ces deux établissements, les Anglais étaient de plus en-
nuyés par des aventuriers de leur nation, qui n'étaient pas au service de la Compagnie et n'avaient pas la faculté de résider dans ses
établissements comme marchands libres. Ces aventuriers persis-
taient à trafiquer illicitement dans les mers orientales, défiant le

monopole concédé à la Compagnie par la charte, et joignant souvent la piraterie au trafic.

La perspective politique à Madras se bornait au Carnatique [1]. Depuis la mort d'Aurangzeb, cette province était un apanage du nizam du Dekkan, ou, si l'on veut, elle était gouvernée par un nabab nommé par le nizam, sauf confirmation et investiture par le Grand Mogol.

La province mogole du Carnatique était supposée s'étendre au nord et au sud du voisinage, du Kistna au cap Comorin, et à l'est et à l'ouest de la côte de Coromandel aux Ghâtes orientales, qui la séparent du Mysore et du Malabar [2]. Toutefois, la rivière Koleroun la divisait en région septentrionale et méridionale, — division qui est la clef de l'histoire postérieure.

La région septentrionale pourrait être appelée le Carnatique mogol. Elle avait été conquise par les Mogols et mise sous le gouvernement mogol, et des officiers mogols commandaient dans toutes les villes, districts et forteresses les plus importantes.

La région méridionale pourrait être appelée le Carnatique hindou. Elle dépendait en grande partie des rajas hindous de Trichinopoli et de Tanjore. Ces deux rajas avaient été dominés par les Mogols au point de leur payer un subside ou tribut; mais, à part cela, ils étaient indépendants dans leurs possessions respectives et aucun nabab ne les avait annexées pour son compte personnel. Ces rajas avaient été naiks ou gouverneurs de provinces, sous le vieil empire hindou de Vijayanagar. Outre les deux rajas, il y avait

1. A proprement parler, ce Carnatique sous les Ghâtes orientales devrait s'appeler le « bas Carnatique », pour le distinguer du Mysore et des autres zones hindoues de l'ouest, qu'on inclut parfois dans le Carnatique au-dessus des Ghâtes.

2. La limite réelle de la province carnatique au nord était la petite rivière Gumdlacama, à moitié chemin entre le Kistna et le Pennar septentrional. La zone entre le Gumdlacama et le Kistna fut jadis de quelque importance dans une querelle concernant les Circars du nord.

une classe de petits chefs dits poligars, aussi bien au nord qu'au
sud du Koleroun. Anciens barons féodaux de l'empire de Vijaya-

Fig. 2. — Barbier des environs de Madras.

nagar, ils possédaient leurs terres par tenure militaire ; mais comme
les chefs des clans des montagnes, ils refusaient d'accepter le régime mogol, en même temps qu'ils étaient souvent mal disposés
envers les rajas hindous. Parfois ils étaient contraints au tribut ou
à la soumission, mais souvent ils maintenaient leur fière indépendance dans quelque forteresse éloignée.

La conquête mogole fut nuisible aux populations de la région
septentrionale. L'impôt se retirait surtout du sol et les nababs
mogols étaient autrement exigeants que les rajas hindous [1]. Les

1. Le mérite comparatif des gouvernements mogol et hindou est problématique.

royaumes hindous, passant du père aux fils, étaient considérés comme une propriété familiale, et l'intérêt personnel poussait les divers rajas à encourager les cultures, à garder en bon état les réservoirs d'eau et les canaux d'irrigation. Mais les premiers nababs, révocables à volonté par le nizam ou le Grand Mogol, ne songeaient qu'à s'enrichir sans souci de l'avenir. Ils doublèrent les taxes et laissèrent réservoirs et canaux se détériorer; aussi pendant quelques années plusieurs terres tombèrent en jachère et le grain enchérit comme aux années de famine.

En attendant, le commerce anglais à l'intérieur avait diminué. Les ravages des Mahrattes dans le haut Carnatique empêchaient les marchands kanaris de Mysore et d'ailleurs d'apporter à Madras leur fil de coton. Le retour du camp impérial du Dekkan à Delhi, à la mort d'Aurangzeb, avait ruiné le commerce des étoffes écarlates et vertes. Les révoltes des poligars et des brigands, les menaces d'invasions mahrattes créaient une alarme générale, et les riches indigènes cachaient leur magot dans des forteresses, ou l'envoyaient en dépôt à Madras ou à Pondichéry.

Mais la prospérité de Madras allait croissant. La demande de cotonnade était aussi grande que jamais en Europe. Les Anglais fondèrent deux autres villes, pour les fileurs, tisserands, teinturiers et autres Hindous engagés dans la manufacture. Ils plantèrent aussi pour ces ouvriers, habitués à travailler en plein air, des arbres ombreux. Les Hindous des autres castes ne pouvaient pas habiter ces villes, excepté naturellement les vendeurs de bétel, les bayadères et des brahmes, — trois éléments de la vie hindoue sans lesquels un simple village n'est pas complet.

Les missionnaires catholiques dans le sud de l'Inde au XVII⁰ siècle dénoncent hautement les cruautés et l'oppression des rajas hindous.

1. Ces deux villes, Collet'spetta, fondée en 1720, et Chindadripetta en 1734, sont bien connues des résidents de Madras.

A Madras et au Fort Saint-David, les Anglais n'étaient que de simples marchands se souciant peu des pouvoirs indigènes. Ils étaient industrieux et respectables, mais curieux seulement de ce qui avait trait aux produits et objets ouvrés. De leur côté, les Mogols, étant devenus jaloux des Européens, avaient soin qu'ils ignorassent tout ce qui se passait. Le nabab tenait sa cour à Arcot, qui se trouvait à soixante-dix milles seulement de Madras; mais les Anglais savaient aussi peu de chose d'Arcot que de Delhi. Ils lui payaient une rente annuelle et lui envoyaient des cadeaux et des lettres de compliments, voilà tout[1].

En 1732, un nabab mourut à Arcot. Nommé par un nizam du Dekkan dès l'année 1712, un fils adoptif, Dost Ali, lui succéda sans en référer au nizam. Cette arrogation de droit héréditaire par le nabab du Carnatique fut très sensible au nizam. Ce qui empira les choses, c'est que Dost Ali ne paya pas à celui-ci les tributs en revenus habituels des nababs précédents[2]. Mais le nizam, harassé par les Mahrattes et en proie aux intrigues de Delhi, rongea son frein et remit à plus tard sa vengeance.

En 1737 éclata une révolution dans le Carnatique hindou. Les deux royaumes de Trichinopoly et de Tanjore étaient immédiatement situés, on l'a déjà dit, au sud du Koleroun, s'étendant jusqu'à Comorin sur une zone inconnue. Trichinopoly était un territoire intérieur comprenant les trois villes importantes de Trichinopoly, Dindigul et Madura. Tanjore gisait à l'est, le long de la côte de Coromandel. C'était le plus fertile des deux, car

1. Cette ignorance du pays environnant était particulière aux Anglais de Madras. On verra ci-après que ceux de Calcutta connaissaient mieux le Bengale.

2. A cette époque, l'emploi de dyouan ou receveur général pour le Grand Mogol était devenu une farce. Dost Ali nomma dyouan un certain Chunder Sahib et lui donna sa fille en mariage, — ce qui fit de ce dernier un personnage important.

il comprenait le riche delta du Koleroun et du Kâveri, et de nos jours Tanjore est regardé comme le grenier de l'Inde méridionale. Mais Tanjore était à la merci de Trichinopoly. Les rivières Koleroun et Kâvery n'étaient séparées que par une digue. Cette digue brisée, le Kâveri s'écoulait dans le Koleroun et Tanjore était privé de sa provision d'eau.

En 1736, le raja de Trichinopoly mourut sans laisser d'enfants. En conséquence, il y eut pour la succession une guerre entre les frères du raja et ceux de la rânî, laquelle réclamait elle-même la régence jusqu'à ce que le fils de son frère aîné eût atteint sa majorité.

La possession de Trichinopoly, qui était la clef de la Péninsule, était convoitée depuis longtemps par les nababs du Carnatique; aussi Dost Ali intervint-il comme le soi-disant ami de la rânî. Il envoya une armée à Trichinopoly sous le commandement de son fils Subder Ali et de son gendre Chunder Sahib[1].

Le gendre était de beaucoup plus fin que le fils du nabab. Chunder Sahib joua à l'amoureux avec la rânî, jurant sur le Koran d'être fidèle à sa cause, et finalement il en obtint l'admission de ses troupes dans la ville de Trichinopoly. La rânî s'aperçut bientôt qu'elle était trahie : jetée en prison, on dit qu'elle s'empoisonna.

Chunder Sahib, prenant possession du raj entier, envoya un de ses parents commander à Dindigul et un autre à Madura. Le peuple de Trichinopoly se résigna comme d'habitude à son sort : c'était la volonté des dieux. Subder Ali rageait de ce que son beau-frère possédait le raj sans qu'on pût l'en déloger. Aussi, ruminant sa vengeance, s'en retourna-t-il à Arcot. Les rajas de

---

1. Chunder Sahib Ali était l'homme qui avait épousé une fille du nabab et qui avait été nommé dyouan.

Tanjore et de Mysore étaient aussi irrités contre Chunder Sahib pour avoir substitué le gouvernement mahométan à la dynastie

Fig. 3. — Pèlerins hindous des environs de Madras.

hindoue de Trichinopoly. Mais comme Subder Ali, ils ne firent rien et attendirent patiemment une occasion favorable.

En 1740, les Mahrattes envahirent le Carnatique, pillant et détruisant tout, à leur ordinaire. On prétend que le nizam les avait appelés pour punir le nabab d'Arcot. Suivant d'autres, les rajas de Tanjore et de Mysore les auraient invités pour punir Chunder Sahib. Enfin, une troisième version dit que le Grand Mogol, ne pouvant leur payer le chout après l'invasion de Nadir Chah, leur aurait dit de le collecter dans le Carnatique et le Bengale. Des versions semblables pour des cas analogues sont toujours en vogue dans l'Inde, et il est souvent impossible de discerner laquelle est la vraie ou la fausse.

Le nabab Dost Ali avait essayé d'empêcher les Mahrattes de franchir les passes qui conduisaient du Mysore dans le Carnatique jusqu'à ce qu'il eût rassemblé toutes ses forces des différentes parties de la province. Mais deux de ses officiers le trahirent en livrant une passe secrète aux Mahrattes. Ceux-ci surprirent le nabab et assaillirent son armée avec une furia extrême. Dost Ali fut tué dans l'action aussitôt et ses troupes s'enfuirent au hasard, à la façon des armées asiatiques.

L'invasion mahratte répandit une terreur générale. Subder Ali, fils du nabab défunt, se réfugia dans la forteresse de Vellore, à douze milles environ d'Arcot. Chunder Sahib envoya sa femme et ses trésors à Pondichéry, et ramassa d'énormes provisions de grain à Trichinopoly, en perspective d'un long siège. A Madras, les Anglais, partageant l'alarme de tous, commencèrent à organiser leur défense.

Le manque de butin fut un désappointement pour les Mahrattes. Tout l'or et les bijoux du pays avaient été portés dans les forteresses. Les Mahrattes n'ayant ni canons ni batterie de campagne, il était impossible à leurs bandes mobiles de capturer des forteresses, autrement que par corruption, stratagème ou famine. Aussi acceptèrent-ils l'offre de vingt-cinq millions en roupies, payables par à-comptes, que leur fit Subder Ali; ils quittèrent le Carnatique laissant croire qu'ils allaient piller ailleurs.

Le départ des Mahrattes étaient une feinte. Subder Ali s'était engagé secrètement à les laisser s'emparer de Trichinopoly pourvu qu'ils prissent son beau-frère, l'ambitieux Chunder Sahib, et le gardassent prisonnier à Satara. Chunder Sahib pensa, en effet, que les Mahrattes ne reviendraient jamais, et il vendit follement le grain qu'il avait emmagasiné ; mais tout à coup les Mahrattes, à sa surprise et à son désespoir, reparurent autour de Trichinopoly et l'assiégèrent de près. Dépourvu de tout secours, Chunder Sahib fut bientôt obligé par la famine à rendre la ville. Il fut alors emmené à Satara et languit dans une prison mahratte pendant plus de six ans. Pendant que le gros de l'armée des Mahrattes retourna au Konkan, un de leurs généraux, nommé Morari Rao, demeura à Trichinopoly comme commandant, regardant d'un œil attentif la marche des affaires dans le Carnatique.

Durant un court intervalle, Subder Ali fut tranquille. Il avait acheté l'emprisonnement de son beau-frère en permettant aux Mahrattes d'occuper Trichinopoly, et de plus s'était engagé à payer à ceux-ci un subside de 25 millions, — engagement qui réclamait une prompte exécution. Sur ces entrefaites, il se rendit à Arcot où il fut proclamé nabab du Carnatique à la place de son père, tué dans les passes des Ghâtes orientales.

Mais Subder Ali fut bientôt menacé d'autre part. La prise de la nababie du Carnatique par Dost-Ali sans paiement du tribut tint longtemps exaspéré le nizam-ul-mulk. L'occupation de Trichinopoly par Chunder Sahib, qui augmentait les ressources matérielles de la famille du nabab malgré des dissensions domestiques, et pouvait encourager Dost-Ali et les siens à méconnaître davantage son autorité supérieure, vint ajouter encore à sa colère. L'invasion de Nadir Chah avait forcé le nizam à différer sa vengeance, quand l'implantation des Mahrattes dans le

Carnatique et surtout l'imitation de la conduite paternelle par Subder Ali le poussèrent à bout.

Le nizam-ul-mulk demanda le paiement immédiat de tous les arriérés du tribut. Subder Ali, fermement décidé à n'en rien faire, envoya sa famille et ses trésors à Madras et s'enferma dans la forteresse de Vallore, où commandait un autre de ses beaux-frères nommé Mortiz Ali[1]. Il jura que les Mahrattes avaient vidé son trésor de sa dernière roupie. Il feignit de vouloir abdiquer sa charge et de faire un pèlerinage à la Mecque. Il fit même deux ou trois voyages à Madras pour persuader au nizam qu'il était allé s'embarquer là pour l'Arabie.

Subder Ali n'oubliait pas cependant qu'il lui fallait payer les Mahrattes. Le nizam pouvait se laisser prendre à des protestations de pauvreté ou à des menaces de pèlerinage; mais les Mahrattes n'entendaient rien qu'aux roupies. Toute tentative d'esquiver le paiement du subside convenu serait suivie d'une autre invasion mahratte dans le Carnatique et de la libération probable de Chunder Ali. En conséquence, Subder Ali leva partout des contributions; mais Mortiz Ali refusa de fournir sa quote-part, ce qui irrita Subder Ali à l'excès, vu que son beau-frère était l'homme le plus riche du pays et que les autres commandants de villes et de forteresses se prévaudraient de son exemple pour refuser aussi.

Le nabab réitéra donc péremptoirement sa demande. Ce qui suivit se raconta avec horreur à Madras pendant plusieurs générations. Le nabab était logé dans sa forteresse de Vellore, où commandait son beau-frère; mais il ne soupçonnait aucun danger,

---

1. Chunder Ali et Mortiz avaient épousé chacun une fille de Dost Ali et par conséquent étaient beaux-frères du nabab régnant : ces deux hommes ont joué un rôle important dans l'histoire ultérieure.

car, en dehors de la question d'argent, il y avait montre réci·
proque de courtoisie et de politesse.

Le grand festival du Mouharram approchait. Tous les mahométans Sunnites se livrent à la joie, tandis que les Chyites se lamen-
tent et se frappent la poitrine au souvenir du martyre d'Ali et de
ses deux fils Husan et Husain. Le nabab permit à ses officiers
de sortir de la forteresse avec leurs femmes et leurs familles pour
la célébration du festival. A minuit, un Afghan suivi de quelques
esclaves abyssiniens pénétra de force dans sa chambre. L'infortuné nabab poussa un cri d'alarme et courut à la fenêtre : les
assassins l'avaient poignardé à l'instigation de son beau-frère.

Le jour suivant, en apprenant l'assasinat de Subder Ali,
l'armée du nabab, qui campait hors de la forteresse, se mutina,
se prépara à l'assaut de la forteresse pour venger le défunt.
Mais celui-ci devant aux troupes de forts arriérés de solde,
on leur promit de les payer intégralement par à-comptes s'ils
voulaient accepter Mortiz Ali comme son successeur, et cela suffit
pour les calmer. Le meurtrier fut donc proclamé nabab, et
puis allant triomphalement de Vellore à Arcot, il s'établit au palais de cette ville.

Mais les hommes influents du Carnatique détestaient le crime
de Mortiz Ali. Ils s'adressèrent à Morari Rao, à Trichinopoly, et
celui-ci, prévoyant quelque nouvelle explication, se déclara ouvertement contre le meurtrier. Ils envoyèrent des messagers aux Anglais, à Madras, pour prier le gouverneur de protéger la famille et
les trésors du défunt nabab. Enfin ils excitèrent l'armée contre
Mortiz Ali, et la succession à la nababie devint une question d'argent. Les soldats demandaient le paiement intégral de tous les
arriérés qu'on s'était déjà engagé à solder par à-comptes. Mortiz
Ali eût effectué ce paiement qu'il se serait probablement assuré la

nababie; mais, saisi de panique, il ne voulut pas tenir tête à l'orage. Déguisé en femme, il se mit dans un palanquin fermé et fila de nuit d'Arcot à Vallore, suivi de quelques servantes. Il en résulta que le jeune fils de Subder Ali, qui se trouvait à Madras, fut proclamé nabab en remplacement de son père.

A cette époque, le nizam résolut d'aller à Arcot régler les affaires du Carnatique. Son fils avait été nommé ministre à Delhi, et il avait fait un traité de paix avec les Mahrattes. Il quitta donc Hyderabad au commencement de 1743 et en mars de la même année il campa près d'Arcot avec une armée formidable.

Aussitôt le nizam eut à ses pieds le Carnatique. Chaque grand s'empressa d'aller rendre hommage au pilier de l'empire mogol. Mais le nizam fut frappé de l'anarchie qui prévalait partout. Les petits commandants d'un fort ou d'un district prenaient tous le titre de nabab; en un jour dix-huit de ces petits nababs parurent devant lui. A cette énormité, le vieux personnage de la cour d'Aurengzeb perdit patience. Il déclara qu'il n'y avait qu'un seul nabab dans le Carnatique, et il menaça de faire fouetter quiconque usurperait ce titre. Il nomma un nouveau nabab nommé Anwar-ud-dîn, comme soi-disant tuteur du jeune fils de Subder Ali pendant sa minorité.

Le nizam alla ensuite à Trichinopoly, qu'il recouvra des Mahrattes. Le gouverneur de Madras lui envoya là une lettre et des cadeaux qu'il reçut solennellement. Mais avec une courtoisie peu ordinaire, il fit l'éloge de ces cadeaux et promit d'en envoyer quelques-uns au Grand Mogol, à Delhi, en en faisant connaître la provenance. Il ajouta aux messagers qu'il avait besoin de canons, de poudre, de mortiers, d'obus et surtout d'un artilleur entendu; mais qu'il n'acceptait rien que contre paiement.

En mars 1744, le nizam laissa le Carnatique et s'en revint à

Hyderabad. En juin de la même année on tua le fils de Subder Ali à une fête nuptiale. Les détails de l'assassinat sont très tragiques. Le matin de la cérémonie, quelques Afghans avaient bruyamment réclamé leurs arriérés de solde, puis s'excusant de leur insolence ils s'étaient retirés. Leur capitaine paraissait le plus repentant. La nuit, tandis que les convives étaient réunis dans la salle *ad hoc*, on annonça l'arrivée de Anwar-ud-dîn, et le jeune prince sortit dans le vestibule pour recevoir son gardien. Le capitaine afghan monta quelques marches d'escalier d'un air respectueux, comme pour répéter des excuses, puis, tirant soudainement une dague, il en frappa au cœur le jeune prince. Le capitaine et ses gens furent aussitôt taillés en pièces.

Ce nouvel assassinat fit tressaillir le Carnatique, la victime appartenant à une famille qui avait gouverné le pays pendant trente ans. Il ne restait plus pour lui succéder que ses deux oncles. Mais Chunder Sahib était dans une prison mahratte, et Mortiz Ali était plus abhorré que jamais. On crut généralement que Anwar-uddin et Mortiz Ali avaient inspiré ce meurtre; mais cela n'affecta nullement le nizam, qui confirma Anwar-ud-dîn dans la nababie du Carnatique.

L'assassinat des deux nababs impressionna péniblement les Anglais de Madras; mais leur attention fut attirée par de plus graves affaires. La guerre avait éclaté entre la France et la Grande-Bretagne. En 1745, une escadre anglaise parut près de la côte de Coromandel à l'effet de détruire les établissements français dans les mers orientales.

Dupleix, le gouverneur de Pondichéry, fut en grande alarme. Il envoya de riches présents au nouveau nabab et demanda sa protection. Anwar-ud-dîn répondit en prohibant aux Anglais d'engager des hostilités dans aucun endroit de ses domaines; mais en même temps il assura aux Anglais qu'il ferait aux Français une prohibition analogue s'ils paraissaient avec des forces supérieures.

En 1746, la flotte anglaise laissa la côte de Coromandel et une escadre française, sous le commandement de La Bourdonnais, entra dans la baie du Bengale et menaça Madras. Le fort Saint-Georges, qui suffisait pour frapper les indigènes de respect et de crainte, n'était pas en état de résister à un bombardement de nouveaux Européens. Le gouvernement et le conseil de Madras prièrent le nabab d'accomplir sa promesse concernant les Français, mais ils négligèrent d'appuyer leur demande par quelque présent. Aussi le nabab semble être resté muet. Madras fut forcée, par suite, de se rendre à La Bourdonnais, sous la condition de pouvoir se racheter à prix d'argent. Mais Dupleix annula cette condition et repoussa toutes les offres de rançon. C'était un patriote ardent, disposé à ruiner dans l'Inde l'Angleterre comme l'ennemie de la France. Il ordonna la confiscation de tous les objets de la Compagnie et de toute propriété privée, sauf les habits et les bijoux. Madras devint ainsi un établissement français, et ses habitants furent envoyés à Pondichéry comme prisonniers de guerre [1].

Le nabab fut irrité de voir les Français en possession de Madras. Dupleix essaya de l'apaiser en lui promettant de lui remettre la ville; mais le nabab vit bientôt que ce n'était là qu'un moyen de le détourner de protéger les Anglais. Il résolut en conséquence d'arracher aux Français cette conquête récente, et il envoya une armée de dix mille hommes et une nombreuse artillerie pour capturer Madras.

1. La Bourdonnais retourna ensuite en France, et il fut jeté à la Bastille. Il avait rendu de grands services à son pays, mais il fut accusé par ses ennemis de s'être entendu avec les Anglais à Madras. Libéré au bout de treize ans, il mourut peu de temps après.

A l'amère surprise du nabab, l'armée mogole fut mise en déroute par une force française de quatre cents hommes et deux canons, et forcée de s'enfuir à Arcot. Le désastre fut très humiliant pour les Mogols, qui jusqu'alors s'étaient fièrement imaginé que c'était à cause de leur supériorité militaire que les Européens les traitaient avec tant de respect et de déférence. Le charme fut rompu à Madras par les Français, qui défirent une armée mogole avec un demi-bataillon.

La guerre entre Français et Anglais dans le Carnatique dura de 1746 à 1748. Elle a beaucoup perdu de son intérêt depuis que

Fig. 4. — Trichinopoly. Vue de la ville et de la forteresse.

les deux nations sont devenues amies, mais au siècle dernier l'histoire en fut souvent racontée. Les Anglais transférèrent le siège de leur gouvernement de Madras au Fort Saint-David, près l'embouchure du Pennar méridional. Ce fort se trouvait à douze milles seulement au sud de Pondichéry, et par suite il y eut entre les deux établissements une lutte acharnée. Quant au nabab, il aidait tour à tour les uns ou les autres, suivant qu'ils semblaient devoir l'emporter.

En 1748, le major Stringer Lawrence arriva d'Angleterre et prit le commandement de toutes les forces anglaises dans l'Inde. Une autre flotte arriva d'Angleterre sous les ordres de l'amiral Boscawen. Une grande attaque eut lieu par terre et par mer sur Pondichéry; mais après un siège de deux mois et la perte de plus de mille Européens, les Anglais furent forcés de se retirer. Quelques semaines après, la paix fut conclue entre les deux nations belligérantes, et le traité d'Aix-la-Chapelle rendit Madras à la Compagnie anglaise des Indes orientales.

L'année 1748 fait époque dans l'histoire de l'Inde mahométane, mogole et anglaise. Les Afghans, délivrés du joug persan par la mort de Nadir chah, commencèrent d'envahir le Punjab et l'Hindoustan. Mohammed chah, le dernier Grand Mogol assez notable, mourut à Delhi. Le vieux nizam-ul-mulk mourut à Hyderabab, laissant des fils qui se disputèrent son trône les armes à la main. Le maharaja Sahu mourut à Satara, et la souveraineté des Peichwas fit ses débuts à Pouna. Robert Clive gagna ses premiers lauriers en défendant les tranchées avancées devant les murs de Pondichéry. Enfin la guerre anglo-française fut close par le traité d'Aix-la-Chapelle.

Le nom de Robert Clive apparaît d'abord dans l'histoire, lors du siège malheureux de Pondichéry; mais en peu d'années, ce nom fut familier dans tout foyer britannique. Robert Clive était né en 1725. En grandissant, il s'annonça comme hardi et bourru, impatient de contrôle, négligeant ses études, mais ferme et audacieux en toute conjoncture, et surtout froid et maître de lui-même en face du danger. En 1744, à l'âge de dix-neuf ans, il débarqua à Madras en qualité de commis engagé dans le service mercantile de la Compagnie. Lorsque la guerre éclata avec la France, il entra au service militaire de la Compagnie et obtint une commission d'enseigne. Quelque temps après, il reçut des éloges de la cour des directeurs pour sa bravoure à Pondichéry.

Au commencement de 1749, les Anglais intervinrent dans les affaires du Tanjore, au delta du Koleroun et du Kâvery. Depuis longtemps ils cherchaient à établir un comptoir à Devicotta, à vingt milles environ au sud du fort Saint-David, près l'embouchure du Koleroun. Enfin une occasion s'offrit. Un membre exilé de la famille régnante du Tanjore demanda du secours aux Anglais. Il persuada au gouverneur et au conseil du fort Saint-David qu'il était le raja légitime, que le peuple tanjore se grouperait autour de lui, dès qu'il se montrerait à la tête d'une petite armée. Il promit ensuite de céder Devicotta et de défrayer toutes les dépenses.

Les Anglais envoyèrent une expédition à Tanjore, mais ce fut une bévue dès le commencement. Ils n'avaient pas d'excuse possible pour intervenir dans la succession de Tanjore : il est vrai qu'ils ne l'auraient pas fait sans leur besoin de Devicotta et si la paix inattendue avec la France n'eût rendu disponible une petite force militaire. Pour empirer la situation, non seulement le peuple de Tanjore ne voulut pas accueillir le prétendant, mais il résista bravement aux Anglais. Cependant le raja régnant, qui désirait s'allier avec les Anglais, consentit à leur céder Devicotta, à leur payer tous les frais de l'expédition et à faire une pension au prétendant.

Chunder Sahib, l'ennemi des rajas hindous, était sorti de sa prison mahratte et venait d'être proclamé nabab à Arcot, et le raja de Tanjore vit que les Anglais seuls pouvaient le protéger dans la lutte ultérieure. C'était Dupleix, le gouverneur français de Pondichéry, qui avait amené ce revirement. Tandis que les Anglais guerroyaient pour un établissement, Dupleix projetait un empire. A son avis, les profits du trafic dans l'Inde avaient diminué au point d'être indignes de la nation française, et il tourna son attention vers la politique de l'Inde. Connaissant l'hostilité des grands du Carnatique contre le nabab nommé par le nizam-ul-mulk et leur attachement pour l'ancienne famille régnante, il fit libérer Chunder Sahib en promettant aux Mahrattes une forte rançon. Conscient aussi de la grande supériorité des Européens sur les Mogols, il envoya quelques troupes françaises à Chunder Sahib pour attaquer Anwar-ud-din. Il espérait faire de son protégé le nabab du Carnatique et de la France le principal pouvoir dans la Péninsule, puis chasser les Anglais de l'Inde au nom du nouveau nabab.

Ce plan fut esquissé lors de la mort du nizam-ul-mulk, en 1748. Cette mort avait fait perdre à Anwar-ud-din son patron et son appui et le livrait à la merci des partisans de ses prédécesseurs, en même temps qu'elle éloignait de Chunder Sahib la crainte d'une intervention de Hyderabad.

Mais la lutte pour le trône du Carnatique coïncida avec celle pour le trône du Dekkan entre deux nizams rivaux, et l'attention de Dupleix, concentrée d'abord sur Arcot, se porta sur Hyderabad aussi, et l'Inde méridionale au sud du Nerbudda tomba même en grande partie dans la sphère de ses desseins ambitieux.

Des dissensions de famille avaient suivi la mort du nizam. Son fils aîné était à Delhi, mais le cadet, Nazir Iung, s'empara du trésor et gagna l'armée par une distribution opportune d'argent. Ce prince s'était rebellé du vivant de son père. L'habile nizam fei-

gnit une maladie mortelle, et fit dire à son fils qu'il désirait avant
de mourir lui pardonner et l'embrasser. Nazir Iung, attiré par

Fig. 5. — Mahé de la Bourdonnais.

cette proposition dans le camp de son père, fut mis aux fers. A la
mort du nizam, Nazir Iung se montra aussi peu scrupuleux que
son père. Il fit mettre en prison ses trois frères puînés, les faisant
suivre partout où il menait son armée.

Les princes orientaux aiment leurs enfants tant qu'ils sont
jeunes, mais en deviennent jaloux quand leur virilité approche.
Ensuite ils se prennent souvent d'affection pour leurs petits-fils.
Le nizam-ul-mulk avait un petit-fils favori nommé Muzaffir Iung.

Après sa mort, ce jeune prince produisit un testament par lequel le nizam lui léguait ses trésors et domaines. Ce testament était probablement faux, vu que d'aucune façon le Nizam ne pouvait léguer des territoires qui appartenaient nominalement au Grand Mogol. Pour ajouter à l'absurdité du cas, le fils et le petit-fils affectaient de recevoir des délégués du Grand Mogol avec des insignes et des lettres d'investiture pour le gouvernement du Dekkan; probablement que ces délégués étaient gagés et les lettres fabriquées, d'un côté comme de l'autre : de pareils simulacres furent bientôt communs dans l'Inde et n'en imposèrent qu'à la foule crédule.

A ce moment de la crise, Muzaffir Iung reçut de Chunder Sahib la proposition d'unir leurs forces pour conquérir le Carnatique et puis le Dekkan. Cette proposition convenait à tous les intéressés, Dupleix y compris. Le soi-disant nizam joignit ses forces à celles du soi-disant nabab, et les deux alliés commencèrent une carrière de brillants succès qui émerveillèrent le Carnatique. Franchissant les passes des Ghâtes orientales, ils défirent à Ambour Anwar-ud-dîn, qui périt sur le champ de bataille. Ils avancèrent ensuite sur Arcot où Chunder Sahib fut proclamé nabab du Carnatique. Finalement ils se rendirent à Pondichéry où Dupleix les reçut à bras ouverts.

Cependant un fils unique du nabab défunt, nommé Mohammed Ali, s'était enfui à Trichinopoly, dernière forteresse de la famille d'Anwar-ud-dîn. Il était évident pour Dupleix que la capture de Trichinopoly et la reddition de Mohammed-Ali termineraient brillamment la guerre dans le Carnatique et permettraient aux deux alliés de porter tous leurs efforts contre Nazir Iung. Aussi pressat-il Chunder Sahib et Muzaffir Iung d'attaquer au plus vite cette place, son but étant non seulement d'établir Chunder Sahib nabab

incontesté du Carnatique, mais de frayer la voie à l'intronisation
de Muzaffir Iung comme nizam du Dekkan au lieu de son oncle
Nazir Iung.

Mais Dupleix avait affaire à des princes asiatiques sur lesquels
il est dangereux de compter. Chunder Sahib et Muzaffir Iung
avaient un besoin pressant d'argent, mais ils étaient trop fiers pour
l'avouer à Dupleix, dans la crainte de baisser dans l'estime de leur
allié français. Ils quittèrent Pondichéry en musique et drapeaux
déployés, mais sans fonds, et ils firent halte à Tanjore pour demander un subside au raja comme arriéré du tribut dû au nabab
du Carnatique.

Le raja de Tanjore redoutait fort Chunder Sahib depuis la capture traîtresse de Trichinopoly en 1736. Il s'était réjoui lorsque
les Mahrattes emmenèrent Chunder Sahib prisonnier à Satara, et
il s'était hâté de s'allier aux Anglais dès qu'il apprit la libération
et les succès de Chunder Sahib. Il savait ne pouvoir refuser un
subside dont la réclamation était appuyée par les Français. S'en-
fermant dans sa capitale, il se disposa à soutenir un siège, mais le
cœur lui faillant, il offrit de payer une rançon. Son but unique
était de gagner du temps, et il recourut à tous ces subterfuges,
délais, hésitations, à ces vexantes alternances de résistance et de
soumission par lesquelles les souverains indigènes retardent souvent un dénouement après qu'ils désespèrent du succès dans
la guerre. Les jours et les semaines se passaient à fixer le total
et les à-comptes du subside. Chunder Sahib et Muzaffir Iung étaient
pourtant très désireux de se porter sur Trichinopoly, et de son côté
Dupleix les pressait par de fréquentes lettres de lever le siège de
Tanjore, mais le manque d'argent les retenait là.

Enfin le montant du subside fut fixé ainsi que la date du premier
à compte immédiat. Mais le raja recourut ensuite à d'autres arti-

fices. Il simula un ardent désir de s'acquitter, mais il n'avait pas de roupies. A défaut il envoya un jour de la vaisselle plate, et ses officiers se chamaillèrent comme des portefaix touchant la valeur. Un autre jour il envoya de la vieille monnaie hors cours qui suscita encore plus de disputes. Enfin il envoya des bijoux et des pierres précieuses d'une valeur douteuse ou flottante, qui provoquèrent d'interminables altercations.

Tout à coup le tumulte cessa et le raja fut secouru. Pendant les querelles touchant le subside, Nazir Iung avait quitté Hyderabad avec une armée formidable et commencé d'envahir le Carnatique.

Les alliés furent saisis de panique. Muzaffir Iung fut induit à se rendre à son oncle par des promesses de pardon et de promotion, puis enchaîné et emprisonné comme son oncle l'avait été avant lui. Chunder Sahib s'enfuit à Pondichéry. Nazir Iung fit son entrée à Arcot, et comme son père il trouva le Carnatique à ses pieds. Il nomma Mohamed Ali nabab du Carnatique et ainsi parut mettre fin aux projets ambitieux de Dupleix.

Mais celui-ci n'était pas un homme que les revers abattent. Ce n'était point un soldat comme Clive. « Les batailles, disait-il, troublaient son génie. » Mais il s'entendait à combiner des campagnes et voulait intimider les Anglais et effrayer Nazir Iung. Un détachement de l'armée française surprit le fort de Masulipatam, à l'embouchure du Kistna. Une autre armée française mit en déroute l'armée de Mohammed Ali à Trivadi, distant du fort Saint-David de seize milles seulement. Mais l'exploit couronnant tout fut la capture de la forteresse de Ginji, la plus forte du Carnatique, par M. de Bussy, un Français destiné à se faire un nom dans l'Inde. Cette forteresse n'était qu'à vingt-cinq milles de Pondichéry et commandait à toute la contrée; au siècle précédent, elle avait été le grand objectif des Mogols etdes Mahrattes [1].

Sur ces entrefaites Nazir Iung passait son temps agréablement à

1. La forteresse de Ginji était une citadelle naturelle améliorée par l'art; elle était fameuse dans le Carnatique depuis des siècles. Elle consistait en trois rochers à pic hauts de 400 à 600 pieds, formant presque un triangle équilatéral. Ils étaient couverts de redoutes superposées et raccordées par des lignes de travaux, ceignant ainsi une plaine où la ville était située. L'attaque nocturne de Bussy et des siens fut l'une des plus brillantes opérations de la guerre. Ils firent sauter une porte avec un pétard et gravirent à la fois les trois rochers, enlevant chaque redoute l'épée à la main et prenant d'assaut les fortifications des sommets qui étaient les plus solides de toutes. Le voyageur moderne qui jette un coup d'œil sur Ginji peut bien s'étonner de l'exploit des Français, mais nul probablement n'en fut plus surpris qu'eux-mêmes.

Fig. 6. — Trichinopoly. — Pagode de Seringham (cour des chevaux).

Arcot. La capture de Masulipatam et la défaite de son nabab ne
l'émurent pas; mais la capture de Ginji ouvrit ses yeux aux dan-
gereuses promesses des Français. Il offrit de traiter avec eux, mais
les exigences de Dupleix furent excessives. Muzaffir Iung devait
être libéré, Masulipatam formellement cédé à la Compagnie française des Indes orientales, et Gingi laissé aux mains des Français.
Nazir Iung fut tellement irrité par ces exigences qu'il se dirigea
avec son armée sur Gingi pour écraser les Français et recouvrer la
citadelle antique du Carnatique.

Dupleix jouait un jeu complexe qui requiert quelque explication. Naturellement énergique et ingénieux, il déploya en cette
occurrence un mélange d'audace et d'habileté plutôt orientales
qu'européennes. Ces tendances asiatiques étaient dues à l'influence de sa femme, une dame créole née et élevée dans l'Inde,
qu'il avait épousée au Bengale. Mme Dupleix connaissait bien
les idiomes et les procédés indigènes. Elle entretenait une vaste
correspondance avec des personnages des différentes cours, et
était très connue dans l'Inde sous le nom de Jan Begum.

Dans l'armée de Nazir Iung, il y avait des traîtres et des commandants rebelles avec lesquels Dupleix et sa femme étaient en intelligence. Une petite troupe française fut envoyée de Pondichéry,
ostensiblement pour combattre la formidable armée de Nasir Iung,
mais en réalité pour aider les traîtres. Quelques-uns de ceux-ci

---

1. Jeanne était le nom de baptême de Mme Dupleix, mais elle signait elle-même
Jan Begum. Comme échantillon de ses intrigues, nous signalerons la correspondance secrète qu'elle entretenait avec l'interprète indigène du gouverneur de Madras. Cet interprète non seulement lui rapportait tout ce qui se passait au fort
Saint-David, mais il obtint des commandants des Cipayes au service de l'Angleterre
qu'ils déserteraient chez les Français lors de la prochaine action générale. Le
complot fut découvert à temps; l'interprète indigène fut pendu et les commandants de Cipayes bannis à perpétuité à Sainte-Hélène : mais Jan Begum ne s'arrêta
pas pour cela.

ayant reçu ordre de marcher contre les Français refusèrent de bouger. Nazir Iung courut vers eux, les traitant de lâches qui avaient peur de résister à une folle tentative de quelques ivrognes européens. Un coup de carabine l'abattit aussitôt. Sa mort fut suivie d'un complet revirement des affaires. Muzaffir Iung, extrait de sa prison, fut salué nizam du Dekkan par toute l'armée, en remplacement de son oncle.

Ces nouvelles furent reçues à Pondichéry avec une joie sans limites. Chunder Sahib et Dupleix s'embrassèrent comme des amis échappés à un naufrage. On tira des salves et l'on chanta un *Te Deum* à la cathédrale. Muzaffir Iung vint de Ginji à Pondichéry et fut installé solennellement dans l'établissement français comme souverain du Dekkan. Dupleix parut à la cérémonie avec le costume d'un grand mulsulman et fut le premier à rendre hommage à Muzaffir Iung.

La gratitude de Muzaffir Iung n'eut point de bornes. Il nomma Dupleix délégué du Grand Mogol pour tous les pays au sud du Kistna, et Chunder Sahib Nabab du Carnatique, mais sous l'autorité de Dupleix. Il céda ensuite à la Compagnie française des Indes orientales assez de territoire pour rapporter un revenu annuel d'environ quarante mille livres sterling. Il distribua aux officiers français et à leurs troupes cinquante mille livres et en offrit deux cent mille à Dupleix.

Une autre révolution était imminente. Le nouveau nizam s'en revint au Dekkan avec quelques troupes françaises commandées par Bussy. Les commandants rebelles qui avaient trempé dans la conspiration contre Nazir Iung étaient fort mécontents des récompenses qu'ils avaient reçues. Ils se révoltèrent de nouveau. L'artillerie de Bussy en eut bientôt raison. Mais Muzaffir Iung, en poursuivant les fuyards, reçut un coup mortel de javeline.

La mort soudaine du nouveau nizam jeta le camp entier dans une horrible confusion. Les grands craignaient que les soldats ne se mutinassent et ne se missent au pillage. Les Français avaient plus d'appréhensions encore, car la jalousie de leur influence était générale. Mais le sang-froid de Bussy détourna l'orage. Les trois plus jeunes frères de Nazir Iung étaient en prison : Bussy en fit sortir l'aîné, Salàbat Iung, et il le proclama nizam du Dekkan, aux acclamations de toute l'armée.

Tel était l'état des affaires aux premiers mois de 1751. Dupleix avait réalisé ses rêves grandioses de suprématie française dans l'Inde. Le nizam et le nabab lui devaient leurs trônes. Aucun rival des candidats français ne restait que Mohammed Ali, que Nazir Iung avait nommé nabab du Carnatique; et ce dernier, étroitement assiégé à Trichinopoly par Chunder Sahib et les troupes françaises, faisait déjà des propositions de reddition.

Ces révolutions, contraires aux précédents et aux institutions de l'empire mogol, prirent entièrement au dépourvu les Anglais à Madras et au fort Saint-David. Mohammed Ali ayant été nommé nabab du Carnatique par le nizam, les Anglais le tenaient pour légitime, et de temps à autre ils avaient envoyé de petits détachements. Mais ils craignaient d'entrer en hostilités avec les Français en violation du traité d'Aix-la-Chapelle. Ils avaient permis à l'amiral Boscawen et au major Lawrence de s'en retourner en Angleterre, parce que la guerre avec la France était close. En un mot, ils semblaient résignés à un sort inévitable et ils attendaient anxieusement de nouvelles instructions des directeurs de Londres.

La nouvelle que Mohammed Ali allait capituler secoua les Anglais de leur torpeur. L'instinct de conservation les poussa

à l'action. Mohammed se soumettant aux Français, c'était la ruine
certaine de Madras et du Fort Saint-David, car Dupleix pouvait
en ordonner la destruction à sa créature Chunder Sahib. Aussi
les Anglais envoyèrent des renforts à Trichinopoly sous les ordres
successifs des capitaines Cope et de Guigen.

Fig. 7. — Joseph Dupleix, gouverneur des Indes françaises.

Les opérations militaires de Trichinopoly sont oubliées aujourd'hui. Combattre les Français n'est plus une passion anglaise,
et les exploits des Cope, des Guigen et des Dalton à la tête
de forces anglaises minuscules se sont effacés de la mémoire nationale. Mais Clive, qui était alors capitaine, accomplit un fait qui
fit tressaillir l'Angleterre entière. Il était allé à Trichinopoly et y
avait étudié complètement la situation. La succession des nizams
du Dekkan était réglée effectivement en faveur des Français. Nasir

Iung et Muzaffir Iung avaient été tués tous deux, et Salâbat Iung avait été placé par Bussy sur le trône d'Hyderabad. La question de la succession du nabab du Carnatique dépendait du sort de Trichinopoly. Si Chunder Sahib, le nabab français, capturait Trichinopoly, les Anglais seraient chassés du Carnatique. Si Mohammed Ali, le nabab anglais, tenait bon à Trichinopoly, il pouvait être rétabli sur le trône de son père Anwar-ud-dîn, et les établissements anglais échappaient à la ruine.

Les Anglais seraient en trop petit nombre à Trichinopoly. Le rajas hindous, notamment ceux du Mysore et du Tanjore, restaient en dehors de la lutte. Tout en détestant Chunder Sahib, ils ne voulaient pas se compromettre en envoyant des forces auxiliaires à Mohammed Ali, de peur de l'issue entre Français et Anglais.

Secourir Trichinopoly était presque une question de vie ou de mort pour les Anglais. Le capitaine Clive résolut cette question. En juillet 1751, Clive retourna de Trichinopoly à Madras. La route se dirige du nord sur Arcot, à une distance de cent quatre vingts milles environ, puis à l'est sur Madras à une distance d'environ soixante-dix milles. Chemin faisant, Clive nota que les garnisons du Carnatique avaient été conduites au siège de Trichinopoly, qu'Arcot surtout était d'une attaque facile, et que la capture d'Arcot pouvait sauver Trichinopoly. En arrivant à Madras, il proposa d'envoyer une expédition contre Arcot, faisant ressortir que la capture au nom de Mohammed Ali relèverait le courage des rajas hindous et les exciterait à se rallier à son étendard à Trichinopoly. En même temps, la force des assiégeants serait affaiblie par la nécessité pour Chunder Sahib et les Français d'envoyer un détachement considérable pour recouvrer Arcot au nord.

La proposition de Clive fut approuvée, et l'expédition de
Madras à Arcot fut l'incident décisif de cette guerre. Clive en
eut le commandement. La petite troupe ne comprenait que trois
cents Cipayes, deux cents Européens et huit officiers dont quatre,
employés de commerce, prenaient l'épée pour la première fois,
enflammés par son exemple.

Avec cette poignée d'hommes et trois pièces de campagne,
Clive sortit de Madras. En route, il apprit que le fort d'Arcot
avait une garnison de onze cents hommes, et il écrivit à Madras
pour demander deux pièces de dix-huit. Des espions d'Arcot annoncèrent son approche à la garnison. Ces espions rapportèrent
que les Anglais avaient marché au milieu d'un fort orage sans y
faire attention, ce qui étonna et effraya la garnison à tel point
qu'elle quitta le fort et alla camper à quelque distance.

Les Anglais entrèrent dans la ville ouverte, prirent possession du fort, au regard de cent mille spectateurs passifs. Clive
trouva là du plomb, de la poudre et huit canons. Il appro-
visionna le fort suffisamment pour soutenir un siège. Cependant la garnison fugitive d'Arcot, considérablement renforcée,
menaçait de prendre le fort d'assaut; mais elle fut dispersée par
les sorties de Clive.

La prédiction de Clive s'accomplit à la lettre. Chunder Sahib et
les Français, abasourdis par l'occupation anglaise d'Arcot, durent distraire de leur armée qui assiégeait Trichinopoly de nombreux Cipayes et cent cinquante Européens pour recouvrer Arcot.
Pendant cinquante jours, non seulement Clive repoussa toutes
les attaques, mais il tint en alarme constante l'ennemi. On essaya
en vain de le corrompre. Telle fut l'impression qu'il produisit
sur les Hindous, qu'un corps de Mahrattes le rejoignit du Mysore;
d'autres renforts lui arrivaient de Madras quand l'ennemi essaya

d'une attaque finale. L'assaut eut lieu de bonne heure, lors de la fête du Mouharram. L'armée mahométane se rua avec enthousiasme sur les tranchées, des échelles à la main. Mais Clive repoussa partout les assaillants qui, ayant épuisé leurs munitions, levèrent le siège la nuit et s'enfuirent en désordre.

Clive prenant l'offensive à son tour, tomba sur les fuyards, et reprit diverses forteresses dans le Carnatique au nom de Mohammed Ali. En janvier 1752, l'ennemi essaya de créer une diversion en envahissant le territoire des Pounamalli qui appartenait à la Compagnie, et en pillant les maisons de campagne des Anglais dans les environs de Madras. Clive l'attaqua et le défit, mais il fut rappelé tout à coup au fort Saint-David. Sa carrière de conquête individuelle fut close par le retour, en mars 1750, du major Lawrence, qui reprit le commandement de toutes les forces de la Compagnie.

Pendant tout ce temps, Mohammed Ali et les Anglais soutenaient le siège de Trichinopoly contre Chunder Sahib et les Français. Aussi le major Lawrence, avec Clive pour second, se dirigea-t-il sur cette ville avec des renforts considérables. La fortune se montrant favorable à Mohammed Ali, les alliances indigènes ne firent pas défaut. Un contingent était déjà venu du Tanjore, un autre fut amené par le régent du Mysore qui avait, en outre, levé un corps de Mahrattes sous Morari Rao. Il y avait même des bandes de barbares qu'un chef nommé Tondiman Poligar, avait recrutées dans les jungles du sud. Mais ces alliés natifs furent à charge au major Lawrence. On perdit de magnifiques occasions parce que les

---

1. Le raja du Mysore à cette époque était un enfant. Pendant sa minorité, son oncle Nunjiray gouvernait le pays avec le titre de régent. Alors aussi s'élevait au pouvoir, comme officier au service de ce dernier, Hyder Naïk, le futur fondateur du royaume mahométan du Mysore.

étoiles n'étaient pas favorables, et souvent il dut agir seul ou subir les prédictions indigènes sur les jours fastes et néfastes.

Mais les opérations des Anglais sous Lawrence et Clive furent couronnées de succès. En mai 1752, Chunder Sahib se rendit prisonnier au général tanjore, qui le fit tuer en barbare, et les troupes françaises de Trichinopoly capitulèrent. Les officiers donnèrent leur parole de ne plus servir contre Mohammed et ses alliés, et les simples soldats, au nombre de quatre cents, furent envoyés au fort Saint-David comme prisonniers.

L'année 1752 vit ainsi les Anglais triomphants à Trichinopoly. Les intérêts français semblaient ruinés. Le major Lawrence se préparait, après avoir quitté Trichinopoly avec ses alliés, à recouvrer les forteresses du Carnatique qui ne s'étaient pas encore rendues et à conduire Mohammed Ali à Arcot pour l'y installer comme nabab.

Mais avant la séparation des alliés, une querelle dangereuse qui devait avoir couvé pendant des semaines s'éleva tout à coup entre eux. Le major Lawrence, à son entière surprise et déconvenue, découvrit que Mohammed Ali avait acheté le concours du Mysore en promettant au régent la cession de Trichinopoly, et ce régent refusait de bouger et de coopérer au rétablissement de Mohammed Ali sur le trône du Carnatique avant l'exécution de la promesse de ce dernier. Cette querelle sur Trichinopoly est aujourd'hui oubliée, mais en 1752 elle fut grosse de graves conséquences. Cette ville, clef du Carnatique, avait été longtemps convoitée par plusieurs nababs, et son occupation par un pouvoir hindou quelconque était une menace permanente contre Mohammed Ali.

Le major Lawrence essaya d'arriver à un compromis, mais il trouva bientôt que c'était impossible. Le nabab n'était jamais à court d'excuses et de subterfuges. Il avouait qu'il s'était engagé à

céder Trichinopoly, mais que cette promesse avait été arrachée à
son extrême infortune, et que le régent du Mysore en connaissait
bien l'inanité; il ajoutait que la ville appartenait àu Grand Mogol,
qu'en la cédant à un raja hindou, lui-même et les Anglais s'exposaient à ce que le Grand Mogol leur fît la guerre. Il proposa privément au major Lawrence d'amuser le régent en lui promettant
la livraison de Trichinopoly dans deux mois, espérant, pendant ce
temps, collecter assez d'arriérés d'impôt pour payer les dépenses
du régent et ainsi garder la ville.

Le major Lawrence se trouva enveloppé dans un réseau de
tromperies et d'intrigues qui rendait l'action impraticable. Le régent de Mysore déclarait accepter volontiers de l'argent au lieu de
Trichinopoly, si on le payait de suite; mais il réclamait une telle
somme qu'on n'aurait pu la réaliser. Morari Rao, que l'on crut
pouvoir employer de médiateur, ne fit qu'empirer la situation. En
public, il décidait que le nabab devait livrer Trichinopoly en deux
mois; en secret, il conseillait au nabab de n'en jamais rien faire.
En secret aussi, il conseillait au régent de Mysore d'insister pour
la livraison immédiate de la ville sous menace de faire la guerre au
nabab ou de passer aux Français. En procédant ainsi, le Mahratte se fit secrètement des amis des deux côtés et obtint des présents considérables du nabab et du régent, qui étaient également
désireux de son appui. En même temps Morari Rao fomentait la
rupture entre eux, essayait de cajoler le nabab pour l'induire à
laisser occuper Trichinopoly par ses Mahrattes pendant l'intervalle
et lui laissait entendre traîtreusement qu'au bout des deux mois
c'est à lui qu'il rendrait la ville, non au régent de Mysore. Si Morari
Rao eût réussi dans cette insinuation, il aurait évidemment gardé
la place pour lui, comme avait fait Chunder Sahib quinze ans
auparavant.

Cette malheureuse querelle ravit aux Anglais tout le plaisir de
leur triomphe. Elle fut suivie d'ailleurs, pour s'emparer de Trichinopoly, de complots et d'intrigues dont le détail demanderait des
volumes. En attendant, la fortune avait souri aux Français dans
le Dekkan. Dupleix et sa femme s'en prévalaient pour envoyer
des lettres et des présents à tous les querellants de Trichinopoly,
présentant les Anglais comme un peuple purement mercantile,
n'entendant rien à la guerre, incapable de s'opposer aux Français,
et victorieux seulement grâce à la valeur et à l'activité de la cavalerie mahratte.

La conséquence fut que le régent du Mysore et les Mahrattes
passèrent aux Français, tandis que les contingents du raja de
Tanjore et du Rondiman Poligar s'en retournèrent chez eux, également irrités contre le nabab et le régent du Mysore et résolus à
l'inaction jusqu'au jour où ils verraient qui l'emporterait, des Anglais ou des Français.

Tout ce temps-là, Dupleix ne perdit point l'espérance. La mort
de Chunder Sahib et la reddition des soldats français à Trichinopoly avaient consterné Pondichéry. Mais les succès de Bussy dans
le Dekkan avaient plus que contrebalancé les désastres dans le Carnatique. Salâbut Iung devait son trône aux Français, et il l'aurait
perdu à chaque instant par tel ou tel rival sans l'appui de Bussy et
de ses troupes. Aussi céda-t-il, sur la côte de Coromandel, un vaste
territoire fertile pour le maintien permanent de ces dernières. Ce
territoire s'étendait le long de la mer sur six cents milles, depuis la
frontière du Carnatique jusqu'à la rivière Gundlacama, au nord
de la pagode de Iagganath. Il rapportait annuellement treize millions de francs environ et offrait des avantages commerciaux que la
possession du port de Masulipatam rendait très précieux. Ce territoire, connu plus tard sous le nom de Circars du nord, faisait

des Français les possesseurs d'une partie de l'Inde plus considérable que jamais n'en avait eu aucun pouvoir européen, sans en excepter les Portugais.

En même temps, Dupleix soutenait que Salâbut Iung l'avait confirmé dans son poste de gouverneur de toute l'Inde au sud du Kistna, et même il fit semblant d'en avoir reçu du Grand Mogol les insignes et titres d'investiture : en vertu de quoi, il s'arrogeait tous les pouvoirs d'un nabab.

En 1753, les Anglais souhaitaient ardemment la paix. Ils étaient las des dépenses d'une guerre qui était vraiment une affaire nationale et qui n'aurait pas dû incomber à la Compagnie. Le capitaine Clive était rentré en Angleterre pour cause de santé, et les opérations de Lawrence étaient indécises. Les Anglais voulaient laisser les Français en possession des Circars du nord et reconnaître Salâbut Iung comme nizam du Dekkan, à condition que les Français reconnaîtraient Mohammed Ali comme nabab du Carnatique. Mais Dupleix fut intraitable et rejeta avec dédain toutes les propositions. Il prétendait être nabab du Carnatique, et à moins que les Anglais ne reconnussent son autorité comme tel, il ne voulait entendre parler d'aucun arrangement.

Ce dilemme posé, la cour des directeurs de Londres pria le Cabinet britannique de mettre fin à la guerre du Carnatique, ou de la continuer pour le compte de la nation. Cette question avait pris une importance capitale. L'Angleterre et la France étaient en paix en Europe depuis le traité d'Aix-la-Chapelle, en 1748. La guerre entre elles dans le Carnatique était une anomalie et de plus une complication que peu de gens pouvaient comprendre en Europe. Londres et Paris étaient dans la confusion, à propos de nababs et nizams rivaux défiant le Grand Mogol et luttant pour l'empire, les uns avec la Compagnie anglaise, les autres avec la Compagnie

Fig. 8. — Jaggernauth. — Entrée principale du grand temple.

française. En attendant, les directeurs des deux Compagnies se trouvaient engagées dans des contestations interminables qui épuisaient leur capital et obstruaient leur commerce.

Dans ces circonstances, on commença par jeter le blâme sur Dupleix. Les Anglais l'accusaient d'avoir recommencé la guerre par la mise en liberté de Chunder Sahib, prisonnier à Satara. Les Français dénonçaient ses projets ambitieux en vue de son propre agrandissement, projets qui dévoraient les profits de la Compagnie française sans rien ajouter à la gloire nationale. Dupleix fut sacrifié aux nécessités des deux pays pour prévenir une guerre anglo-française et mettre à même les deux Compagnies d'échapper aux responsabilités politiques destructrices des intérêts commerciaux.

Le dénouement peut être brièvement raconté. Un commissaire français fut envoyé à Pondichéry avec de pleins pouvoirs pour conclure un traité de paix avec les autorités anglaises de Madras. On s'engagea réciproquement à renoncer pour l'avenir à toute dignité et pouvoir indigène, et à toute intervention dans les affaires de l'Inde. Le commissaire convint aussi d'abandonner tous les territoires acquis par les Français en sus de ceux des Anglais. Mais cette condition ne fut jamais exécutée. Quant à Dupleix, révoqué du gouvernement de Pondichéry, il retourna en France ruiné et le cœur brisé[1].

Le traité fut signé à Pondichéry en janvier 1755. Il était seulement provisoire et attendait la ratification des deux gouvernements d'Europe, mais en dix-huit mois il devint lettre morte. Les Anglais excitaient la jalousie des Français en aidant Mohammed Ali à établir son autorité dans le Carnatique sur les poligars rebelles. Et l'occupation française des circars du nord, et la présence de

----

1. Dupleix vécut encore neuf ans. Il mourut à Paris dans la plus grande misère, le 10 novembre 1764.

Bussy et de ses forces dans le Dekkan excitaient la plus vive animosité des Anglais.

Sur ces entrefaites, Clive revenait d'Angleterre avec le brevet de lieutenant-colonel au service de la couronne. Il devait conduire une force européenne de Bombay à Hyderabad, de concert avec le peichoua des Mahrattes, pour forcer Salâbut Iung à congédier Bussy et ses troupes. Mais le traité de Pondichéry suspendit l'exécution de ce projet, et Clive prit part à une expédition de l'amiral Watson contre le fameux pirate Angria.

Au commencement du dix-huitième siècle, quand le pouvoir mogol commençait à décliner, un rebelle, nommé Angria, fonda un empire de pirates sur la côte de Malabar, entre Bombay et Goa. Pendant les cinquante ans qui suivirent, le nom d'Angria fut aussi redouté sur mer que l'avait été à terre celui de Sivaji. Plusieurs Angrias avaient continué leurs agressions le long de la côte mahratte jusqu'à ce qu'ils possédassent un rivage de cent vingt milles d'étendue et un fort à chaque crique. Leurs flottes consistaient en petits voiliers rapides, mus par quarante ou cinquante rames, pourvus de canons et de nombreux équipages. Aucun navire ne pouvait longer cette côte sans s'astreindre au payement du chout ou sans courir le risque d'être capturé. La Compagnie des Indes orientales seule dépensait cinquante mille livres sterling pour le maintien d'un convoi armé qui protégeât ses navires marchands contre ces dangereux corsaires.

La capitale d'Angria était Gheria, qu'on supposait être un autre Gibraltar, mais que Clive et Watson prirent facilement. La place fut bombardée et enlevée d'assaut en février 1756, et ses fortifications et forces navales furent détruites. La population environnante fut si alarmée, qu'elle rendit sans résistance aux Mahrattes les autres forts et quitta le territoire en grande partie.

Clive et Watson allèrent ensuite à Madras. Une rupture avait éclaté entre Salabat Iung et Bussy, à l'instigation d'un puissant parti mahométan à la cour d'Hyderabad. En juillet 1756, Bussy marcha avec ses troupes sur cette ville et prit une forte position, pendant que Salâbat Iung envoyait des messages urgents à Madras pour implorer le secours des Anglais contre les Français.

Rien de plus acceptable ne pouvait s'offrir aux autorités anglaises. Toute mention du Dekkan et du Nizam avait été intentionnellement exclue du traité de Pondichéry. En même temps la guerre de Sept ans allait éclater en Europe et l'on attendait par chaque bateau la nouvelle dans l'Inde d'une déclaration d'hostilités entre l'Angleterre et la France. Aussi prépara-t-on des troupes à entrer en campagne pour appuyer Salâbat Iung contre les Français; mais tout à coup ces préparatifs furent contremandés. Dans le mois d'août il vint des nouvelles terribles du Bengale. Le nabab de cette contrée avait pris Calcutta, Bihar, Orissa, et cent vingt-trois prisonniers anglais avaient été asphyxiés dans l'Antre Noir.

CHAPITRE II

(1700-1761)

La situation des Anglais à Calcutta pendant la première moitié
du dix-huitième siècle fut très semblable à celle des Anglais à Madras. Ils avaient un gouverneur, un conseil et un tribunal municipal.
Sous le nom de zemindar, un officier anglais percevait les revenus
et administrait la justice chez les sujets indigènes. Un chef de police, sous le nom de Kotoual, veillait à l'ordre de jour et de nuit. Les
Hollandais et les Français avaient des comptoirs voisins à Chin-
sura et Chandernagor. On payait une rente et des droits d'octroi
à l'officier mogol qui commandait le district environnant sous le
nom de foujdar et résidait dans la ville d'Houghli.

Le nabab du Bengale, Bihar et Orissa, était un grand de la
première catégorie qui tenait sa cour à Murchedabad, environ à
cent vingt milles au nord de Calcutta. Les Anglais traitant toutes
leurs affaires politiques avec le foudjar d'Houghli n'avaient presque rien à régler avec le nabab.

A Calcutta, les Anglais connaissaient mieux l'intérieur du pays
qu'à Madras. Ici, point de cours d'eau, point de grandes routes
comme dans l'Hindoustan et le Dekkan. Avant la guerre du Car-

natique, Arcot paraissait aussi lointain que Delhi, et Madura aussi mystérieux que Pékin au Timbouctou. De Calcutta, au contraire, les Anglais avaient établi des factoreries fort avant dans l'Inde : ainsi, au nord, une à Cossimbazar, faubourg commercial de Murchedabad; à l'est, une à Dacca, près l'embouchure du Brahmapoutra, d'où ils se procuraient les mousselines de ce nom; à l'ouest, une à Patna sur le Gange, à quatre cents milles de Calcutta, pour l'achat du salpêtre, de la soie grège et de l'opium.

Les nababs du Bengale étaient donc plus anciennement connus des Anglais que ceux du Carnatique. Le fondateur de leur première dynastie héréditaire fut Murched Kuli Khan, qui florissait entre 1700 et 1725 et était un type des gouvernants formés à l'école d'Aureng-Zeib. D'un poste inférieur il parvint jusqu'à la nababie des trois provinces du Bengale, de Bihar et d'Orissa, territoire s'étendant des montagnes du Népaul, au nord, jusqu'aux jungles de Gondouana au sud, et du Brahmapoutra et de la baie de Bengale, à l'est, jusqu'à la rivière Carumnassa [1]. Il transféra sa capitale de Dacca à Murchedabad, ainsi nommée d'après son nom à lui.

Le secret de l'élévation de Murched Kuli Khan consista dans l'envoi d'un fort tribut annuel au trésor impérial de Delhi et de riches cadeaux aux ministres, aux favorites et aux grands influents. En retour, il lui fut permis de cumuler les deux postes de nabab et de dyouan, c'est-à-dire de gouverneur des trois provinces ci-dessus, et de receveur général du Grand Mogol. Ce dut donc être un financier strict, dont la cruauté et l'oppression sont d'ailleurs ra-

---

1. Le Carumnassa est un cours d'eau insignifiant qui se jette dans la Jumna près de Buxar, qui n'est pas toujours marqué sur la carte. Son importance comme frontière, entre le Bihar et la province de Bénarès, a duré jusqu'à l'administration de Warren Hastings, où Bénarès fut annexé au territoire britannique.

2. Murched Ali Khan est nommé dans quelques histoires Iafir Khan, qu'il ne faut pas confondre avec le nabab postérieur Mir Iafir.

contées par les écrivains indigènes. Il emprisonna les principaux
détenteurs du sol, tels que les zemindars et les rajas, et choisit des
Hindous bengalais pour percevoir l'impôt des fermiers. Il mit
d'autres zemindars à la portion congrue, pendant que ses agents
fiscaux, les Aumils, revisaient les cotes des contribuables. Il fit re-
mesurer certains domaines et cultiver certains sols en friche en
faisant quelques avances aux laboureurs pauvres. En un mot, il
déposséda les zemindars de leurs tenures, sauf le petit nombre
en qui il eut confiance et quelques rajas, tels que Birbhûm et Ki-
chenghur, assez puissants pour défier ou venger toute intervention
dans leurs possessions héréditaires.

Murched Kuli Khan, comme tous les officiers mogols de l'école
d'Aureng-Zeib, était très dur à l'égard des Hindous. Il ne permettait
à aucun, fût-il même zemindar ou raja, de s'asseoir ou de conver-
ser en sa présence. Il défendit aux plus riches de sortir en palanquin et leur imposa des moyens de transport inférieurs. Il préféra
les Bengalais pour la perception des impôts, parce qu'ils étaient
plus sensibles aux menaces et aux châtiments et trop timides pour
se rebeller ou comploter contre lui. C'était un dicton courant que
les mahométans dépensaient en pompes et plaisirs leurs gains
illicites et ne laissaient rien pour être confisqué, tandis que
les Hindous thésaurisant pouvaient être pressurés comme des
éponges. Si le collecteur d'un district était arriéré dans ses recou-
vrements, l'Hindou retardataire était bâtonné, pendu par les pieds,
exposé aux ardeurs du soleil, ou assujetti à quelque autre torture
raffinée. Mais si quelque fraude était découverte lors de l'acquit
d'un arriéré, le coupable était forcé de se faire mahométan avec
sa femme et sa famille [1].

1. Pour ces faits on trouvera les sources originales traduites dans l'*Histoire du
Bengale,* de Stewart.

Murched Kuli Khan n'avait pas d'enfant. Il avait donné sa fille en mariage à un officier, Chuja Khan, qui était son délégué au gouvernement d'Orissa. Mais Chuja Khan était si dévergondé que sa femme le quitta et s'en revint auprès de son père, d'Orissa à Murchedabad, emmenant avec elle un fils nommé Sarfâraz Khan.

Le vieux nabab détestait son gendre, mais se prit d'une grande affection pour son petit-fils. Il révoqua Chuja Khan et employa toute son influence à Delhi pour assurer à Sarfâraz sa succession à la nababie des trois provinces du Bengale, de Bihar et d'Orissa. Mais il mourut en 1725, avant d'avoir réalisé ses intentions, laissant ainsi le trône de Murchedabad comme une pomme de discorde entre son gendre et son petit-fils.

En attendant, Chuga Khan, au moyen de riches présents à Delhi, avait obtenu les insignes et les lettres d'investiture de nabab des trois provinces, et peu de temps après la mort de son beau-père il les produisit soudain à Murchedabad et fut aussitôt proclamé son successeur au trône. Sarfâraz Khan ignorait tout à fait les menées de son père. Lui-même s'attendait dans une villa voisine à recevoir incessamment sa nomination de Delhi, lorsque les salves d'artillerie et le battement des timbales au palais lui apprirent sa déconfiture. Ne pouvant que se résigner aux faits accomplis, il envoya au nouveau nabab ses félicitations et le présent accoutumé.

Chuja Khan avait une bonne nature, seulement soucieuse de plaisirs. Il délivra tous les zemindars et rajas incarcérés, et ainsi devint populaire. Mais il avait deux favoris nommés Haji Hamed et Alivardi Khan. Le premier, par des services secrets d'un caractère douteux, obtint le poste de ministre et resta à Murchedabad. Son frère, Alivardi Khan, un homme brave et audacieux, fut nommé vice-gouverneur du Bihar; il choisit Patna pour lieu de sa résidence.

Dans le Bihar, Alivardi Khan se consacra à ranger sous son gouvernement tous les rajas hindous, — ce qu’il accomplit avec une ruse pleine de perfidie. Il les alléchait par ses promesses, et les faisait ensuite mettre à mort. Ces rajas n’étaient la plupart que des bandits, et leur suppression était indispensable à la tranquillité de la province, mais cette suppression fut marquée par la plus ré-voltante barbarie.

Les Anglais en apprirent quelque chose. A cette époque, des ba-teaux anglais charriaient des marchandises et de l’argent entre Calcutta et Patna, sous l’escorte de soldats européens. En 1735 un convoi allait comme d’habitude sous la conduite de deux Anglais, Horvel et Holcombe, l’un civil et l’autre capitaine. Près de Mon-ghir, ces deux hommes virent un bateau chargé de corbeilles qu’ils croyaient contenir du poisson. Ils hélèrent les bateliers qui s’ap-prochèrent, et ceux-ci ouvrant les corbeilles montrèrent une trentaine de têtes fraîchement coupées.

Il s’agissait d’une histoire peu plaisante. Près de Monghir

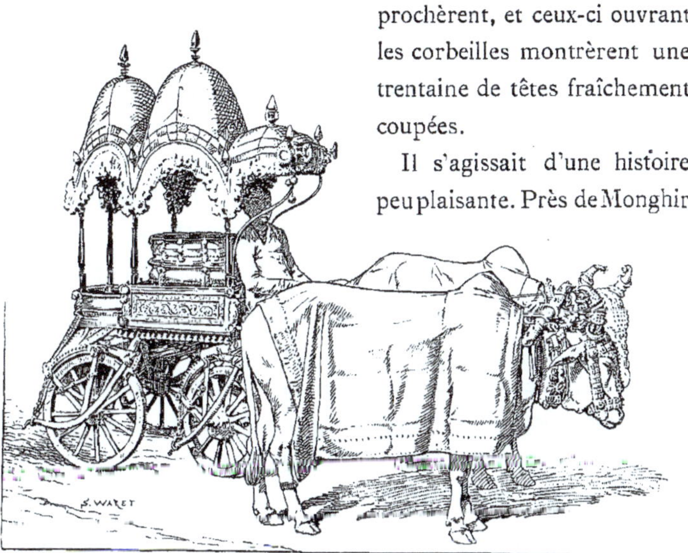

Fig. 9. — Char de voyage pour dames ou riches Hindous.

vivait un vieux raja hindou qui avait hardiment résisté au Mogol et, comme ses collègues du même acabit, exigeait l'épée à la main un droit de transit sur toutes les marchandises qui descendaient ou remontaient le Gange. Ce raja, que le capitaine Holcombe avait fort bien connu, était mort en 1730 et il eut pour successeur son fils, qui se soumit à Alivardi Khan et s'engagea à lui payer un tribut annuel. Pour prévenir une trahison, le jeune raja, accompagné de trente individus, portait son tribut à un certain endroit. De son côté, Aliverdi Khan envoyait le recevoir là par un officier accompagné du même nombre d'hommes. Cette année, le raja venait d'apporter son tribut le matin même que Howel et Holcombe hélèrent le bateau. Alivardi Khan avait ordonné une embuscade et un massacre, et les corbeilles contenaient la tête du raja et de ses suivants. Un seul s'échappa et alla dire la nouvelle à la femme du jeune raja, laquelle aussitôt mit le feu au palais et se jeta dans les flammes avec son fils et ses servantes. La nuit du même jour, la ville du raja fut attaquée, pillée et brûlée par les forces d'Alivardi Khan, et de l'endroit où ils avaient jeté l'ancre les deux Anglais virent l'incendie et la fumée.

Le nabab Chuya Khan mourut en 1739, la même année que Nadir Chah attaqua Delhi. Son fils, Sarfâraz Khan, lui succéda et se montra plus vicieux que son père[1]. Il était insolent et despote et finit par offenser mortellement une famille hindoue très riche qui avait exercé une influence prépondérante à Murchedabab.

Jagat Seth, le patriarche de la famille, était le premier banquier de l'empire mogol, le Rothschild de l'Hindoustan. Les récits les plus fantastiques sont faits sur la fortune de cette maison. Ainsi, les Mahrattes lui extorquèrent cinquante millions de francs, et il

---

1. Les anciens nababs du Bengale étaient si abominablement pervers qu'il n'y a guère à choisir entre eux; leurs vices sont indescriptibles.

n'y parut pas plus que s'il s'était agi de deux bottes de paille. Jagat Seth savait tous les secrets de chaque cour dans l'Inde, servait de caution à la plupart des rentiers du Bengale, et avait toujours de fortes sommes à sa disposition. Son petit-fils, tout jeune encore, avait épousé une fille de son âge. Un jour le nabab eut fantaisie de voir sans voile cette dernière. Cela, qui serait une bagatelle pour les Européens, était regardé par les Bengalais comme une insulte et un malheur qui abrégeaient le mariage et que la mort seule pouvait expier.

En conséquence un complot se trama entre Hindous et Mogols pour la suppression de Sarfâraz Khan. Les conspirateurs invitèrent Alivardi Khan à se mettre à leur tête et l'engagèrent à s'emparer de la nababie des trois provinces. Il serait ennuyeux de détailler les trahisons et corruptions qui suivirent. Sarfâraz Khan fut bercé dans la sécurité pendant qu'Alivardi Khan mena une armée par les passes étroites qui conduisent du Bihar dans le Bengale. Enfin, Sarfâraz Khan apprit tout à coup qu'une armée se trouvait aux portes de la ville. Il marcha à l'encontre avec des forces considérables et un train d'artillerie ; mais ses officiers étaient mal disposés, et les canons n'étaient chargés qu'à poudre. Sarfâraz Khan fut tué dans la mêlée et Alivardi Khan proclamé nabab à sa place.

Alivardi Khan a été qualifié d'usurpateur. Il produisit plus tard les insignes et lettres d'investiture ; mais s'ils émanaient du vizir de Delhi où s'ils étaient imaginaires, peu importe. Le jour était proche où il n'y aurait dans l'Inde d'autres droits que ceux de l'épée. Alivardi Khan venait à peine de s'emparer de la nababie que les Mahrattes envahirent les trois provinces ci-dessus. On dit que le Grand Mogol était si dégoûté de ne recevoir que peu ou point de tribut du nabab qu'il aurait engagé les Mahrattes à prélever le chout au Bengale. Pendant huit années successives, de de 1742 à 1750, ces hordes impitoyables dévastèrent le pays au sud du Gange, d'octobre à juin, ne se retirant qu'à l'approche de la saison pluvieuse, tout cela sous prétexte de chout, que les Mahrattes commencèrent à considérer comme un impôt qui leur était dû dans l'Inde entière.

Tout d'abord, Alivardi Khan essaya de se débarrasser des Mahrattes par la trahison et le massacre. Les commandants des deux camps devaient se rencontrer dans une tente et arrêter les conditions du chout. La tente fut disposée et le nabab posta une embuscade entre les tentures. L'entrevue eut lieu : à un signal convenu les gens cachés sortirent l'épée à la main et massacrèrent le général mahratte et la majeure partie de son état-major.

Cet horrible massacre de ses chefs paralysa un moment l'armée mahratte, qui se vengea ensuite sur les habitants inoffensifs. Elle ravagea le pays, coupa des nez, des oreilles, des mains et commit des atrocités innombrables, dans sa quête de butin. Les malheureux Bengalais passaient en foule le Gange pour se réfugier et peut-être pour périr dans les montagnes et les jungles du nord-est du fleuve. Ce fut à cette occasion que les habitants de Calcutta commencèrent à creuser le fossé mahratte, jadis fameux, pour retenir la cavalerie ennemie au delà des limites du territoire de la Compagnie [2].

Alivardi Khan se trouva impuissant contre les bandes mahrattes. Elles esquivaient toute action générale et ne disparaissaient d'un endroit que pour se montrer aussitôt ailleurs. D'ailleurs lui-même était trahi dans son propre camp. Il comptait beaucoup

---

1. Il ne reste plus de vestige de ce fossé fameux à Calcutta. On suppose qu'il longeait la voie circulaire actuelle.

sur des Afghans mercenaires commandés par un officier nommé
Mustafa Khan; mais son frère, Hâji Ahmed, devint jaloux de
Mustafa Khan et
l'accusa d'être en
intelligence secrète
avec les Mahrattes.
Mustafa Khan s'en-
fuit soudain avec
ses Afghans vers
Patna; mais il fut
poursuivi et tué,
et Hâji Ahmed lui
coupa la tête et la

Fig. 10. — Petit char de voyage.

fit promener dérisoirement trois fois par les rues de cette ville.

L'atrocité fut bientôt vengée. Hâji Ahmed tomba entre les
mains des Afghans et subit une mort cruelle. Il fut fouetté, insulté,
exposé aux sarcasmes de la foule, puis attaché à la jambe d'un
éléphant et traîné dans les rues jusqu'à ce qu'il expirât.

De tels détails révoltent; mais il convient parfois de lever le
voile sur quelques horreurs propres à l'anarchie et au désordre.
Il suffira d'ajouter qu'en 1750, Alivardi Khan s'arrangea avec
les Mahrattes. Toute la province d'Orissa fut cédée au Bhonsla
raja de 'Birar ou de Nagpore, et le nabab convint de payer annuellement la somme de quinze lacs de roupies, soit cent vingt-
mille livres sterlings pour le chout du Bengale et du Bihar.

Alivardi Khan avait vieilli, mais le reste de ses jours s'écoula
comparativement en paix. Il y eut d'horribles scandales dans
son palais de Murchedabad, aussi bien que des révoltes et des complots de la part des membres de sa famille; mais si lui-même était
un scélérat, il n'avait pas de vices. Il ne fut jamais ni ivrogne ni

dissolu, et sous le rapport de sa vie privée il différait de la plupart des princes mahométans dans l'Inde. Un écrivain indigène qui jouit de son patronage nous a conservé quelques détails sur ses occupations quotidiennes [1]. La peinture peut être un peu flattée, mais elle jette quelque jour sur la vie domestique d'un grand mahométan, âgé et respectable.

Le nabab Alivardi Khan se levait régulièrement deux heures avant le jour, il récitait ses prières avant l'aube, puis prenait le café avec ses intimes; de sept à neuf heures il s'asseyait à la salle d'audience, écoutant les observations de ceux de ses officiers et des personnages qui avaient quelque chose à lui dire. A neuf heures il se retirait pour entendre des vers ou des récits plaisants en compagnie d'amis particuliers ou pour surveiller en personne la préparation de ses mets à la cuisine; à dix heures il faisait son principal repas, toujours avec des convives : ceux-ci retirés, il allait faire sa sieste. A une heure il se réveillait, buvait un verre d'eau avec de la glace ou du salpêtre, puis disait ses prières de la mi-journée. Il lisait ensuite un chapitre du Koran à haute voix, suivant l'habitude, et récitait ses prières de l'aprèsmidi. Des hommes pieux et instruits étaient ensuite introduits : on leur offrait du café et des houkahs : le nabab buvait avec eux, mais sans jamais fumer [2]. On apportait le Koran, et des conférences, des lectures et des explications suivaient pendant deux heures. Puis c'était le tour des chefs de bureaux et celui du richard Jagat Seth,

---

1. *Siyar-ul-Mutaqherin,* par Gholam Husain Ali; Calcutta, 1786. Ce livre précieux a été grandement utilisé en traitant du développement de l'empire britannique dans l'Inde; mais l'auteur, un Chyite bigot, a des amours et des haines qu'il faut discerner.

2. C'est un fait curieux qu'Alivardi Khan ne fumât jamais, puisqu'il fut d'abord, dit-on, le porteur du houkah ou pipe de Chuja Khan comme son frère Háji Ahmed un khitmutgar ou domestique de table.

qui donnaient au nabab des nouvelles de l'Inde entière. Ensuite, celui des bouffons pendant deux autres heures. Le crépuscule venu, Alivardi Khan récitait ses prières vespérales. La salle d'audience vidée par les hommes s'emplissait après des dames de sa famille. On servait à ces dames un souper de fruits frais et secs et de pâtisseries, que le nabab distribuait le plus souvent lui-même. Après souper, les dames s'allaient coucher et la salle s'ouvrait aux officiers de garde, aux surveillants des dortoirs et aux diseurs de contes par lesquels le nabab se faisait endormir. Le nabab se réveillait la nuit trois ou quatre fois, mais se levait toujours deux heures avant l'aube.

« Le nabab était troublé par la marche des affaires dans le Dekkan, par l'assassinat de Nazir Iung et l'avènement de Muzaffir Iung avec l'appui des Français. Il fut encore plus troublé lorsque, Muzaffir Iung tué, Salâbat Iung fut fait nizam du Dekkan avec l'appui des mêmes étrangers. Il reçut en même temps une lettre pompeuse de Bussy, recommandant à ses soins et à sa protection les Français de Chandernagor. Il ne fit aucune réponse à cette lettre, mais il fut étonné et perplexe. « Ces gens à chapeau, exclama-t-il, posséderont bientôt tout le littoral de l'Inde. »

Alivardi Khan avait nommé pour lui succéder un petit-fils nommé Suraj-ud-Daula. Ce jeune homme était à la fois insolent et vindicatif, cruel et dissolu. Il détestait les Anglais de Calcutta et se plaignait à son grand-père de leurs desseins hostiles; mais le vieux nabab était sur son lit de mort et sourd à toutes ces observations. En attendant, arriva à Murchedabah la nouvelle que les Anglais avait capturé la grande forteresse de Gheria, capitale de l'empire d'Andria, et peu après que les Anglais de Calcutta se fortifiaient pour combattre les Français à Chandernagor.

Le vieux nabab mourut en avril 1756. Suraj-ud-Daula monta sur le trône, en dépit des intrigues et des complots hostiles d'autres prétendants[1]. On lui dit qu'un de ses ennemis s'était réfugié à Calcutta et il en demanda la livraison immédiate ; mais son messager fut soupçonné à Calcutta et il n'y eut pas de réponse. Ensuite le nabab ordonna à M. Drake, le gouverneur de Calcutta, de démolir les fortifications récentes. M. Drake fit répondre qu'on n'avait pas élevé de nouvelles fortifications, mais réparé seulement une ligne de canons pour empêcher que Calcutta ne fût capturé par les Français comme Madras dix ans auparavant. Le jeune nabab devint furieux à l'idée que les Anglais combattraient les Français dans ses domaines. Il envoya un corps de cavalerie cerner la factorerie de Cossimbazar, dans les faubourgs de sa capitale, et lui amener prisonniers les Anglais qui s'y trouveraient. Il rassembla ensuite une armée de cinquante mille hommes et un train d'artillerie, puis se dirigea en juin sur Calcutta avec une telle précipitation que plusieurs de ses soldats moururent de fatigue ou d'insolation chemin faisant.

A Calcutta, les Anglais furent abasourdis par ces nouvelles. Ils s'attendaient à quelque demande d'argent lorsque la capture de Cossimbazar les rendit perplexes. Les Mahrattes avaient causé une épouvante passagère, mais plusieurs anneés s'étaient écoulées sans que les Anglais pussent s'attendre à une attaque du nabab. Les fortifications avaient été négligées, des magasins avaient été construits dans le voisinage du fort, et le fort lui-même était encombré de bâtisses. Les Anglais à Calcutta n'étaient qu'une poignée, tout au plus cinq cents hommes en y comprenant des métis.

1. L'un de ces prétendants s'était assuré des lettres d'investiture de Delhi en promettant de verser annuellement dans le trésor impérial un million de livres sterling.

Il n'y avait que cent soixante-dix soldats européens, dont une dizaine à peine avaient été au feu. Encore si Clive se fût trouvé là, le nabab et sa soldatesque auraient pu être défiés : toutes les grandes maisons auraient été démolies, tous les encombrements des murailles jetés bas, tout ennemi campé dans le voisinage aurait été tenu en alarme continuelle, le jour par des obus, la nuit par des sorties, jusqu'à ce que les assiégeants jugeassent à propos de se retirer.

Mais au lieu de soutenir un siège au fort William, comme avait fait Clive dans la citadelle d'Arcot, les Anglais tentèrent follement de défendre Calcutta, au moyen de postes détachés à l'extérieur du fort. La bataille commença le mercredi, 16 juin. Le jeudi et le vendredi les postes durent céder à la simple force numérique; et après une lutte désespérée dans les rues et les avenues, les Anglais rentrèrent dans le fort. Le samedi, 19 juin, l'ennemi commença le bombardement. Les femmes furent transférées dans des bateaux, où s'élancèrent M. Drake et quelques autres; puis au grand ennui des demeurants, les bateaux descendirent le fleuve.

Le dimanche matin, l'ennemi essaya d'escalader les murailles, mais il fut repoussé, et il y eut un répit dans la lutte. La chaleur et la fatigue avaient excité la garnison anglaise. Les soldats tombèrent alors sur des provisions d'arack et s'enivrèrent. On hissa le pavillon blanc et l'on parlementa. L'ennemi, sur ces entrefaites, escalada les murailles, entra par plusieurs brèches, et une capitulation générale suivit.

Le nabab entra en grande pompe au fort William, mais ne trouva que cinquante mille roupies dans le trésor. Il envoya quérir M. Holwel qui représentait le gouverneur en l'absence de M. Drake. Il jura qu'il n'arriverait rien de mal aux prisonniers, mais il était fort en colère de la pénurie du trésor. M. Holwel, bientôt congédié, retourna avec ses compagnons qui étaient réunis sous forte garde dans une véranda basse, vis-à-vis une ligne de baraques. Pendant quelque temps, les officiers du nabab ne trouvèrent aucun endroit convenable pour entasser les prisonniers. Finalement, au bout des chambres, ils découvrirent la salle de police de la garnison, connue sous le nom de trou ou d'antre noir, *Black Hole*. Ce réduit n'avait pas vingt pieds carrés et ne recevait d'air que par la véranda et deux petits grillages de la porte. C'est là que, pendant l'une des plus chaudes nuits de juin, furent poussés à coups d'épée et de massue cent quarante-six prisonniers. La porte fut ensuite fermée sur eux et les malheureux captifs furent abandonnés à la mort. Le lendemain matin, vingt-trois seulement furent retirés vivants, mais évanouis : les autres cent vingt-trois étaient à l'état de cadavres.

La question de la responsabilité de cette catastrophe a été souvent posée, mais a depuis longtemps cessé de passionner les esprits. Suraj-ud-Daula peut être exempt de blâme. Il laissa à ses officiers la garde des prisonniers, puis se retira pour dormir, et personne n'osa le réveiller. Mais le lendemain il se montra tout à fait insensible à ce qui était arrivé et ne se préoccupa que de savoir où les Anglais avaient caché leurs immenses trésors. Les habitants indigènes du Bengale furent aussi insensibles que le nabab. L'empire britannique tout entier frémit d'indignation au récit de cet horrible épisode, comme s'il se fût passé dans un village d'Angleterre ou d'Irlande. Mais dans l'Inde il fut vite oublié, si même il fut jamais connu. Les historiens mahométans qui racontent la capture de Calcutta ne soufflent mot du *Black Hole!*

---

1. Le manque complet de liens politiques entre les masses d'indigènes de l'Inde est la cause de leur dépression. Individuellement les Hindous sont le peuple le plus compatissant du monde; mais en dehors de leur petit cercle de famille ou de

La nouvelle de ces événements parvint à Madras en août. Elle y
créa une émotion qui n'a peut-être jamais eu d'égale dans cet établissement. On perdit de vue et Bussy et les Français, et l'on résolut d'envoyer en toute hâte au Bengale les forces destinées au
Dekkan.

La flotte quitta Madras en octobre 1756, sous le commandement
de l'amiral Watson. Clive commandait les forces de terre. On
arriva à Calcutta le 1er janvier 1757. Il y eut très peu d'engagements. L'officier mogol qui commandait à Houghli avait été
nommé gouverneur de Calcutta : il s'enfuit tremblant à l'approche
des Anglais. Le 2 janvier, le pavillon anglais fut hissé sur le fort
William. Le 10, les Anglais se dirigèrent sur Houghli et s'en emparèrent sans coup férir[1].

castes, ils sont tout à fait insouciants de ce qui se passe. Dernièrement, il y a eu
à cet égard une amélioration : les famines ont élargi les sympathies et l'avenir politique des Hindous est plus engageant maintenant qu'à aucune période antérieure
de leur histoire.

1. Quelques détails sur cette campagne donneront une idée de l'art militaire en
Asie. L'approche de Calcutta était gardée par le fort de Budge-Budge, aujourd'hui
prononcé Baj-Baj. Le colonel Clive, trop confiant et dédaigneux des indigènes, s'attendait à capturer le fort presque sans résistance, et il dressa une embuscade pour
couper la retraite à la garnison mahométane. Mais l'ennemi attaqua l'embuscade
par surprise, et la froide intrépidité de Clive la sauva seule de la destruction. De
plus, l'artillerie du fort tira sur l'escadre anglaise, qui réduisit la première au silence par un feu plus nourri.

Dans ces circonstances, Clive se prépara à prendre la place d'assaut le matin
suivant. La nuit, tandis que les assaillants se reposaient sur le sol et qu'à bord
tout le monde allait se coucher, on entendit du rivage une bruyante acclamation,
et l'on apprit que l'amiral Watson avait capturé Baj-Baj. Il paraît qu'un matelot
ivre, nommé Straham, un coutelas d'une main et un pistolet de l'autre, escalada
une brèche isolée, tira son pistolet et courut sur les sentinelles mahométanes en
poussant des hourrahs sauvages. Deux ou trois autres matelots l'entendant suivirent, en tirant et en hurlant. La garnison, saisie de panique, s'enfuit. Les soldats de
Clive, s'ébranlant pêle-mêle à leur tour, prirent possession du fort où ils trouvèrent
quarante barils de poudre.

L'amiral Watson jugea nécessaire, au point de vue de la discipline, de répri-
mander sévèrement Straham ; celui-ci dit qu'il n'avait pas cru mal faire et promit

Tout ce temps, le nabab ne se possédait pas d'avoir capturé la forteresse européenne de Calcutta. Il menaçait de traiter les Français et les Hollandais comme les Anglais ; mais les premiers lui envoyaient de fortes sommes, et lui étaient ostensiblement soumis. Il relâcha les prisonniers anglais et crut que tout était fini. Il ne lui vint jamais à l'idée que les Anglais retourneraient en force et lui demanderaient compensation et vengeance. Mais le recouvrement de Calcutta et la capture de Houghli l'alarmèrent. Il dirigea sur Calcutta une forte armée, mais en protestant de son désir de la paix et de l'amitié anglaise, et en promettant de compenser toutes les pertes anglaises.

Clive, tout occupé de la prochaine guerre avec la France, inclinait aussi vers la paix, et il avait renoncé à tout plan de vengeance si le nabab, exécutant ses promesses, lui eût permis de capturer l'établissement français de Chandernagor. Le nabab adhéra à toutes les propositions de Clive, mais avec la résolution intime de les éluder. Le traité fut conclu sans difficulté aucune ; mais Clive découvrit bientôt que le nabab ne s'était exécuté que pour gagner du temps et se procurer l'appui des Français. En effet, il envoya des lettres et des présents à Bussy, le priant de chasser les Anglais du Bengale. Il défendit aux Anglais d'attaquer les Français ; mais des nouvelles annonçant que les Anglais avaient capturé Delhi et avaient l'inten-

---

de ne jamais plus prendre de fort sans ordre. L'amiral aurait désiré faire passer ce matelot maître d'équipage, mais ses habitudes ne le permirent pas. On découvrit ensuite que l'ambition de Straham était d'être nommé cuisinier à bord de l'un des navires, et l'on ignore si cette ambition fut satisfaite.

Il survint un autre incident absurde après la capture d'Hougli. Trois matelots anglais avaient disparu, et l'on supposait qu'ils avaient été tués ou grièvement blessés. La nuit, les officiers virent du bord de leurs navires plusieurs villages en flammes. Le matin suivant, les trois matelots reparurent flottant sur un radeau. Se trouvant isolés de leurs compagnons, ils avaient mis le feu aux villages pour faire accroire aux indigènes que les forces anglaises étaient encore sur le rivage. Ayant ensuite trouvé un radeau, ils s'en étaient servis pour s'échapper.

tion de conquérir le Bengale, dans sa terreur, il implora le secours de Clive contre eux. Sous l'influence de cette terreur, il permit aux Anglais d'attaquer Chandernagor, mais il retira ensuite cette permission. Clive et Watson virent une indignité dans ce retrait, et faisant voile sur Chandernagor ils s'en emparèrent. Le nabab leur envoya aussitôt des lettres de félicitation, et il leur offrit de céder aux Anglais le territoire de Chandernagor aux mêmes conditions que les Français l'avaient occupé.

La dissimulation du nabab s'éleva alors à son comble. Il donna asile aux Français expulsés de Chandernagor, leur promit des fonds et les envoya à l'intérieur. Il posta des troupes à Plassy, sur la route de Calcutta, sous le commandement d'un officier nommé Mûr Iafir, et lorsque Clive eut fait des remontrances touchant cette démonstration hostile, le nabab rejoignit Mûr Iafir, avec toute son armée.

Il existait alors une grande désaffection envers le

Fig. 11. — Femme de Bootea.

nabab. Mûr Iafir à Plassy et le banquier hindou Jagat Seth à Murchedabad, avaient ourdi une conspiration à laquelle ils invitèrent Clive à se joindre. Il fut convenu que Clive irait à Plassy avec une armée, que Mûr Iafir désertant le nabab ferait cause commune avec les Anglais, que Suraj-ud-Daula serait détrôné et que Mûr Iafir lui succéderait.

Malheureusement la communication entre les chefs de la conspiration et Clive se fit par un Hindou nommé Omichund. Cet homme menaça de découvrir toute l'affaire à Suraj-ud-Daula, à moins qu'on n'insérât dans le traité un article obligeant Mûr Iafir à lui payer trois cent mille livres sterling pour prix de son silence. Omichund était incontestablement un franc coquin, sans honneur ni vergogne, mais la façon de le tenir tranquille fut une tâche pour le caractère anglais. Omichund fut dupé avec un prétendu traité contenant la clause désirée, laquelle fut omise dans le traité authenthique. Clive et tous les autres, sauf Watson qui refusa, signèrent le traité fictif auquel Clive apposa la signature de l'amiral en l'en informant, et il soutint invariablement jusqu'au jour de sa mort qu'il avait eu pleinement raison d'agir ainsi [1].

Clive avança de Calcutta sur Plassy avec trois mille hommes et neuf pièces d'artillerie. L'armée du nabab avait cinquante mille fantassins, dix-huit mille cavaliers et cinquante pièces d'artillerie [2]. La fameuse bataille fut livrée le 23 juin 1757. Ce ne fut guère

---

1. Ce traité fictif est une tache dans la vie publique de Clive. Il n'en retira personnellement aucun avantage et il se crut absous à cet égard en ayant neutralisé la perfidie d'un misérable comme Omichund. L'opinion publique des Orientaux, qui regardent de pareils artifices comme tout naturels contre un ennemi, ne l'aurait pas condamné; mais il l'a été universellement par les Européens, et sa mémoire restera à jamais souillée par cet acte.

2. On ne peut avoir confiance dans les chiffres d'aucune armée indigène. C'est une affaire de divination. Clive lui-même évalua l'armée du nabab à trente-cinq mille fantassins, à quinze mille cavaliers et quarante pièces d'artillerie.

qu'une canonnade. Mûr Iafir ne fit rien, les Anglais eurent à supporter le principal choc. Finalement les Anglais tombèrent sur le camp du nabab, et Suraj-ud-Daula, saisi de panique, s'enfuit du champ de bataille.

Clive allant ensuite à Murchedabad plaça Mûr Iafir sur le trône. Le nouveau nabab fut prodigue de promesses et de présents, quoique ses ressources semblent avoir été grandement exagérées. Les trésors de Suraj-ud-Daula avaient été estimés à quarante millions de livres sterling, un million et demi seulement fut réalisé. Mûr Iafir s'engagea à payer un million à la Compagnie anglaise; trois quarts d'un million aux habitants de Calcutta, indigènes comme Européens, et de grands cadeaux à Clive et aux autres membres du gouvernement. Lors du premier à-compte, cent bateaux chargés d'argent pour une valeur de huit cent mille livres descendirent le Gange vers Calcutta, dont la population entière fut ivre de joie.

Outre ces sommes, le nouveau nabab céda en jaghîr, sur l'Houghli, une zone considérable de terrain que la Compagnie convoitait depuis longtemps. Cette cession à la mogole rapportait à la Compagnie un revenu de cent mille livres sterling, sauf à payer nominalement à Delhi une rente de trente mille livres. Clive tenait beaucoup aux formes mogoles. On verra ci-après que la reconnaissance de la souveraineté usée du padischah fut la clef de voûte de sa politique. Clive créa virtuellement nabab Mûr Iafir; pratiquement il était indépendant; cependant il jugea nécessaire de se procurer de la cour mogole des lettres d'investiture pour les trois provinces du Bengale, du Bihar et d'Orissa. En même temps Clive fut créé émir de l'empire mogol avec le commandement honoraire de six mille fantassins et de cinq mille cavaliers. Ce contingent n'existait naturellement que sur le papier, mais Clive demanda le jaghîr donné, en quelque sorte, pour son entretien. Cette demande rendit Mûr Iafir perplexe ; à la fin il libéra la Compagnie de la redevance sur le jaghîr qu'il lui avait précédemment accordée.

Ainsi Clive entra en possession de trente mille livres annuelles payables par la Compagnie des Indes orientales, qui l'employait. La révolution effectuée par la bataille de Plassy impliqua les Anglais dans des difficultés interminables que personne n'avait prévues : le renversement de Suraj-ud-Daula et son remplacement par Mûr Iafir avaient été tout simples ; mais le nouveau nabab n'exerçant pas de prestige sur les grands fut bientôt jalousé et détesté, surtout quand on vit descendre à Calcutta les bateaux chargés d'argent. Il fut bientôt visible que de même que les Anglais avaient intronisé Mûr Iafir, eux seuls étaient en état de le maintenir.

Pour empirer la situation, Mûr Iafir, qui était un bon militaire en campagne, se révéla sans capacité administrative aucune. Il passait la majeure partie de son temps en compagnie de bayadères. Il se plaignait d'un trésor vide, et son armée se mutinait faute de solde ; quant à lui, il était toujours chargé de bijoux précieux, avec cinq ou six bracelets de gemmes différentes aux bras, trois ou quatre chapelets de perles au cou [1]. Son fils Miram le fit haïr da-

---

1. On est fondé à croire que les Anglais furent dupés concernant les trésors de Murchedabad, et que les millions de livres sterling ci-dessus, cachés dans quelque recoin du palais du nabab, furent partagés entre Mûr Iafir et d'autres. L'auteur du *Siyâr-ul-Mutaqherîn* dit que les Anglais ne connurent que le trésor extérieur : « Ces Anglais si renommés, qui méprisent tant l'habileté et l'intelligence des Bengalais, sont pourtant attrapés sans cesse par eux ; ils ne surent rien du trésor intérieur, placé comme d'habitude dans la *Zenana* ou appartements des femmes, et évalué à huit millions de livres sterling en monnaie et bijoux. Ce trésor fut partagé entre Mîr Iafir et trois indigènes. » Gholam Husain Khan ajoute que deux des indigènes étaient des secrétaires de Clive, payés par mois une soixantaine de roupies. Dix ans après, l'un de ces hommes mourut avec un million et quart de livres sterling, et l'autre, aux seules funérailles de sa mère, dépensa quatre-vingt-dix mille roupies. (Vol. I, p. 713.)

vantage par ses meurtres et ses assassinats. Dix jours après la bataille de Plassy, Suraj-ud-Daula fut fait prisonnier et tué dans le palais à Murchedabad. D'autres membres ou partisans de sa famille, mâles et femelles, furent mis pareillement à mort. Mur Iafir en rejeta tout le blâme sur son fils Miram.

Les Anglais désiraient vivement soutenir la dignité du nouveau nabab en lui marquant toute sorte de déférence; mais sa dépendance des Européens et sa crainte mortelle de Clive en faisaient un sujet de risée pour ses courtisans. Quelques mois après son avènement il reçut le sobriquet de « bourrique du colonel Clive, » et il le garda jusqu'à sa mort. On raconte[1] qu'une querelle eut lieu entre les suivants du Grand Mogol et les domestiques de Clive. Le nabab mit le Grand Mogol sur ses gardes; quant aux suites de la querelle, celui-ci répondit avec un rire moqueur : « Monseigneur Nabab, il n'en sera rien sans doute avec le colonel. Je ne me lève jamais sans faire trois salams à sa bourrique, et je suis l'homme le plus éloigné de se brouiller avec celui qui la monte ». De pareilles histoires en disent

1. Mill raconte ce fait dans son *Histoire de l'Inde*, et Macaulay le copie dans son essai sur Clive; mais les deux ont ignoré le sobriquet donné a Mir Iahr. V. Stewart, *Histoire du Bengale*, et Scott, le *Dekkan*, vol. II, p. 876.

Fig. 12. — Femme indigène de l'est du Bengale.

plus sur le sentiment dominant à Murchedabad, que de longs exposés.

La vérité est que le changement des nababs avait révolutionné les idées politiques de tous les nobles mogols à la cour. Avant la capture de Calcutta, les Anglais n'avaient paru à Murchedabad qu'en suppliants de privilèges commerciaux. Après la bataille de Plassy, ils étaient seigneurs et maîtres, les représentants d'un nouveau pouvoir suprême qu'il fallait se rendre favorable. Ces circonstances étant données, il était naturel qu'on les craignît et qu'on les détestât, et que les Mogols qui les louaient tout haut eussent été heureux de les voir au fond de la mer.

Une autre circonstance vint exaspérer Mîr Iafir et les Mogols contre les Anglais. Alivardi Khan avait pourvu tous les hauts postes d'Hindous élevés au rang de rajas, pour tenir ainsi en échec les zemindars, la plupart mahométans. Son premier ministre était un Hindou, se disant raja ; Hindous étaient encore les gouverneurs de beaucoup de villes et de districts. Ces Hindous étaient plus différents et moins portés à la rébellion que les turbulents mahométans. Mîr Iafir ayant remplacé ceux-ci par des parents à lui ou des créatures, des complots et des intrigues s'ourdirent dans toutes les directions. Quelques-uns des rajas hindous craignant pour leurs vies, implorèrent la protection des Anglais. Clive la promit à quelques-uns, mais sans pouvoir les retenir à leurs postes, en sorte que la désaffection se répandait dans les provinces, tandis que les Anglais furent plus redoutés et haïs que jamais.

Il est vrai que ces sentiments à leur endroit n'existaient que chez les grands. Les indigènes ne se plaignaient généralement que de la non-intervention anglaise pour les protéger. L'un d'eux note que la présence d'esprit, la fermeté de caractère et la bravoure indomptable des Anglais étaient incontestées, mais qu'ils n'avaient

aucun souci des laboureurs, et qu'ils étaient apathiques ou indifférents envers les masses souffrantes.

Tout à coup de nouveaux dangers menacèrent Mîr Iafir. Les
Mahrattes réclamaient des arrérages de chout pour le Bengale et
le Bihar, et il était difficile d'esquiver la réclamation[1]. Ayant forcé
Alivardi Khan de payer le chout, ils se considéraient en droit de
l'exiger de ses successeurs. La crainte que Clive leur inspira fut le
seul motif qui leur fit épargner au nabab l'invasion immédiate du
Bengale.

En 1758, le fils aîné du Grand Mogol, connu sous le nom
de Chahzada, se montra en force près la frontière du Bihar à la
rivière Carumnassa, proclamant sa nomination au gouvernement
du Bengale, du Bihar et d'Orissa par le Grand Mogol. Il avait
l'appui de Chuja-ud-Daula, nabab d'Oude, et d'un corps de Français commandés par M. Law, l'ex-gouverneur de Chandernagor.
De plus, le vice-gouverneur hindou du Bihar, que Mîr Iafir avait
menacé, inclinait à ouvrir le passage au Chahzada et aux siens.

L'apparition de ce dernier replaçant le Grand Mogol sur la
scène, jetons un coup d'œil sur la marche des affaires à Delhi.
Depuis la mort de Mohammed Chah, en 1748, la capitale de l'empire
avait été sans cesse en proie aux troubles. Le défunt Padischah avait
eu pour successeur son fils Ahmed chah, que menacèrent à la fois les
Afghans et les Mahrattes, sans compter que Sunnîtes et Chyites, représentés, les premiers par le petit-fils du nizam-ul-mulk, Ghazi-
ud-dîn, les seconds par le nabab d'Oude[2], se disputèrent âprement

---

1. Le chout pour le Bengale et Bihar fut réclamé par Bhonsla, raja de Nagpore.
On trouvera ci-après, ch. V, l'histoire de l'empire mahratte et de ses feudataires.

2. Le nabab d'Oude était alors Sufdar Iung. Il avait épousé une fille de Saâdut Ali
Khan, et succédé à son père dans le gouvernement d'Oude en 1739. Il obtint le
poste de vizir pendant le règne d'Ahmed Chah, fils de Mohammed Chah; mais
les intrigues de Ghazi-ud-dîn le forcèrent ensuite à quitter Delhi. En 1753, Sudfar

le vizirat. Enfin les Sunnîtes triomphèrent, et Ghazi-ud-dîn devint vizir.

Ce dernier comptait, à la faveur de son emploi, exercer le pouvoir souverain comme avaient fait les Saiyids la génération précédente. Trouvant Ahmed Chah rétif et dangereux, il le détrôna, le priva de la vue et le consigna dans la prison d'État de Salimghur. Il le remplaça sur le trône de Delhi par un prince imbécile et vieillot, nommé Alanghir. Il traita ensuite le padischah comme un joujou et usurpa l'autorité souveraine, délivrant des titres et lettres d'investiture aux nababs des provinces éloignées, et prélevant de l'argent par tous les moyens possibles.

En 1757, l'année de la bataille de Plassy, Ahmed Chah Abdali, le fondateur de l'empire afghan, parut à Delhi avec une grande armée, et mit les habitants à contribution avec toute l'impitoyable férocité d'un ancien officier de Nadir Chah. Il se dirigea ensuite, à travers la vallée de la Jumma, jusqu'à la ville sacrée de Mathura qu'il pilla et détruisit à la façon de Mohammed le Ghaznide. Il semble pourtant avoir eu quelque respect pour la souveraineté du Grand Mogol. Il s'allia à la famille impériale en épousant une fille du défunt Mohammed chah. Il nomma émir des émirs un Afghan, nommé Najib-ud-Daula, pour agir comme gardien d'Alamghir à la place de Ghazi-ud-dîn, qui s'était enfui en exil. Après cet arrangement d'affaires à sa satisfaction, Ahmed Chah Abdali quitta et s'en retourna à Kandahar avec le gros de son armée.

A cette époque, les Afghans menaçaient de devenir un pouvoir formidable dans l'Inde. Ils occupaient déjà le Punjab, et ni Sikhs, ni Mogols, ni Mahrattes, ne pouvaient les en chasser. Ils avaient

lung assemblant une grande armée, assiégea Delhi et força la cour mogole à lui faire l'abandon formel des provinces d'Oude et d'Allahabab pour lui et ses successeurs. Il mourut peu après, remplacé par son fils le célèbre Chuja-ud-Daula. Son tombeau à Delhi est remarquable.

fondé depuis longtemps une puissante principauté dans l'Hindoustan, au nord-est de Delhi, dans une région dite Rohilla, qui a disparu des cartes modernes, mais qui est représentée actuellement par le petit État de Rampore. Najib-ud-Daula, le nouveau gardien du souverain mogol, était un Afghan de Rohilla. En un mot, les Afghans étaient en bonne voie de supplanter les Mogols, et de redevenir encore le pouvoir suprême dans l'Hindoustan.

Toutefois , Ahmed chah Abdali ne fut pas plus tôt revenu à Kandahar que l'ex-vizir Ghazi-ud-din renversa le pouvoir afghan à Delhi. Il leva un corps nombreux de mercenaires mahrattes ; il chassa Najib-ud-Daula, fit tuer ou incarcérer tous

Fig. 13. — Pagode de Calcutta.

les grands qui s'étaient opposés à lui ; il réduisit Alamghir à la condition de marionnette et chercha à assassiner le fils aîné d'Alamghir, héritier présomptif de la couronne.

C'est ainsi que le Chahzada s'échappa de Delhi, craignant pour sa vie. Pendant un an l'exilé impérial pêcha en eau trouble, cherchant tour à tour la protection des Afghans Rohillans et des Mahrattes. A la fin il se réfugia chez Chuja-ud-Daula, nabab d'Oude, le Chyite héréditaire, ennemi mortel de Ghazî-ud-dîn. Mais le nabab d'Oude n'avait aucune hâte de se compromettre. Se souciant très peu du Chahzada, il désirait fort s'emparer des provinces du Bengale. Il envoya des troupes accompagner Chahzada à la frontière du Bihar, puis attendit les événements.

Sur ces entrefaites, Clive et Mir Jafir furent entraînés dans une correspondance très active avec le Chahzada et la cour de Delhi. Clive reçut des lettres amicales du Chahzada, qui voulait gagner son appui. De son côté Mîr Iafir, recevait l'ordre du vizir et du Grand Mogol d'arrêter le Chahzada et de le lui envoyer prisonnier à Delhi. Clive répondit au Chahzada qu'ayant été créé émir de l'empire, il était obligé en conséquence de soutenir Mîr Iafir, que le padischah avait investi du gouvernement du Bengale, du Bihar et d'Orissa.

Les opérations militaires qui suivirent n'ont point d'intérêt. Mîr Iafir, terrifié, voulait acheter la retraite du Chahzada. Clive réprouva hautement ce mode ruineux, et s'avançant jusqu'à Patna avec une force anglaise, il eut bientôt raison du prince, qui s'enfuit nuitamment, réduit à une telle détresse qu'il accepta volontiers un cadeau de cinq cents mohurs d'or, environ huit cents livres sterling, que Clive lui fit passer.

M. Law et ses Français, qui avaient accompagné partout le

---

[1] Ghazî-ud-dîn, nous l'avons déjà dit, était le petit-fils du nizam-ul-mulk, et par conséquent un Turc Sunnîte. La différence de race entre les Mogols et les Turcs et l'antagonisme religieux entre Chyites et Sunnîtes, jette beaucoup de lumière sur la confusion qui a prévalu dans l'Inde mahométane.

Chahzada, se virent de nouveau réduits à leurs ressources propres. Law faisait remarquer à un indigène intelligent qu'il n'avait vu régner que l'oppression depuis le Bengale jusqu'à Delhi; mais les grands de l'Hindoustan, laissant le monde péricliter, ne songeaient qu'à leur élévation personnelle. Il avait proposé au vizir de Delhi et au nabab d'Oude de rétablir l'ordre dans l'empire mogol et l'autorité du padischah dans tout l'Hindoustan, cela rendant facile d'éconduire les Anglais du Bengale ; mais l'un et l'autre firent la sourde oreille. Law oubliait que l'ordre qu'il proposait de rétablir eût été également nuisible au vizir de Delhi et au nabab d'Oude.

Cependant les succès des Français dans le Dekkan et la péninsule rappelèrent l'attention de Clive. En 1756, la collision anglo-française dans le Dekkan avait été détournée par le désastre de Calcutta, qui nécessita l'envoi des forces de Madras destinées à Hyderabad. En 1757, Bussy ayant fait la paix avec Salâbat Iung, était retourné au circars du nord, où il eut affaire avec des poligars hindous du vieux type rajpoute. A travers toutes les vicissitudes du gouvernement mogol, ces poligars avaient maintenu leur indépendance dans les montagnes et les jungles; ils s'étaient engagés à payer tribut au nizam, mais à la première occasion ils y manquaient. Unis, ils auraient pu repousser les demandes des Français; mais ils étaient en inimitié mortelle; et l'un d'eux, le raja de Vizianagram, réussit à tourner la colère de Bussy contre son voisin de Bobili, son ennemi juré depuis plusieurs générations.

Le raja de Bobili prétendait être un Rajpoute de haute extraction, dont les ancêtres auraient combattu sous les anciens Mahrajas de Iagganath dans des guerres mythiques contre le sud. Il affectait de mépriser son voisin de Vizianagram comme un humble chef de création récente, et ses partisans assouvissaient leur haine en détournant les ruisseaux qui arrosaient le territoire de Vizianagram. Bussy, induit à participer à la querelle par quelque outrage inexpliqué, résolut d'expulser de ses domaines le raja de Bobili.

La catastrophe qui suivit est un exemple terrible du désespoir et de la rancune rajpoute. Le raja de Bobili s'était retiré au fond d'une jungle dans une forteresse éloignée. Bussy en abattit les créneaux avec de l'artillerie, mais fut longtemps à capturer la place. La garnison rajpoute fut exposée à un feu nourri, mais elle résista aux tentatives d'escalade avec la férocité des bêtes sauvages qui défendent leur repaire et leurs petits. Cette résistance fut vaine à la fin. La garnison réunit alors toutes les femmes et les enfants dans les habitations centrales du fort, y mit le feu, poignardant quiconque tentait de s'échapper. Puis, les soldats retournèrent sur les murailles, comme des démons frénétiques, mourir sans quartier, l'épée à la main, et avec eux périt le raja. Les Français entrèrent dans le fort en triomphe, mais la vue des victimes du massacre attrista leur victoire et fit couler leurs larmes. Tout à coup un vieillard parut avec un petit enfant : c'était le fils du raja, sauvé contrairement à la volonté paternelle.

La mort du raja de Bobili fut bientôt vengée, quatre de ses partisans l'ayant vu périr s'étaient échappés dans la jungle, jurant de la faire payer cher. Une nuit, deux d'entre eux se faufilèrent jusqu'au raja de Vizianagram et le poignardèrent; ils furent taillés en pièces par les gardes, mais ils moururent fiers de leur crime. Eussent-ils échoué, les deux autres partisans restant dans la jungle avaient fait le même serment, et ils l'auraient accompli ou ils seraient morts dans la tentative [1].

[1] La vendetta rajpoute est la même dans tous les âges. Celle des hommes du

Les autres poligars des circars du nord furent si épouvantés par le sort de celui de Bobili qu'ils se hâtèrent de solder tous leurs arrérages de tribut. Le poligar de Goumsur seul tint bon, mais à la fin il dut se soumettre aussi. Pendant cette expédition, Bussy

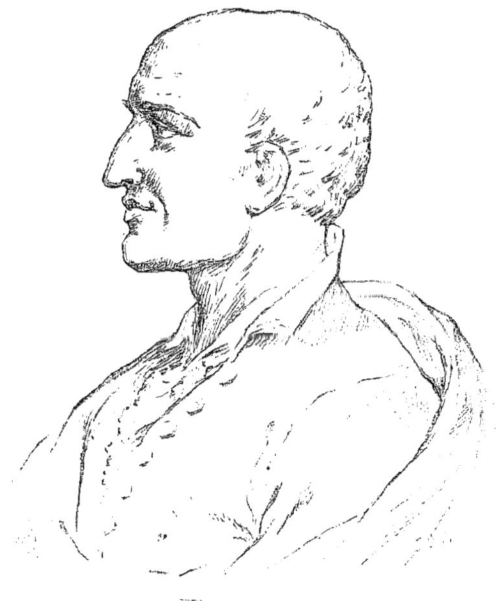

Fig. 14. — Lally-Tollendal, lieutenant général et gouverneur des Indes françaises.

reçut des lettres de Suraj-ud-Daula, l'invitant à aller au Bengale : il allait s'y rendre quand il apprit la reddition de Chandernagor. Pour venger cette reddition il chassa les Anglais de Vizagapatam et prit possession de trois autres factoreries qu'ils avaient établies

raja de Bobili rappelle celle d'Asouatthâma et de ses camarades sur les fils des Pandavas, après la guerre du Mâhâ Bhâratta.

plus au sud, sur la côte du delta du Godavari. Un écrivain contemporain indigène compare la physionomie de Bussy et de Clive comme types de leurs nations respectives. Bussy portait des habits brodés ou du brocard. Lui et ses officiers allaient à éléphant, précédés de « chapdars » ou massiers porteurs de cannes d'argent, tandis que des musiciens et des panégyristes célébraient leurs louanges. Il recevait des visites solennelles sur un trône orné des armes du roi de France; sa table était servie avec de la vaisselle d'or et d'argent, et comportait trois ou quatre services. Clive portait toujours son uniforme militaire en campagne et ne portait de la soie qu'en ville. Il allait toujours à cheval. Sa table était abondante, mais point délicate, avec deux services au plus [1].

En 1758, la fortune de la France dans l'Inde subit un changement complet. En avril, une flotte française arriva à Pondichéry portant un fort contingent sous le commandement du comte de Lally, qui avait été nommé gouverneur général des possessions françaises dans l'Inde. Lally professait contre les Anglais une haine amère et une méfiance profonde de l'honnêteté et du patriotisme de ses compatriotes dans l'Inde. A peine eut-il débarqué à Pondichéry qu'il organisa une expédition contre le fort de David; or il trouva que les autorités locales n'avaient fait aucun préparatif. Il y avait un égal besoin de coulies, de bétail de trait, de provisions et d'argent comptant. Mais l'énergie de Lally surmonta tous les obstacles. Le gouverneur et le conseil de Pondichéry l'accusèrent d'être trop pressant, quant aux indigènes et au bétail; mais il leur répliqua que c'était leur oppression, leur rapacité, et

1 Gholam Husain Ali, dans le *Siyâr-ul-Mutaqherin*. Cet auteur ajoute que Varren Hastings, qui joua plus tard un grand rôle, portait toujours un simple habit de drap commun anglais, jamais ni dentelle ni broderies. Son trône était une chaise en bois d'acajou. Sobre dans sa nourriture, sa table était quelquefois négligée. Ses discours étaient aussi éloignés de l'orgueil que de la familiarité.

les extorsions de leurs employés indigènes qui avaient seules empêché d'obtenir tout ce dont il avait besoin.

En juin 1758, Lally s'empara du fort Saint-David. Il se prépara ensuite à mettre le siège devant Madras, comme un préliminaire à son avance sur le Bengale. Il rappela Bussy du Dekkan pour s'aider de son expérience des choses de l'Inde, et le remplaça par le marquis de Conflans dans le commandement des circars du nord.

Bussy laissa le Dekkan avec une répugnance extrême. Ayant conquis une influence souveraine auprès de Salâbat-Iung, il voulait rester pour le protéger contre les desseins de son frère puîné Nizam-Ali. Mais Lally fut sourd à toute observation. Il croyait que Bussy était trompé par d'autres ou cherchait à le tromper, et il fut confirmé dans cette croyance lorsqu'il trouva que Bussy, malgré ses conquêtes et sa situation importante, n'avait pas de fonds disponibles et était incapable d'en procurer pour continuer la guerre contre les Anglais.

Le départ de Bussy des circars du nord fut désastreux aux Français. Le raja de Vizianagram se révolta contre eux et demanda des secours à Calcutta. Clive envoya aux circars une force anglaise commandée par le colonel Forde, et en décembre 1758, celui-ci défit les Français commandés par Conflans et se prépara à recouvrer sur la côte toutes les factoreries anglaises que Bussy avait capturées.

Cependant le comte de Lally se préparait activement à Pondichéry pour le siège de Madras, qu'il comptait réduire, et de là se diriger sur Calcutta, pour expulser les Anglais du Bengale comme du Carnatique. Mais il était sans ressources, et aucun argent n'était trouvable à Pondichéry. A la fin, il réalisa une petite somme, principalement de ses fonds personnels, et marcha sur

Madras, ses officiers préférant risquer la mort sous ses murailles que mourir de faim à Pondichéry.

Lally arriva à Madras le 12 septembre 1758, s'empara aussitôt de la Ville Noire et commença le siège du fort Saint-Georges avec une vigueur et une activité qui commandèrent le respect de ses ennemis. Les difficultés étaient énormes. Pendant six semaines ses officiers et ses soldats furent à demi-solde, et pendant six autres semaines sans rien du tout. Les derniers quinze jours, leurs seules provisions étaient du pain et du beurre. La poudre à fusil était presque épuisée. Enfin, le 16 février 1659, une flotte anglaise arriva à Madras sous l'amiral Pocok, et Lally dut lever le siège. Tel était l'esprit de parti régnant parmi les Français que la retraite de Madras par Lally fut célébrée à Pondichéry par toutes sortes de démonstrations joyeuses.

La carrière de Lally dans l'Inde se prolongea de février 1759 à février 1761 : c'est une série de luttes désespérées et de fastidieux malheurs. Dans le Dekkan, le départ de Bussy et la défaite de Conflans avaient jeté Salâbat Iung dans une alarme extrême. Exposé aux intrigues et aux complots de son plus jeune frère Nizam-Ali, il désespérait d'obtenir des Français des secours ultérieurs. Aussi ouvrit-il des négociations avec le colonel Forde et les Anglais, lesquels, de leur côté, reprirent toutes les factoreries que Bussy avait enlevées et chassèrent les Français des circars du nord. Cope ne put cependant intervenir dans les affaires domestiques du Dekkan en aidant Salâbat Iung contre Nizam-Ali. En 1761, Salâbat Iung fut détrôné, mis en prison, et Nizam-Ali monta sur le trône du Dekkan à Hyderabad.

1. Deux ans plus tard, Salâbat Iung fut assassiné. Par le traité de Paris, conclu en 1763 entre la Grande-Bretagne et la France, les deux nations convinrent de reconnaître Salâbat Iung comme le soubab légitime du territoire d'Hyderabad, bien

Dans le Carnatique les Français étaient désespérés. En janvier 1760, Lally fut défait par le colonel Coote à Wandiouach, entre Madras et Pondichéry. Lally ouvrit des négociations avec Hyder Ali, dont le pouvoir s'élevait dans le Mysore, et qui ne put faire encore que peu de chose ou rien. A la fin de 1760, le colonel Coote commença le siège de Pondichéry. Lally tint bon d'abord, quoique malade et harassé de fatigue, de vexations.. La colonie était en proie aux dissensions. En janvier 1761, la garnison affamée dut capituler, la ville et les fortifications furent rasées au niveau du sol. Quelques semaines après, les Français furent forcés de rendre l'importante forteresse de Ginji et leur pouvoir militaire fut annihilé.

Le sort de Lally est encore plus pitoyable que celui de Dupleix. Il n'avait cherché que l'honneur et la gloire de la France, non son succès personnel, et il avait été contrecarré par l'apathie de marchands égoïstes qui ne songeaient qu'à eux-mêmes. A son retour en France, il fut sacrifié pour sauver la réputation des ministres français. La France étant furieuse de la perte de ses possessions indiennes, les ennemis de Lally s'entendirent pour en faire la victime expiatoire. Le malheureux comte, après quarante-cinq ans de services honorables, fut jeté à la Bastille, et nombre de charges vagues et frivoles furent forgées contre lui. Il fut jugé par le Parlement de Paris, la médisance et la calomnie avaient monté contre lui l'esprit national, et ce fut un homme perdu. En mai 1766, non seulement il fut condamné à mort, mais à une exécution immédiate. La soudaineté du jugement le rendit fréné-

---

qu'alors Salâbat Iung fût confiné dans une forteresse et que Nizam Ali occupât le trône. Mais Nizam Ali fit disparaître toute difficulté diplomatique en faisant mettre à mort son frère. Nizam Ali vécut jusqu'en 1803. Après son père, Nizam-ul-Mulk, c'est lui le meilleur gouvernant de la dynastie.

tique. Avec un compas qui lui avait servi à tracer une carte de la côte de Coromandel, il essaya de se percer le cœur.

Ses mains furent attachées, on le bâillonna et on le conduisit ignominieusement à l'échafaud. Ainsi finit le troisième martyr de la Compagnie française des Indes orientales, après La Bourdonnais et Dupleix.

Cependant de grands changements s'étaient opérés au Bengale. En juin 1758, Clive y était devenu le gouverneur de tous les établissements de la Compagnie anglaise. En 1759, Lally avait été forcé de lever le siège de Madras, et Forde avait poursuivi sa carrière victorieuse dans les circars du nord. Les Français n'inspiraient plus de crainte dans l'Inde, et en février 1760 Clive résigna son poste et retourna en Angleterre. Il eut pour successeurs M. Holwell quelques mois, puis M. Vansittart; mais les temps étaient troublés. Personne autre que Clive ne semblait comprendre le caractère révolutionnaire de la crise, et le gouvernement de la Compagnie au Bengale allait au hasard comme le navire à travers une mer houleuse.

Avant de quitter l'Inde, Clive était convaincu que tant que Mîr Iafir serait nabab, les établissements de la Compagnie au Bengale seraient en péril. L'Hindoustan était plein d'aventuriers mahrattes et afghans à la tête de bandes belliqueuses, que Mîr Iafir était impuissant à contenir avec sa soldatesque. Une force permanente de deux mille soldats européens et un nombre proportionnel de Cipayes bien dressés pouvaient défier toute intrusion au Bengale et au Bihar; mais qui en paierait les frais? Le revenu des provinces était absorbé en entier par le nabab, et il ne fallait pas songer au maintien d'une telle force par la Compagnie, ses profits commerciaux l'eussent-ils permis.

Sous de pareilles circonstances il fit une proposition à William

Pitt, le grand ministre de la guerre en Angleterre, et cette proposition venant d'un employé de la Compagnie précisément dut rendre cet illustre homme d'État quelque peu hésitant. Clive proposa que l'Angleterre prît elle-même possession en pleine souveraineté du Bengale, du Bihar et d'Orissa. Il expliqua que le Grand Mogol céderait volontiers les trois provinces à quiconque garantirait au trésor impérial le payement régulier annuel d'environ un demi-million sterling. Il expliqua, en outre, que le vizir lui avait déjà offert le poste de dyouan ou collecteur du revenu dans les trois provinces, à trois conditions. Il résuma comme suit les avantages qu'il en résulterait pour l'Angleterre : le revenu total était certainement de deux sinon de trois millions sterling. Déduisant un demi-million de tribut au Grand Mogol, un autre demi-million pour le maintien d'une force militaire, il resterait un joli surplus pour le paiement de la dette ou pour toute autre entreprise nationale [1].

1. La lettre de Clive à Pitt porte la date du 7 janvier 1759. (V. Malcolm, *Vie de Clive*, vol. II.)

Chose étrange, une proposition semblable avait été faite dès 1746 par un colonel James Mill. Ce colonel projeta la conquête du Bengale, du Bihar et d'Orissa sous le pavillon allemand et en faveur du Grand Mogol. La pièce originale se trouve dans l'appendice des *affaires du Bengale* de Bolt. Les remarques suivantes jettent un jour curieux sur la condition de l'empire mogol à cette époque :

« L'empire mogol, dit le colonel Mill, regorge d'or et d'argent. Il a toujours été faible et sans défense. C'est un miracle qu'aucun prince européen, disposant d'une marine, n'ait jamais tenté la conquête du Bengale. Un simple coup pourrait donner une richesse qui contrebalancerait les mines du Brésil et du Pérou.

« La politique mogole est mauvaise, l'armée mogole pire, et il n'existe pas de marine mogole. L'empire est exposé à d'incessantes révoltes, ses ports et ses fleuves sont ouverts aux étrangers. Le pays pourrait être conquis ou frappé de contribution aussi facilement que l'Amérique par les Espagnols.

« Un sujet rebelle, nommé Alivardi Khan, s'est emparé des trois provinces de l'empire : le Bengale, le Bihar et Orissa. Il a un trésor évalué à trente millions de livres sterling et un revenu annuel d'au moins deux millions de livres. Les provinces donnent sur la mer. Trois vaisseaux avec 1500 ou 2000 soldats de troupes régulières suffiraient pour la conquête des trois provinces, qui pourraient être ef-

Pitt n'était pas disposé à accepter la proposition de Clive. Il craignait que l'acquisition du Bengale ne rendît la couronne britannique trop puissante et ne mît en danger les libertés du peuple anglais. Ainsi le grand plan d'acquisition du Bengale, plutôt par la nation que par la Compagnie anglaise des Indes orientales, tomba dans l'oubli.

Vers cette époque il y eut un autre révolution à Delhi. Le vizir découvrit que son maître impérial, Alanghir, correspondait avec Ahmed chah Abdali, et l'invitait à revenir à Delhi. En conséquence, il assassina traîtreusemant le vieux padischah et essaya d'une autre marionnette pour représenter le Grand Mogol. Mais sa carrière d'ambition et d'atrocités touchait à sa fin. L'armée vengeresse des Afghans, sous leur chef redouté, parut de nouveau devant Delhi. Le vizir s'enfuit, mais pour intriguer encore, notamment en poussant les Mahrattes contre les Afghans afin d'empêcher le retour du Chahzada à Delhi.

Les Mahrattes commencèrent bientôt à disputer aux Afghans la possession de l'empire mogol. La guerre dura quelques mois et finit en janvier 1761 par la terrible bataille de Paniput, dans les environs de Delhi[1]. Cette bataille fut l'une des plus sanglantes dans les annales du monde. Le 7 janvier, les Mahrattes furent défaits. Une troupe de fugitifs échappés au massacre prit asile au

fectuées au nom du Grand Mogol, pour la destruction d'un rebelle contre sa légitime souveraineté. »

Les propositions du colonel Mill ont été négligées par les historiens de l'Inde ; mais elles sont précieuses comme résultant de ses vingt ans d'expérience du pays pendant le second quart du dix-huitième siècle. Le soi-disant empire mogol traversait une crise et la conquête en était inévitable ; comme aucun pouvoir asiatique ne voulait l'effectuer et qu'aucun pouvoir européen ne voulait en assumer la responsabilité, elle échut à une compagnie de marchands anglais, — contingence qui sauva l'Inde des incursions mahrattes et afghanes tour à tour.

1. Les détails de l'Histoire mahratte, avant et après la bataille de Paniput, se trouvent ci-après, au chapitre V.

village de Paniput avec une multitude de femmes et d'enfants. Les Afghans cernèrent le village pendant la nuit. Le matin suivant, tous les prisonniers mâles rangés en files furent décapités de sang-froid, les femmes et les enfants réduits en un esclavage désespé-rant. Des générations s'écoulèrent avant que le champ sanglant de Paniput fût oublié des Mahrattes. On évalua à deux cent mille le nombre des Mahrattes qui périrent pendant la campagne.

Ahmed chah Abdali fut une fois de plus l'arbitre de l'empire mogol. Il aurait placé sur le trône de Dehli le Chahzada, mais l'héritier d'Alamghir était en exil. A défaut, et au nom de son père, il y plaça un de ses fils nommé Djiouan Bakht. Il nomma en outre Najib-ud-Daula, l'Afghan de Rohilla, gardien du jeune prince avec le titre d'émir des émirs, de même qu'il l'avait auparavant constitué gardien d'Alanghir.

CHAPITRE III

L'année 1761 fait époque dans l'histoire de l'Inde comme l'année 1748. Elle vit tomber Pondichéry, abattre les Mahrattes et grandir les Afghans. La révolution à Delhi replaça sur la scène le Chahzada, qui commença dès lors de jouer un rôle. Il fut proclamé padischah sous le titre de Chah Alam, et il revêtit la dignité de Grand Mogol en s'asseyant sur le trône avec l'ombrelle de la souveraineté. Il nomma bientôt Chuja-ud-Daula nabab d'Oude et vizir honoraire de l'empire.

Chuja-ud-Daula accepta volontiers ce vain titre, espérant obtenir des avantages réels. Les Mahrattes étaient dans la prostration, le conquérant afghan favorisait Chah Alam et Clive s'en était retourné en Angleterre; en conséquence Chuja-ud-Daula projeta d'arracher aux faibles mains de Mîr Jafir le Bengale, au nom et sous l'autorité du Grand Mogol.

Chah Alam et lui se montrèrent donc une fois de plus avec une armée considérable, sur la frontière du Bihar, menaçant Patna. L'incapacité de Mîr Jafir en cette conjoncture fut insupportable. Il fut moins qu'inutile, tandis que sa soldatesque était dans un état

chronique de mutinerie, n'étant pas payée. M. Vansittard, le gouverneur de Calcutta, crut tourner la difficulté en nommant vice-
nahab un grand capable de faire toute la besogne, tandis que
Mîr Jafir resterait le nabab nominal.

Mîr Jafir avait un gendre nommé Mîr Kasim ou Cossim, qui
semblait l'homme de la situation. Aussi le gouverneur Vansittart
alla-t-il à Murchedabad proposer la mesure aux deux intéressés,
mais il trouva ceux-ci intraitables : ils y répugnaient autant l'un
que l'autre. Mîr Kasim avait rêvé de devenir nabab, et il fut en
colère de l'offre d'un poste inférieur. Mîr Jafir vit qu'il allait être
mis de côté, et cette perspective le rendit furieux. En conséquence,
Vansittart, après quelques hésitations, détrôna Mîr Jafir et le
remplaça par Mîr Kasim.

Naturellement il y eut un traité préliminaire avec ce dernier,
qui accéda de même à toute demande. Il s'engagea à respecter
tous les privilèges accordés aux Anglais par Mîr Jafir, à payer
tous les arrérages de celui-ci aux Anglais, à contribuer pour une
somme de cinquante mille livres sterling aux dépenses de la guerre
contre les Français dans le Carnatique, et à céder les trois districts
de Burdouan, Midnapore et Chittagong, qui rapportaient un revenu annuel d'un demi-million de livres sterling. Mîr Kasim espérait prévenir les disputes d'argent qui avaient aigri les relations
entre les Anglais et Mîr Jafir, pourvoyant ainsi, sans avoir à
recourir au trésor du nabab. à la défense militaire des provinces
sur l'échelle recommandée par Clive.

Dans les contrées orientales peu de chose peut s'effectuer sans
présents. Mîr Jafir en avait prodigué à Clive et à d'autres officiers anglais ainsi qu'aux membres du conseil, et Mîr Kasim était
prêt à acheter de même la faveur et la bonne volonté des Anglais
influents de Calcutta. Il offrit donc vingt lakhs de roupies, ou deux

cent mille livres sterling, au gouverneur Vansittart pour être partagés entre lui et les membres du conseil. Vansittart refusa cependant cette offre. M. Mill, l'historien de l'Inde, déclare, d'après le témoignage d'un indigène, que cet argent fut accepté; mais de récentes recherches dans les archives du gouvernement à Calcutta en établissent incontestablement le refus, et l'intégrité, l'honorabilité de M. Vansittart.

Le changement de nabab eut lieu sans aucune opposition. Les Bengalais y furent indifférents. Mîr Jafir se résigna à son sort et abandonna le titre aussi bien que le train de nabab. Mais il sentait que sa vie n'était plus sauve à Murchedabad, que son gendre l'aurait fait assassiner volontiers pour prévenir d'autres complications. Aussi, malgré sa rancune contre les Anglais qui l'avaient détrôné, il se rendit en toute hâte à Calcutta, mettant sous leur protection ses trésors et sa famille.

Le nouveau nabab paya vite les arrérages dus aux Anglais de Calcutta et fit droit aux réclamations de sa propre armée. Il entra ensuite en campagne contre Chah Alam, accompagné de troupes anglaises commandées par le major Carnac. L'armée de Chah Alam fut complètement défaite et le vizir s'enfuit à Oude. Mais là existait une difficulté politique quant à Chah Alam. Il était généralement reconnu pour le légitime padischah, et quoique sa souveraineté ne fût que l'ombre d'un vain nom, on jugea nécessaire de s'entendre avec lui. En conséquence, le major Carnac lui fit une visite de politesse, puis le conduisit à Patna, capitale de la province du Bihar.

---

1. Pendant plusieurs années, cette accusation sans fondement, émise par M. Mill, a pesé sur la mémoire du gouverneur Vansittart. Les témoignages qui l'infirment se trouvent au chapitre IXe des *Premières annales de l'Inde britannique*, publiées par M. Wheeler.

A Patna, la factorerie anglaise fut transformée en palais pour l'installation du Grand Mogol. La salle du milieu, tendue d'étoffes, servit pour les audiences. Les tables à manger, recouvertes de tapis, servirent de trône impérial. Chah Alam fut mené en procession solennelle à la factorerie, où il monta sur son trône improvisé. Mîr Kasim entrant dans la salle rendit hommage au padischah et lui présenta un cadeau honoraire de 1000 mohurs d'or.

Les Anglais furent éblouis par l'ancienne gloire du Grand Mogol, et Chah Alam s'en prévalut. Il délivra un rescrit investissant Mîr Kasim de la nababie du Bengale, Bihar et Orissa, mais celui-ci dut s'engager à payer annuellement au padichah un tribut du quart d'un million de livres sterling. Mîr Kasim aurait pu obtenir des conditions plus douces, puisque Chah Alam était en son pouvoir et qu'il aurait pu l'y contraindre par menaces ou la torture; mais les Anglais soutenant le Grand Mogol, Mîr Kasim dut en passer par là.

Alors les Anglais furent frustrés à leur tour. Ils demandèrent à Chah Alam des lettres d'investiture pour les trois districts de Burdouan, Midnapore et Chittagong que Mîr Kasim leur avait cédés, ainsi que pour Mohamed Ali, le nabab qu'ils avaient établi dans le Carnatique, à titre de sauvegarde légale contre toute contingence future. Les Anglais s'attendaient à l'octroi naturel de ces lettres, du moins comme une marque de gratitude de Chah Alam envers ses protecteurs étrangers; mais Chah Alam refusa ces lettres, sauf paiement au trésor impérial d'un tribut annuel par les Anglais pour les trois districts, par le nabab pour le Carnatique.

A ce moment, toutefois, Chah Alam aurait accueilli toute requête pourvu que les Anglais eussent voulu le reconduire à Delhi, projet

extravagant qu'ils auraient exécuté si la force des circonstances
ne les en eût empêchés, et auquel Mîr Kasim refusa de participer.
Mais les services des soldats européens étaient encore absolument
nécessaires; d'ailleurs un régiment était retenu dans le Carnatique
pour continuer la guerre contre les Français. C'est ce qui déter-
mina Vansittart à décliner une proposition qui aurait entraîné à
mille milles de Calcutta une force britannique, tour à tour assaillie
par les Afghans et les Mahrattes.

Chah Alam fit au gouverneur de Calcutta l'offre du poste de
dyouan du Bengale, du Bihar et d'Orissa, qui avait déjà été faite
à Clive. Mais craignant de se brouiller avec Mîr Kasim, Vansittart refusa. A la fin, Chah Alam s'en retourna à Ouda, dans l'espoir que le vizir le conduirait à Delhi.

Mir Kasim eut quelque avis des négociations entre Chah Alam
et les Anglais, en particulier de l'offre du poste de dyouan faite à
Vansittart pour les trois provinces du Bengale, et il dut être bien
informé que les Anglais n'auguraient aucun bien de la permanence
de son autorité. En effet, depuis lors, Mîr Kasim semble avoir
fait des préparatifs pour en venir à une collision avec les Anglais.
Il réduisit ses dépenses, força les zemindars à payer leurs arrérages, et fit dégorger les officiers hindous et les grands. Il licencia
une notable partie de sa soldatesque et forma une armée d'élite.
Il coupa court à d'intimes relations avec les Anglais en transférant
sa capitale de Murchedabad, qui n'était qu'à cent milles environ
de Calcutta, à Moughyr, qui en était distante de plus de trois cent
milles. A Moughyr, il dressa ses soldats à la façon anglaise, fondit
des canons, manufactura des mousquets et se prépara à la
guerre.

En 1762, une querelle surgit entre les Anglais et Mîr Jafir, à propos de taxes de travail. Le Bengale était sillonné de cours d'eau,

et à chaque tournant important un bureau de perception était établi sur toutes les marchandises allant et venant. A une époque antérieure, les Anglais avaient obtenu des firmans de la cour de Delhi leur accordant un transit libre de taxes dans les trois provinces. Chaque bateau réclamant ce privilège devait porter le pavillon anglais, et un permis frappé à l'estampille de la Compagnie. En retour de ce privilège, la Compagnie payait en bloc une somme de trois mille roupies à la trésorerie du nabab à Houghli.

Avant la bataille de Plassy, ce privilège avait été restreint par le nabab aux marchandises importées ou exportées par mer, et appartenant seulement à la Compagnie, à l'exclusion de celles de ses employés. C'est que jusque-là aucun employé de la Compagnie n'avait essayé pour son compte personnel de commercer avec les Bengalais. Mais après la bataille de Plassy les Anglais étant devenus les maîtres, Mîr Jafir leur concéda sans réserve aucune le transit gratis de toutes marchandises portant l'estampille de la Compagnie. La conséquence fut que les employés de la Compagnie, dont le revenu dépendait beaucoup plus de leur trafic privé que de leurs salaires officiels, commencèrent à acheter des produits du pays, tels que du sel, du tabac, du bétel, du poisson sec, de l'huile, du riz, de la paille, du gingembre, du sucre, de l'opium. Libres de taxes, ils purent vendre meilleur marché que tous les indigènes, et ils absorbèrent bientôt tout le commerce du pays au détriment du nabab et de ses sujets. Pour couronner le tout, chaque employé de la Compagnie voulut participer à son privilège et, qui plus est, vendre de ses permis; et de jeunes commis qui n'avaient que quinze ou vingt livres sterling d'appointements par an purent ainsi en dépenser à Calcutta de quinze cents à deux mille.

La conduite des agents indigènes des négociants anglais fut en-

core plus outrageante. Des Bengalais sans position, naguère en
haillons à Calcutta, furent envoyés dans le pays, habillés comme
les cipayes anglais, avec des permis de la Compagnie et sous pavillon anglais; ils se donnèrent les airs de gens en office défiant tous
les employés du nabab. Ils forçaient les indigènes à vendre leurs

Fig. 15. — Warren Hastings, premier gouverneur général du Bengale.

marchandises à moitié prix de la cote du marché et à payer double
ce dont ceux-ci avaient besoin. Ils effrayèrent ainsi les vendeurs et
les acheteurs, ils insultèrent les officiers du nabab et probablement trompèrent leurs patrons anglais. Mîr Kasim se plaignit amèrement de ce que les négociants anglais compromettaient ses
revenus en retenant le paiement des taxes, pendant que leurs

gomostas ou agents faisaient mépriser son gouvernement aux yeux des populations.

Le gouverneur Vansittart connaissait parfaitement ces maux, de même que M. Warren Hastings qui, âgé de trente ans, était alors le plus jeune membre du conseil. Ils avaient beau tous deux soutenir que le commerce des articles du pays ne devait pas être absorbé par les employés de la Compagnie au préjudice du gouvernement du nabab : ils avaient affaire à des gens dont les gains quotidiens étaient en jeu et qui étaient sourds à toute autre considération. En outre, il arrivait simultanément à Calcutta des plaintes d'après lesquelles les officiers du nabab arrêtaient les bateaux appartenant aux employés de la Compagnie et en exigeaient les droits de transit; les passions du conseil se soulevèrent. La majorité demanda l'exécution du privilège accordé par Mîr Jafir et confirmé par Mîr Kasim, et aucune observation de Vansittart ou d'Hastings ne put conjurer l'orage. Le gouverneur essaya d'un compromis en faisant une visite au nabab à Monghyr, mais il manqua de jugement et de fermeté de caractère, hésitant entre le nabab et son propre conseil. Un homme de la forte trempe de Clive aurait pu seul être l'arbitre entre un nabab indigné de la perte de ses revenus et un corps d'Anglais furieux à la menace d'arrêt de leurs profits. La question de droit fut jetée à tous les vents. Le nabab se considérait comme un prince indépendant confirmé dans sa souveraineté par les lettres du Grand Mogol, tandis que les Anglais le tenaient pour leur créature, détrônable à volonté.

La situation empira par le déchirement factieux du conseil de Calcutta. Jusque-là, les employés de la Compagnie avaient été promus généralement par rang d'ancienneté, mais M. Vansittart avait été amené de Madras et nommé gouverneur des établissements anglais du Bengale, par l'influence personnelle de Clive.

Vansittart avait été ainsi préféré à un civil nommé Amyatt. Celui-ci faisait de l'opposition à toute mesure proposée par l'autre et était chaudement appuyé par la majorité du conseil de Calcutta.

En 1763, Mîr Kasim fit éclater la crise. Il abolit le paiement de toutes les taxes, accordant ainsi à ses propres sujets les privilèges que les Anglais avaient monopolisés. Cette mesure arrêta la vente des permis et mit fin à toute discussion concernant le droit des employés de la Compagnie à trafiquer des produits indigènes. Elle réduisit la question au point de savoir si le nabab avait ou non le droit de remettre les taxes à ses propres sujets.

La majorité du conseil, à Calcutta, décida que le nabab n'avait pas ce droit. Malgré l'injustice et l'absurdité de la décision, la majorité semblait avoir de son côté un semblant de raison. Elle soutenait que l'esprit et l'intention du traité des deux nababs avaient été d'accorder aux employés anglais de la Compagnie des privilèges exclusifs, et que la récente exemption générale de toute taxes à ses sujets par Mîr Kasim infirmait ces privilèges et constituait une violation des traités. La majorité du conseil ne voulait pas voir que la force des circonstances avait brisé le monopole et qu'il ne pouvait être rétabli sans atteinte au droit au public. Warren Hastings vit clairement la chose. « Le nabab, disait-il, a accordé une faveur à ses sujets, et il n'y a pas de motifs pour lui en demander le retrait ni pour le menacer de la guerre en cas de refus. » On répliqua à Warren Hastings que son langage était plutôt celui d'un agent du nabab que d'un membre du conseil de Calcutta. Il s'ensuivit une riposte, un coup et un duel, et quoique Warren Hastings eût obtenu des excuses de l'offenseur, la résolution du conseil resta la même.

Quant aux Anglais isolés dans des factoreries éloignées, ils

étaient aussi violents que le conseil de Calcutta. Si les officiers du nabab arrêtaient les bateaux anglais, ils s'exposaient à être maltraités par les cipayes anglais, et dans quelques cas des sujets du nabab furent envoyés à Calcutta pour être jugés par les Anglais, parce qu'ils avaient obéi aux ordres de leur souverain. M. Ellis, le chef de la factorerie de Patna, se rendit particulièrement odieux au nabab, quoique sa position, avec une poignée de soldats européens, à une distance de quatre cents milles de Calcutta, la capitale et l'armée du Nabab entre lui et Calcutta, fût réellement périlleuse.

En avril 1763, le conseil de Calcutta envoya deux de ses membres, MM. Amyatt et Hay, porter un ultimatum au nabab. Avant qu'ils quittassent Calcutta, celui-ci avait refusé de les recevoir : « Ayant aboli toutes les taxes, il n'y avait rien à régler », disait-il. Arrivés à Monghyr, le nabab les accueillit toutefois hospitalièrement. Il les fêta, leur donna des cadeaux et les entretint avec de la musique et des bayadères. Mais en même temps il les fit surveiller de près. Se souvenant des complots secrets qui avaient amené la chute de Suraj-ud-Daula, il suspectait ses grands de vouloir le livrer aux Anglais. Il fit arrêter à Murchedabad et envoyer à Monghyr deux petits-fils du banquier Jagat Seth, et demanda secours au padischah et au nabab d'Oude contre les Anglais. Surtout il épia le moindre signe d'intelligence entre ses grands et les Anglais.

En mai, un bateau arriva à Monghyr chargé de marchandises pour la factorerie de Patna, et de cinq cents armes à feu pour la garnison. La vue des armes augmenta les soupçons et les appréhensions du nabab. Il arrêta le bateau et défendit le passage des armes. Il permit à Amyatt de revenir à Calcutta, mais il garda Hay en otage de certains de ses officiers que les Anglais avaient arrêtés.

Les événements qui suivirent forment un épisode lugubre dans l'histoire de l'Inde. M. Ellis, à Patna, était en correspondance avec Amyatt, et il prévit qu'au moment où celui-ci atteindrait Calcutta, le conseil déclarerait la guerre au nabab. Dans ce cas, la factorerie, située dans les faubourgs de Patna, pourrait facilement être cernée et prise par les troupes du nabab ; M. Ellis se décida à attaquer la ville et le fort pour avoir un lieu de défense meilleur.

Le 25 juin au matin 1763, les Anglais surprirent Patna : le commandant indigène s'enfuit à leur approche avec la plupart de ses troupes. Les Anglais attaquèrent ensuite le fort, mais ils furent repoussés. Ils commencèrent alors à se débander dans les rues et les bazars, et les soldats européens s'enivrèrent. Sans idée d'aucun danger, nulle mesure ne fut prise pour défendre la ville en cas de retour de la garnison fugitive.

Tout à coup, en plein midi, celle-ci ayant repris courage rentra à Patna en compagnie d'un renfort venant de Monghyr. Ne rencontrant que peu de résistance, elle réoccupa la ville. Les Anglais, abasourdis et accablés, purent cependant enclouer leurs canons et se retirer à la factorerie.

Arrivés là, le désastre les abattit entièrement. Se voyant entourés par les troupes du nabab, ils coururent à leurs bateaux dans le vain espoir de s'échapper par le Gange sur le territoire du nabab d'Oude; mais ils trouvèrent toutes les issues fermées, et, au lieu de se frayer un passage à travers les troupes du nabab, ils commirent la fatale erreur de se rendre à elles. Ils furent tous envoyés prisonniers à Monghyr, où ils trouvèrent pour compagnons d'infortune les Anglais de la factorerie de Cossimbazar, située dans les faubourgs de Murchedabad, et que les troupes du nabab avaient déjà capturée et pillée.

Pendant tout ce temps, Mîr Kasim était dans une attente anxieuse à Monghyr. La nouvelle de la prise de Patna le remplit de désespoir. Celle du recouvrement de cette ville et de la reddition des Anglais le combla de joie. L'apprenant pendant la nuit, il fit résonner les timbales de son palais pour l'annoncer à sa ville endormie. Le lendemain matin, tous les grands coururent au palais avec des présents et des félicitations et Mîr Kasim envoya des circulaires ordonnant à ses officiers dans le Bihar et le Bengale d'attaquer les Anglais partout où ils les trouveraient et de les massacrer sur-le-champ ou de les emmener prisonniers à Monghyr.

La capture de la factorerie anglaise de Cossimbazar fut le premier résultat de cet ordre cruel, et M. Amyatt fut la première victime. Ce malheureux gentleman descendait le Gange vers Calcutta, lorsque son bateau fut hêlé par un détachement des troupes du nabab et lui-même invité par le commandant indigène à un divertissement sur le rivage. Les bayadères étaient là; mais Amyatt, qui avait des soupçons, s'excusa. Il reçut ensuite l'ordre péremptoire de débarquer, et, sur son refus, les soldats du nabab firent feu et abordèrent le bateau. Amyatt, contraint, vint au rivage un pistolet à chaque main, mais il fut écrasé par le nombre, mis en pièces, et sa tête fut envoyée triomphalement au nabab à Monghyr.

La nouvelle du meurtre barbare de M. Amyatt remplit d'horreur le conseil de Calcutta, et la majorité demanda une prompte vengeance du nabab. Vansittart demanda à rappeler que M. Ellis et un grand nombre d'Anglais de Patna et de Cossimbazar étaient à la merci de Mîr Kasim, et qu'il serait préférable d'entrer en arrangement pour sauver la vie de leurs compatriotes avant de parler de guerre et de revanche. Mais son avis fut comme non avenu; à peine un membre du conseil y fit-il attention. Tous les membres déclarèrent hautement, — et ils écrivirent et signèrent leur déclaration, — qu'ils ne traiteraient avec Mîr Kasim ni ne différeraient leur revanche, quand même tous les prisonniers en son pouvoir seraient massacrés.

Le conseil quittant alors la salle des délibérations se rendit chez Mîr Jafir qui habitait dans l'enceinte de Calcutta même et il le proclama nabab du Bengale, du Bihar et d'Orissa. L'ex-nabab déborda de joie à cette restauration inattendue et consentit à toutes les exigences du conseil. Il s'engagea à compenser les pertes que la Compagnie et ses employés avaient faites, à payer les dépenses de la guerre contre Mîr Kasim et à rapporter les mesures de son gendre en percevant des taxes de ses sujets et en permettant aux employés anglais de la Compagnie de reprendre leur commerce antérieur libre de taxes.

En juillet, l'armée anglaise, accompagnée de Mîr Jafir se dirigea sur Plassy et Patna. Elle captura Murchedabad et défit les troupes d'élite du nabab; mais elle trouva l'ennemi plus fort qu'elle ne l'avait cru. Dressées et disciplinées à l'anglaise, ces troupes se battirent mieux qu'aucune armée indigène n'avait encore fait sous un commandant indigène. Cependant la fermeté des Anglais surmonta toute résistance, et après une série de victoires ils avancèrent vers Monghyr.

Là-dessus Mîr Kasim se laissa aller à de nouveaux actes de cruauté. Il donna ordre de tuer les prisonniers hindous, y compris les deux petits-fils de Jaga Seth. Rassemblant à Monghyr toutes ses forces éparses, il se rendit à Patna, emmenant avec lui tous ses prisonniers anglais au nombre de deux cent cinquante. Arrivé à Patna, il apprit la nouvelle de la prise de Moughyr par les Anglais. Rendu furieux jusqu'au paroxysme par cette nouvelle, Mîr Kasim ordonna le massacre sans pitié de tous les prisonniers anglais. Les commandants indigènes reculèrent devant cette immolation d'hommes désarmés; mais un déserteur européen du pire caractère consentit à cette détestable besogne, qui a voué son nom à une immortelle infamie.

Un Franco-Allemand morose, nommé Walter Reinhardt, avait passé plus d'une fois des Anglais aux Français, et vice versa. Il s'était réengagé dans un régiment anglais sous le nom de Somers; mais ses camarades lui donnèrent le sobriquet de Sombre, à cause de son mauvais accent. Finalement il avait déserté au service de Mîr Kasim et avait obtenu le commandement d'une brigade sous le nom indianisé de Sumrou.

Les prisonniers anglais étaient logés dans une maison du palais qui avait appartenu à Hadji Hamed, le frère infortuné d'Alivardi Khan. Il consistait en une longue rangée de bâtisses ayant au milieu une cour quadrangulaire. Le 4 octobre 1763, les prisonniers furent privés de leurs couteaux et fourchettes par ordre de Sumrou, sous prétexte d'une fête le lendemain. Le lendemain matin venu, des cipayes cernèrent l'édifice. MM. Ellis, Hay et Lushington furent appelés dehors et massacrés aussitôt. Les cipayes, grimpant ensuite sur les toits, firent feu sur les prisonniers dans la cour centrale, lesquels, avec des morceaux de brique, des bouteilles et autres objets, se défendirent avec un courage admirable. Les cipayes crièrent hautement qu'ils n'étaient pas des bourreaux, mais des soldats, et ils ne voulaient pas fusiller des hommes désarmés. Furieux de cette hésitation, Sumrou fondant sur les plus proches, les força à faire feu jusqu'à ce que tous les prisonniers fussent tués.

Ce massacre de Patna fit tressaillir d'horreur tout l'empire britannique. Les erreurs des victimes s'oublièrent devant leurs souffrances et le désir de vengeance fut unanime. Le nabab es-

Fig. 16. — Padischah sur le trône avec l'ombrelle de la souveraineté.

pérait encore que les Anglais voudraient traiter, ne fût-ce que par effroi; mais le massacre qu'il avait ordonné décida de son

sort. En novembre, Patna fut pris d'assaut et Mîr Kasim s'enfuit vers Oude, accompagné de l'infâme Sumrou.

Le nabab d'Oude s'était engagé par un serment sur le Koran à
soutenir Mîr Kasim contre les Anglais; mais son but unique était
de s'emparer des provinces du Bengale pour lui-même. Le moment était très favorable pour faire avancer ses forces contre les
Anglais. Ceux-ci, en effet, s'étaient mutinés. Soldats et cipayes
avaient attendu des récompenses extraordinaires; mais ils n'a-
vaient reçu que leur solde et ils manquaient même de provisions.
Telle était leur désaffection que beaucoup d'entre eux étaient
prêts à déserter leur drapeau et à passer à l'ennemi.

Des mois et des semaines s'écoulèrent. En avril 1764, le vizir,
accompagné de Chah Alam, envahit le Bihar avec une armée qui
semblait formidable. Les troupes anglaises campées à la frontière
se découragèrent à la vue du nombre des ennemis et se repliè-
rent lentement sur Patna. L'armée envahissante est décrite par
un spectateur indigène comme un ramassis de brigands. Cette
soldatesque s'entretuait et s'entrepillait au milieu du camp lorsqu'elle ne tuait ou ne maraudait pas dans le pays environnant.
Une bataille fut livrée dans le voisinage de Patna et le vizir fut
repoussé. Il abandonna alors Mîr Kasim et essaya de s'entendre
secrètement avec Mîr Jafir, en insistant sur la cession du Bihar. En
même temps les Anglais réclamèrent livraison de Mîr Kasim et
de Sumrou, ce à quoi se refusa noblement le vizir, malgré son
absence de scrupules. Rien donc ne fut conclu, et la saison des
pluies approchant, le nabab vizir s'en retourna à Oude.

Peu après, le major Hector Munro arriva à Patna avec des
renforts. Il trouva les troupes anglaises menaçant de passer à

---

1. Gholam Husain Ali, dans le *Siajâr-ul-Mutaqherim*.

l'ennemi et de tuer leurs officiers. Peu après son arrivée, un bataillon entier de cipayes s'en alla rejoindre le nabab d'Oude avec leurs armes et accoutrements. Munro les poursuivit de nuit, les surprit endormis et les ramena prisonniers. Tous ayant été trouvés coupables de mutinerie et de désertion, Munro, qui voulait d'abord faire fusiller vingt-quatre instigateurs, en fit canonner huit sur-le-champ et envoya le reste aux autres cantonnements pour y être mitraillés ainsi. Il dit ensuite aux troupes que les soldats qui n'étaient pas satisfaits de leur solde actuelle n'avaient qu'à déposer leurs armes et qu'à quitter le service, car ils ne recevraient pas d'augmentation. Les délinquants exprimèrent leurs regrets et promirent à l'avenir de servir fidèlement la Compagnie [1].

En septembre, la saison pluvieuse étant finie, le major Munro entra en campagne. Le 23 octobre il défit le vizir à la bataille décisive de Buxar, et l'armée anglaise se dirigea ensuite sur Lucknow. Le vizir gagna la contrée de Rohilla, tandis que le padischah rejoignit les Anglais en se plaignant d'avoir, lui Grand Mogol, été gardé prisonnier d'État par son propre vizir.

Après celle de Plassy, la bataille de Buxar est la plus fameuse dans l'histoire de la conquête britannique de l'Inde. Elle brisa la force et le prestige de Chuja-ud-Daula, le dernier et le plus grand des vice-rois mogols provinciaux, sauf peut-être le nizam. Elle mit tous les territoires d'Oude aux mains des Anglais et le padischah sous la protection britannique, et elle fit de l'Angleterre le pouvoir souverain de l'Inde.

Le vizir était allé à la recherche de l'aide des Afghans de Rohilla et des Mahrattes, pendant que son ministre essayait avec les An-

1. M. Mill raconte le fait un peu différemment; mais, ici comme ailleurs, les sources originales ont été consultées. Mon texte repose sur le propre compte rendu de la transaction par Munro au gouverneur Vansittart, daté du 16 septembre 1769.

glais de négocier la paix en son nom. La demande de la livraison
de Mîr Kasim et de l'infâme Sumrou constituait la principale difficulté. Mais Mîr Kasim avait été dépouillé par le vizir du gros de
ses trésors, et il s'enfuit au nord-ouest où plus tard il périt obscu-
rément. Quant à Sumrou, il fut proposé de la part du vizir de
l'inviter à un divertissement et là de le mettre à mort en présence
de tout Anglais qui serait envoyé pour en être témoin [1].

Vers cette époque parut sur la scène un Hindou nommé le raja
Chitab Rai. C'était un indigène sagace et spirituel, qui avait débuté
par être employé dans un petit bureau à Delhi et qui s'était élevé
à des postes importants et lucratifs dans le Bengale et le Bihar.
C'était un beau type des Hindous capables qui se rendaient utiles
et étaient finalement récompensés par le titre de raja. Il se mon-
trait grand ami des Anglais et se tenait au courant de tout ce qui
se passait. Dans les négociations avec les Anglais et le vizir, il servit d'agent aux premiers. Il avait été mêlé à quelques intrigues
secrètes pour induire les commandants des forteresses d'Oude à
les livrer aux Anglais. En un mot, il ne perdait aucune occasion
de s'insinuer dans les bonnes grâces des Anglais, dans l'espoir de
profiter de leur ascendant.

Cependant les Anglais refusèrent de donner suite aux proposi-

[1]. La carrière ultérieure de Sumrou ou Sombre forme un épisode étrange dans
l'histoire de l'Inde. Il abandonna le nabab d'Oude avec un bataillon de cipayes et
un corps d'aventuriers européens, écume de plusieurs nations. Il entra au service
du raja des Djâts, l'ancêtre du raja actuel de Bhurtpore. Enfin il entra au service
de la soi-disant armée impériale des Mogols sous Najib-ud-Daula le Rohillan. Puis
il épousa une bayadère qui fut connue postérieurement sous le nom de Begum
Sumrou.

Le vilain qui fit massacrer les Anglais à Patna devint ensuite un prince très
riche, à la façon des aventuriers hindous et musulmans du dix-huitième siècle. La
cour mogole lui accorde en jaghir le territoire de Sirdhâna pour l'entretien de
ses cipayes et de son corps d'Européens. Il mourut en 1778 laissant sa fortune et
sa principauté à la Begum Sombre.

tions d'assassinat de Sumrou. Ils prirent possession des territoires du nabab vizir, nommèrent des officiers au commandement de divers districts et confièrent le règlement du revenu et de l'administration judiciaire à Chitab Rai et à Bulount Singh.

Le vizir répugnait encore à s'arranger. Les Afghans de Rohilla s'étaient engagés à se joindre à lui, mais ils n'en avaient rien fait. Les Mahrattes, commandés par Mulhar Rao Holkar, vinrent volontiers à son secours dans l'espoir du pillage d'Oude. Mais Holkar n'était pas habitué à l'artillerie anglaise. Lui et ses cavaliers en avançant contre l'armée anglaise, furent reçus par de si terribles décharges qu'ils s'enfuirent consternés au galop.

Le vizir vit que sa cause était perdue et qu'il ne lui restait d'autre alternative que de se mettre à la merci de ses vainqueurs. Chitab Ray s'employa encore comme négociateur, et le vizir put croire que moyennant cinquante lacks de roupies ou un demi-million de livres sterling il recouvrerait ses domaines.

Vers cette époque eut lieu un changement de gouverneur à Calcutta. M. Vansittart retourna en Angleterre et eut pour successeur un M. Spencer, tandis qu'était à l'étude un projet de cession d'Oude à Najib-ud-Daula, le gardien du padischah, et de conduite de Chah Alam à Delhi. Le projet avorta, probablement à cause de la répugnance des chefs rohillans à joindre le nabab vizir [1].

---

1. Le projet du gouverneur Spencer était encore plus extravagant que celui du gouvernant Vansittart. Conduire Chah Alam à Delhi était aussi insensé que possible, et si un officier anglais doué du génie d'un Alexandre ou d'un Napoléon en avait été chargé, il aurait pu établir un empire britannique sur l'Hindoustan. Mais la cession projetée de tous les territoires du vizir, nabab d'Oude, à son rival afghan, ministre à Delhi, aurait été ruineuse pour les Anglais. Najib-ud-Daula n'aurait pu occuper Oude qu'en divisant tout le territoire en jaghîrs militaires, ou fiefs, aux chefs rohillans. Cette occupation aurait équivalu au rétablissement d'un empire afghan dans les bassins de la Jumna et du Gange jusqu'au Carumassa, lequel aurait été une menace permanente pour le Bihar et le Bengale.

Mîr Jafir mourut en janvier 1765, et la nomination de son successeur à la nababie du Bengale devint une question de grande importance. Spencer n'était gouverneur que par intérim. Il savait que Clive, maintenant un pair d'Irlande, était en route pour le Bengale avec les pouvoirs d'un dictateur, et il aurait agi sagement en attendant son arrivée; mais il la prévint en disposant du trône vacant à Murchedabad. Il y avait deux prétendants, l'un fils naturel de Mîr Jafir, âgé de vingt ans, et un petit-fils légitime, fils de Miran, âgé de six ans; et la question était de savoir lequel des deux se montrerait le plus dévoué aux intérêts de la Compagnie. L'enfant aurait été sans doute le plus docile à la volonté des Anglais; mais Spencer choisit l'autre prétendant, malgré son illégitimité, comme le plus soumis devant sa rapacité pécuniaire et celle de ses collègues.

Quatre membres du conseil de Calcutta allèrent en députation à Murchedabad et firent en toute hâte un marché avec un grand musulman nommé Mohamed Reza Khan. Il fut convenu avec lui que le fils illégitime de Mîr Jafir serait proclamé nabab et que lui aurait tout le pouvoir réel en qualité de naïb ou vice-nabab, à condition de verser vingt lacks de roupies au gouverneur et à certains membres choisis du conseil de Calcutta.

Ce marché de Murchedabad et cette vente virtuelle du Bengale et du Bihar à Mohammed Reza Khan fut le dernier acte public des administrateurs de la cour des comptes de Calcutta. Les employés de la Compagnie à cette époque étaient à peu près comme les prétoriens qui vendaient le trône des Césars au plus offrant; mais ils eurent pour successeurs des hommes de la trempe de Robert Clive et de Warren Hastings, qui savaient quelque chose des cours et des armées, et qui désiraient montrer du caractère aux yeux de leurs compatriotes. La transaction ci-dessus était pourtant strictement mercantile, et eût-elle été conclue au nom de la Compagnie des Indes orientales et non privément, que les marchands de Leadenhall Street auraient pu la regarder comme une bonne opération financière. En effet, des hommes d'État à vues mercantiles se trouveraient encore qui revendraient l'Inde aux princes indigènes pour se débarrasser avantageusement de l'incube supposé d'un empire indien. Mais les crimes contre l'histoire, l'histoire les venge. Les hommes qui vendirent le Bengale et le Bihar pour emplir leurs poches ne sont remémorés qu'avec mépris, tandis que les soldats et les administrateurs qui vinrent après eux, délivrant la population indigène du despotisme oriental et cherchant à l'élever au niveau des Anglais, ont laissé dans l'Inde une trace immortelle.

CHAPITRE IV

Lord Clive, qui était en route pour l'Inde, avait quarante ans
en 1765. Tous les partis pour ainsi dire l'avaient désigné en Angleterre comme le seul homme capable de sauver les affaires de la
Compagnie dans l'Inde. Il arriva à Madras en avril 1765 et apprit
dès lors des nouvelles importantes. Nizam Ali, qui avait tué son
frère Salâbat Iung en 1763, avait envahi le Carnatique avec une
férocité inusitée, mais les forces combinées des Anglais et de Mohammed Ali l'avaient forcé de se retirer à Hyderabad. Lord Clive
avait déjà résolu de traiter avec le nizam. La mort de Mîr Jafir, en
janvier, occupa aussi son esprit.

Ces nouvelles firent les délices de lord Clive, car elles lui per-
mettaient de réaliser en partie le grand plan qu'il avait exposé à
Pitt sept années auparavant, entre autres choses la prise de la
souveraineté du Bengale et du Bihar au nom de la Compagnie des
Indes orientales, sauf à garder à cette prise, pour le public, les formes
de l'impérialisme mogol. Il avait besoin d'un nabab qui ne fût
qu'un zéro; et le petit-fils légitimé de Mîr Jafir, âgé de six ans,

était sous sa main. Lord Clive proposa de laisser l'administration indigène sous le nabab et sous des ministres à l'entière dévotion des Anglais, mais de mettre la main sur le revenu total des provinces. Il calcula qu'après les frais pour la défense du pays et le maintien du cérémonial d'État, il resterait un surplus annuel de deux millions de livres sterling à l'usage de la compagnie.

Lord Clive arriva en juin à Calcutta et découvrit bientôt les transactions vénales du gouverneur Spencer, lesquelles, naturellement, le rendirent furieux. Le gouverneur et son conseil ne l'avaient prévenu que pour emplir leurs poches; ils n'avaient placé sur le trône un nabab adulte que pour faciliter leur marché avec Mohammed Reza Khan. Dans sa colère, Clive déclara que les blancs s'étaient unis aux noirs pour vider le trésor public. C'est en vain qu'il lui fut répondu que le gouverneur et le conseil n'avaient fait qu'imiter l'exemple qu'il avait donné lui-même à Murchedabad, après la bataille de Plassy. Il répliqua que par sa victoire de Plassy il avait rendu de grands services publics, tandis que Spencer et ses complices n'en avaient rendu d'aucune sorte; qu'après Plassy on pouvait encore recevoir des cadeaux, mais qu'à la mort de Mîr Jafir la cour des directeurs l'avait formellement défendu. Mais Clive était sans pouvoirs pour forcer les coupables à rendre gorge ou pour les punir d'une façon quelconque; la plupart donnèrent leur démission et retournèrent en Angleterre pour vider la question avec les directeurs devant les tribunaux.

Ces circonstances données, lord Clive fit les meilleurs arrangements possibles. Il accepta le nabab qu'avait établi Spencer. Il laissa Mohammed Reza Khan à son poste et nomma Chitab Raoi vice-nabab à Patna. Ces deux hommes avaient des pouvoirs énormes. Ils étaient à la tête de l'administration judiciaire; ils surveillaient la perception des impôts et étaient censés transmettre

le tout aux Anglais. Mais l'histoire de leurs faits et méfaits sera
dite ci-après.

Lord Clive sentait que tandis que les Anglais exerçaient le souverain pouvoir au Bengale et dans le Bihar, il fallait le faire occul-
tement, sous peine d'exciter les murmures du Parlement anglais
et de provoquer la jalousie des Français et des Hollandais. En
conséquence, Clive disposa les choses de façon que les Anglais
n'agissent qu'au nom du nabab zéro et à titre d'officiers du Grand
Mogol. En d'autres termes, les Anglais acceptèrent de Chah
Alam la perception des revenus des provinces du Bengale, comme
les ci-devant dyouans, pour payer les salaires du nabab et de ses
officiers, pour mettre de côté un tribut annuel à destination du
trésor impérial, pour pourvoir à la défense des provinces contre
tous les ennemis intérieurs et extérieurs, sauf à verser le surplus
dans les coffres de la Compagnie.

L'idée de lord Clive était de ressusciter l'empire mogol sous les
formes mogoles, tout en disposant lui-même de Chah Alam comme
d'une marionnette. Il rejeta en entier le plan politique de Spencer.
La cession d'Oude aux Afghans Rohillans aurait mené les Afghans
sur la frontière du Bihar. La conduite de Chah Alam à Delhi
aurait entraîné l'armée anglaise à plusieurs centaines de milles de
la frontière et brouillé les autorités anglaises avec les Afghans ou
les Mahrattes. Lord Clive voulait garder le padischah dans les
provinces du Bengale, à Patna sinon à Calcutta, et l'établir comme
un symbole du Grand Mogol, comme une sorte d'idole impériale
dont les Anglais, en publiant leurs ordres, eussent l'air d'accomplir les oracles.

En même temps, lord Clive décida de rendre Oude au vizir

---

1. La guerre de Sept ans entre la France et l'Angleterre fut close en 1763, par
le traité qui rendit aux Français Pondichéry et Chandernagor.

nabab. Le territoire en était trop distant de Calcutta pour que les Anglais le tinssent en conquérants. La défense aurait conduit les troupes européennes trop loin au nord-ouest et exposé le Bengale aux prétentions ou invasions afghanes ou mahrattes. L'administration aurait échappé à la portée de tout contrôle de Calcutta. La restauration du vizir à Oude, au contraire, dispenserait la Compagnie de toute dépense et de toute responsabilité ultérieures et érigerait Oude en une barrière naturelle du Bihar et du Bengale contre les Afghans et les Mahrattes de l'Hindoustan.

Ces grands desseins dans l'esprit, lord Clive laissa Calcutta et remonta le Gange pour rencontrer Chah Alam et le vizir à Allahabad. Là, pour employer le langage d'un indigène contemporain, il disposa de plusieurs provinces aussi aisément que s'il eût vendu du bétail. Sans aucune de ces hésitations et négociations interminables qui font la gloire de la diplomatie asiatique, il régla toutes les questions en arbitre suprême de l'Hindoustan. Le vizir fut bien aise de recouvrer ses territoires perdus, au prix d'un demi-million de livres sterling pour frais de la dernière guerre et de la cession, en guise de tribut à Chah Alam, des revenus de Karah et d'Allahabad. De son côté, le padischah préféra le revenu de ces provinces à un tribut qui n'avait pas été payé depuis plusieurs années. Mais Chah Alam refusa d'aller à Patna ou dans toute autre ville du Bihar ou du Bengale. Il fut très chagrin du refus de Clive de le conduire à Delhi et resta décidé à y retourner à la première occasion. En attendant, il opta pour Allahabad, dans le voisinage immédiat de Chuja-ud-Daula. Une division britannique

1. La défense militaire d'une province regardait, non le dyouan, mais le nabab. Les exigences de l'époque forcèrent Clive à négliger l'économie des formes mogoles, quant aux fonctions qui concernaient ces deux fonctionnaires.

fut placée dans cette ville pour la protection du Grand Mogol, plus tard une brigade à Patna et une autre à Monghyr pour mentionner en passant la répartition des forces de la Compagnie.

Les affaires du Bengale furent aussi facilement réglées que celles d'Oude. Chah Alam donna à lord Clive des lettres patentes instituant la Compagnie anglaise pour son dyouan, et en retour Clive convint que les Anglais paieraient au padischah à peu près un quart de million de livres sterling, ou la même somme que Mîr Kasim s'engagea à lui donner lors du règlement de 1761.

On a déjà vu que, d'après la constitution de l'empire mogol, chaque province était administrée par deux officiers, un nabab et un dyouan. Le nabab avait sous ses ordres l'armée; et en cette qualité, il surveillait l'administration de la justice et de la police. Le dyouan était receveur général ou ministre des finances et s'occupait seulement des recettes et des dépenses.

D'après le plan de lord Clive, la Compagnie devint nominalement dyouan et effectivement nabab, car les Anglais forcèrent le fils naturel de Mîr Jafir à licencier sa soldatesque et se chargèrent de la défense du pays aussi bien que de la dispensation des revenus. Les fonctions du nabab concernaient donc la surintendance de la police et de la justice seulement, et l'anarchie de ces deux branches de l'administration fut telle qu'on verra ci-après les Anglais être forcés de les prendre aussi en main. Aussi, en peu d'années, le nabab dégénéra-t-il en un souverain de parade, n'ayant à se mêler que de sa propre maison [1].

Le résultat politique de cet arrangement fut que les Anglais restaient avec charge militaire du Bengale et du Bihar et un droit sur Orissa quand ils pourraient l'arracher aux Mahrattes. Chuja-

---

1. *Siyàr-ul-Mutaqherín*, par Gholam Husain Ali, traduction de Calcutta.

ud-Daula fut transformé en un allié ami, et l'on espéra qu'il réussirait à garder la frontière anglaise, la rivière Carumnassa, contre les Mahrattes et les Afghans.

Le résultat financier fut encore plus satisfaisant. Le revenu annuel du Bengale et du Bihar fut approximativement estimé trois ou quatre millions, mais il pourrait atteindre cinq millions, pensait-on. Là-dessus, les Anglais devaient payer un demi-million au nabab et un quart de million au padischah; ils étaient libres de s'approprier le reste.

Sur le papier, le système politique de lord Clive doit avoir semblé être la perfection de la sagesse. Tant que la Compagnie crut en ses rêves d'or futurs, il offrit de très brillantes perspectives. L'administration civile, quant à la justice et à la police, ayant été laissée aux mains des indigènes, on n'encourait pas de responsabilité de ce chef. On crut en outre, les yeux fermés, que le surplus des revenus du Bengale ferait face à toutes les charges de la Compagnie dans l'Inde, aux frais d'entretien des établissements, aux salaires militaires et civils et même aux achats des marchandises indo-chinoises. Si ces visions se fussent réalisées, la Compagnie orientale des Indes aurait joui du plus grand monopole possible. Déjà elle trafiquait dans l'Inde et en Chine à l'exclusion des autres Anglais, et le moyen de faire payer par les populations du Bengale et du Bihar leurs achats en Orient l'aurait mise à même d'encaisser le produit des ventes en Angleterre. En

---

1 La pension annuelle du nabab fut fixée d'abord par lord Clive, au chiffre de 53 lakhs de roupies ou plus de 1/2 million de livres sterling. Au bout de sept ans, elle fut réduite pour ses successeurs, également inutiles et méprisés, au chiffre de 160 mille livres. Chose étrange, ce dernier chiffre a été maintenu jusqu'à présent; et ainsi, pendant plus d'un siècle, une dépense annuelle qui aurait suffi à l'entretien d'une université, a été affectée à une simple marionnette sans devoirs ni droits.

attendant, on garda si bien le secret plusieurs années, et l'emploi des termes orientaux créa une telle confusion, qu'en dehors du service de la Compagnie peu de gens pouvaient comprendre l'état actuel des affaires.

La politique extérieure de lord Clive était plus claire et plus intelligible aux hommes d'affaires. Théoriquement, c'était une stricte adhésion à la politique de non-intervention, équivalant à l'isolement politique. Les Anglais au Bengale devaient laisser les États indigènes en dehors de leurs dépenses. Ils avaient contracté une alliance avec Chah Alam et son vizir, mais ils devaient s'abstenir de toute autre alliance quelconque. Les Afghans et les Mahrattes pouvaient se combattre à leur aise sans intervention anglaise, vu que les territoires d'Oude étaient censés former une barrière politique contre les deux races antagonistes.

Lord Clive avait quelques craintes touchant les Mahrattes du Bihar. Le raja de Berar ou Nagpore, Bhonsla, pressait pour le paiement du chout du Bengale et du Bihar avec les arrérages, et Clive inclinait à ce paiement pour tenir tranquille le raja, à condition que celui-ci rétrocéderait la province d'Orissa qu'il détenait depuis 1750 avec le consentement d'Alivardi Khan. Les Mahrattes se refaisaient de leur défaite à Paniput et commençaient à reprendre l'ascendant dans le Dekkan et l'Hindoustan. En conséquence, lord Clive fit faire des ouvertures d'alliance avec le nizam du Dekkan, qui pouvait contrebalancer le pouvoir des Mahrattes.

Les directeurs de la Compagnie s'alarmèrent à Londres. Ils ne voyaient point la nécessité de payer le chout, ils n'avaient pas besoin d'Orissa, et ils protestèrent vigoureusement contre toute alliance avec le Nizam ou tout autre pouvoir indigène. « Le Carumnassa, répétaient-ils, est notre limite; ne la franchissez pas! Laissez se battre Afghans et Mahrattes, Mahrattes et Nizam, et tournez toute votre attention vers le revenu et le commerce! »

Mais lord Clive avait déjà traité avec Nizam Ali, conformément à son plan particulier de politique impériale. En arrivant dans l'Inde en 1765, on lui avait dit que Nizam Ali ravageait le Carnatique, et il vit qu'il y avait à prendre de fortes mesures pour réprimer un voisin aussi ennuyeux et réfractaire. Les circars du nord, ou districts maritimes sur la côte de Coromandel, s'étendant de la frontière du Carnatique jusqu'à la pagode de Iagganath, étaient un sujet de contestation. Salâbat Iung les avait cédés à Bussy et aux Français, puis au colonel Forde et aux Anglais; mais son frère puîné Nizam Ali, qui avait occupé le trône d'Hyderabad en 1761 et tué Salâbat Iung en 1763, refusait de ratifier cette perte de territoire.

Lord Clive essaya de régler le différend en mettant en avant Chah Alam comme le souverain légitime de l'Inde. En sa qualité de Grand Mogol, Chah Alam fut encouragé à avoir une petite cour à Allahabad; mais autrement il était traité en instrument et créature des Anglais, et l'on raconte que l'officier anglais qui commandait à Allahabad refusa au pauvre monarque de faire battre les timbales au palais comme faisant trop de bruit. Toutefois, lord Clive obtint de Chah Alam un firman accordant aux Anglais la pleine souveraineté des circars, contrairement aux droits héréditaires de Nizam Ali.

La prétention était énorme de la part de Chah Alam : elle équivalait à l'assertion du droit souverain de disposer à volonté de tous les territoires de l'ancien empire mogol, quoique depuis l'invasion de Nadirchah les provinces eussent été converties effectivement en royaumes héréditaires. A avoir le droit de céder une portion de province telle que les circars, il aurait eu tout aussi

bien celui de céder des provinces entières telle qu'Oude, Hyderabad ou le Carnatique.

Lord Clive eût été un conquérant asiatique, demeurant dans
l'Inde le reste de ses jours, qu'il aurait pu gouverner, peut-être,

Fig. 17. — Robert Clive, baron de Plassey.

sur tout l'empire d'Aureng-Zeib au nom du Grand Mogol. Chah
Alam aurait été le symbole à demi déifié de la souveraineté. Lord
Clive aurait été premier ministre ou peichoua, et comme tel au-
rait pu contraindre à la soumission tous les vice-rois rebelles et
tous les rajas réfractaires. Il était déjà le souverain virtuel du
Bengale et du Bihar. Il avait disposé d'Oude à sa guise, et à res-

ter encore dans l'Inde il se serait prévalu du firman impérial pour la possession des circars du nord. Son génie était coulé dans le moule du despotisme militaire, et le prestige de son nom suffisait pour rendre les décrets d'Alam Chah aussi irrésistibles que ceux d'Aureng-Zeib.

Mais lord Clive fut contrecarré par les autorités de Madras. En 1766, il envoya une expédition commandée par le général Calliaud pour s'emparer des circars. Mais les Anglais de Madras, alarmés par les grands préparatifs d'invasion du Carnatique qu'on prêtait à Nizam Ali, ordonnèrent au général Calliaud de se rendre à Hyderabad pour conclure presque à tout prix la paix avec lui. A la fin de 1766, cette paix fut conclue comme si le firman de Chah Alam n'existait pas. Les Anglais s'engagèrent à payer à Nizam Ali un tribut annuel de soixante-dix mille livres sterling pour les Circars du Nord[1]. En même temps les deux parties contractantes convinrent de s'assister mutuellement contre tout ennemi, et tout d'abord elles convinrent d'une expédition contre Hyder Ali du Mysore, lequel avait déjà menacé les domaines du Nizam et suscité la jalousie des Anglais par ses tendances vers les Français.

En janvier 1767, lord Clive quitta l'Inde pour n'y jamais revenir[2]. M. Verelst lui succéda comme gouverneur du Bengale. Quant à l'expédition contre Hyder Ali, elle ouvrit une phase nouvelle dans l'histoire de l'Inde.

L'élévation de Hyder Ali est un signe des temps. Cet aventurier était un mahométan d'origine obscure. On dit qu'il aurait servi

---

1. Le circar de Guntour, entre le Gundlacama et le Kistna, qui avait été assigné en jaghîr à Basalut Iung, frère de Nizam Ali, fut l'objet d'une clause spéciale, à savoir, qu'il ne serait cédé à la Compagnie qu'à la mort de Basalut Iung.

2. Lord Clive n'avait que quarante-deux ans lorsque finit sa carrière dans l'Inde. Il mourut en Angleterre en 1774, à l'âge de quarante-neuf ans.

comme cipaye dans l'armée française[1]. Ayant quitté cette armée,
il leva un corps de troupes destiné au pillage, donnant à chaque
soldat la moitié de ce qu'il enlevait, mais ayant soin que rien ne
fût pris à son insu. Les hommes d'Hyder s'emparaient de toute
propriété, grande et petite, bétail, grain, habits et pendants d'o-
reilles.

Hyder Ali paraît ensuite comme commandant au service du
raja hindou du Mysore pendant les opérations contre Trichinopoly. Il recevait une gratification pour chacun de ses hommes et
une donation pour chaque blessé : naturellement il pipa le gouvernement hindou en mettant des bandages à des individus qui n'a-
vaient pas reçu une égratignure, afin de les faire passer pour blessés.
Le gouvernement du Mysore étant divisé en deux partis rivaux,
celui d'un jeune raja mineur, et celui de son oncle Nunjeraj, régent, Hyder Ali ne manqua pas de profiter de l'occasion. Par de-
grés, au moyen de tricheries et de trahisons aussi enchevêtrées que
les actes d'un conjuré, Hyder Ali détruisit l'influence de l'oncle,
se servit quelque temps du neveu comme d'un oripeau et prit
enfin en son nom le souverain pouvoir.

Hyder Ali n'était pas qu'un maraudeur. Il subjugua plusieurs
petits États au nord et à l'ouest du Mysore, le Kanara et le Malabar
y compris, en sorte qu'il convertit le raj hindou du Mysore en siège
d'un nouvel empire mahométan. Il ne forma pas d'alliance politique. Il fit des incursions dans les territoires de tous ses voisins
chez les Mahrattes de Pouna, chez le nizam d'Hyderabad et chez
le nabab du Carnatique. En même temps il provoqua l'alarme des

1. C'est l'auteur du *Siyâr-ul-Mutaqherin* qui donne cette origine à Hyder Ali.
Elle est extrêmement probable, quoique supprimée ou niée par les annalistes du
Mysore ou de Seringapatam. Elle expliquerait les tendances ultérieures d'Hyder
Ali vers les Français, inexplicables sans cela.

Anglais par ses menées secrètes avec les Français de Pondichéry.

Les Anglais se dégoûtèrent bientôt de leur alliance avec Nizam Ali. Son armée et la leur ayant envahi le Mysore capturèrent Bangalore. Sur ces entrefaites, le nizam intriguait secrètement avec la cour du Mysore. Il essaya de capter le régent Mujeraj; mais Hyder Ali ayant découvert la trame, on n'entendit plus parler du régent. Nizam Ali essaya alors de gagner Hyder Ali lui-même, et il y réussit. Nizam Ali déserta les forces anglaises et se joignit à Hyder Ali. Les deux nouveaux confédés commencèrent par attaquer les Anglais et par envahir le Carnatique.

L'armée anglaise, prise au dépourvu par cette trahison soudaine, se retira sur Madras; mais des renforts lui étant arrivés, elle infligea deux défaites décisives aux deux confédérés mahométans. Ces défaites alarmèrent fort Nizam Ali. Il avait espéré écraser les Anglais et recouvrer le Carnatique de Mahomed Ali; mais il craignit beaucoup, alors, pour ses propres domaines. Aussi, regrettant sa trahison, il déserta Hyder Ali, s'enfuit à Hyderabad et implora la paix des Anglais. En 1768, un autre traité fut conclu qui rétablit les relations sur le pied antérieur.

L'alarme de Nizam Ali était fondée. Tandis qu'il joignait ses forces à celles d'Hyder Ali contre les Anglais, le padichah marionnette d'Allahabad fut replacé sur la scène. M. Verlst, le successeur de lord Clive, pensa mettre un terme aux intrigues de Nizam Ali en se procurant un firman en blanc, scellé par le Grand Mogol, qui accordait tous les domaines du Nizam à un candidat agréable aux Anglais. Le firman fut envoyé à Madras, mais les directeurs condamnèrent hautement cette transaction et en ordonnèrent l'annulation [1].

---

1. La froide tentative de M. Verelst de priver Nizam Ali de ses domaines par un simple firman de Chah Alam, excita à l'époque autant de colère que de surprise,

Fait étrange, la défection de Nizam Ali fut favorable à Hyder Ali. Il se retira au Mysore; mais, après avoir accumulé ses moyens, il battit plus d'une fois les Anglais et s'engagea ensuite dans une série de marches rapides rappelant les mouvements et surprises de Sivaji. Il força le raja du Tanjare à une contribution et reprit ses communications avec l'établissement renaissant de Pondichéry; puis il menaça les Anglais de faire cause commune avec les Mahrattes de Pouna, à moins que les Anglais ne se joignissent à lui contre les Mahrattes. Enfin il parut à Saint-Thomé avec six mille cavaliers d'élite.

Les Anglais de Madras en furent consternés; leurs ressources étant épuisées, ils craignaient pour leurs maisons de campagne hors ville, et ils se hâtèrent de faire la paix étant sans argent pour la guerre. En avril 1769, ils conclurent avec Hyder Ali une alliance défensive et offensive. On convint mutuellement de se rendre les territoires conquis et de s'entr'aider en cas d'invasion par les Mahrattes ou tout autre pouvoir.

Tout ce temps-là les affaires de la Compagnie au Bengale dégénéraient en une anarchie financière. Il n'y eut ni guerre ni rumeurs de guerre, mais seulement une demande de paiement de chout par le raja de Berar; mais on observait une diminution alarmante des revenus publics : la monnaie disparaissait du Bengale et la population indigène tombait dans une pénurie désespérante. En 1770 M. Verelst retourna en Angleterre et eut pour successeur M. Cartier. Point de perspective d'amélioration. En 1770-71 une famine terrible vint aggraver la situation au Bengale. Bref, la fiction poli-

néanmoins Verelst continua d'en regretter la non-exécution. Plus tard, lorsque Chah Alam s'enfuit d'Allahabad pour Delhi, on trouva que Hyder Ali avait été également habile en achetant du padischah-marionnette des lettres d'investiture lui confiant le gouvernement de tous les domaines du nizam.

tique de lord Clive d'un empire mogol s'évanouit tout à coup. Chah Alam lui-même se livra aux Mahrattes et retourna à Delhi, et les destinées des pouvoirs indigènes entrèrent dans une phase nouvelle étroitement associée à l'empire mahratte, que nous considérerons au chapitre suivant.

Le système de gouvernement inauguré par lord Clive échoua complètement : cela sautait aux yeux avant le départ de Clive de Calcutta. Pourtant ce système avait été loué pendant trois ou quatre ans comme la grande découverte de l'époque. La rapide diminution des revenus du Bengale et du Bihar finit par éclairer les directeurs de la Compagnie et les induisit à y renoncer et à confier à leurs employés européens la perception de l'impôt foncier et l'administration de la justice.

Le système de Clive était un gouvernement double, où les Anglais avaient le soin des revenus et des garnisons militaires, et des officiers indigènes sans prestige ni autorité, l'administration. Il ne faut pas confondre ce gouvernement double avec un parti gouvernemental. Il n'a jamais existé dans l'Inde de parti pareil avec les indigènes d'un côté et les Anglais de l'autre. Dans le gouvernement double de Clive, les Anglais ne se souciaient que de l'argent : les officiers indigènes pouvaient pressurer le peuple et ruiner le pays à leur guise, moyennant perception des impôts et versement au trésor anglais d'une somme en bloc satisfaisante.

Cette anomalie n'était pas la faute de Clive. Il y fut contraint, en partie par des motifs politiques concernant les Français et les Hollandais, et en partie à cause de la force de l'opinion publique en Angleterre, qui s'était indignée de l'ingérence des employés de la Compagnie dans l'administration de Mîr Kasim et avait réclamé en faveur des officiers indigènes. En conséquence, lord Clive avait été poussé à reconnaître Mohammed Reza Khan comme vice-nabab à Murchedabab, et à nommer Chitab Rai vice-nabab à Patna pour la conduite de l'administration indigène. Il nomma également dans ces deux villes un résident anglais pour s'assurer du revenu des vice-nababs et pour protéger l'administration indigène contre tout empiètement anglais. Il perdit de vue le fait que le pouvoir percepteur des impôts est responsable du bien-être du peuple. Il en résulta que tous les vices du régime oriental se développèrent dans l'administration indigène, pendant que les restrictions imposées par les résidents anglais empêchaient la possibilité d'une réforme.

Dans le Bengale et le Bihar, le gros du revenu dérivait du sol qui était censément la propriété de l'État. Les ryots cultivaient la terre et payaient l'impôt au zemindar du district. Le zemindar percevait cet impôt, moitié comme propriétaire et moitié comme receveur de son district, et faisait mensuellement ses versements aux trésoreries de Murchedabad ou de Patna. Le revenu du zemindar provenait ainsi non de la rente, mais du profit. Il consistait en la différence des redevances brutes qu'il recevait des ryots et du produit net versable à la trésorerie.

Les ryots étaient la plupart Hindous, serviles, timides et impuissants. Les zémindars étaient en général des mahométans de Perse, élevés au milieu de la tyrannie et de la corruption générales dans ce pays, et sans sympathie aucune pour la population hindoue. Non seulement ils collectaient l'impôt foncier, mais des taxes irrégulières. Y avait-il un mariage chez le zémindar, quelque enfant lui était-il né, le Zémindar était-il frappé de quelque amende pour quelque retard ou défalcation, les ryots étaient forcés d'y contribuer d'après leurs moyens. Nul moyen de s'y soustraire,

1. V. *Le Bengale,* par Verelst, et aussi *Les premières Annales de l'Inde britannique.*

sauf en achetant les employés du zémindar, en moissonnant la nuit et cachant le grain, ou en renonçant à la tenure et en quittant le pays.

A cette époque le zémindar était magistrat du district. Il pouvait mettre à l'amende, incarcérer, torturer et même faire exécuter de grands criminels : personne ne le contrôlait. Il y avait des kâzis mahométans et des brahmes pundits pour décider les cas civils et des cours d'appel; mais nul ne pouvait obtenir justice sans une grande dépense en cadeaux ou l'intervention de quelque grand influent.

Outre les zémindars, il avait toujours existé des vice-nababs ou gouverneurs de la même catégorie que Mohammed Reza Khan et Chitab Rai. Ils gouvernaient de grandes villes ou cercles, recevaient les versements des zémindars et maintenaient l'ordre dans leurs juridictions respectives. Ces emplois avaient d'abord été remplis par des officiers mahométans, mais les nababs postérieurs préféraient promouvoir des officiers hindous en leur donnant le titre honoraire de « raja »[1].

Le seul recours contre les zémindars et les gouverneurs était le droit de pétition au nabab, et ce recours dans le bon vieux temps avait diminué l'oppression.

Les premiers nababs consacraient souvent une grande partie de leurs journées à examiner des pétitions et à rendre des jugements avec l'aide d'officiers judiciaires. Parfois les exactions iniques d'un zémindar étaient punies de la confiscation de ses biens et de sa des-

---

1. Les gouverneurs mahométans étaient souvent turbulents et réfractaires, et ils dépensaient tous leurs biens mal acquis en fêtes et plaisirs. Les Hindous, plus soumis à l'autorité, se contentaient d'amasser de l'or et des bijoux, en sorte qu'il était facile de les faire dégorger. Mir Jafir destitua quelques rajas hindous et les remplaça par quelques mahométans de ses parents. Mohammed Reza Khan est un beau type de grand mahométan et Chitab Rai un spécimen intéressant de raja hindou.

titution. Parfois, à tort ou à raison, un raja hindou était rappelé
de son poste, privé de ses biens et de ses effets et mis ignominieusement à mort à cause de ses méfaits ou pour remplir les coffres
d'un nabab rapace.

Mais sous le gouvernement double créé par lord Clive, les détournements, la corruption et l'oppression s'accrurent comme en serre
chaude. Non seulement il n'y avait pas de correctif, mais encore
il y avait place pour toutes les tentations de coupable entente.

Les zémindars n'avaient aucun désir d'augmenter le produit des
impôts au bénéfice de la Compagnie des Indes orientales, et les nababs nulle hâte de révéler des fraudes et des abus quand on ache-
tait leur silence par une partie du butin. La nouvelle marionnette-
nabab Nazim n'avait aucun motif d'accueillir des pétitions ni nul
pouvoir de faire exécuter des
jugements. Mohammed Reza
Khan à Murchedabad et le
raja Chitab Rai à Patna,

Fig. 18. — Troupes anglaises.

étaient censés en recevoir, mais ayant à considérer une foule
d'intérêts, des Anglais comme des zémindars, il est impossible
de savoir s'ils remplissaient bien ou mal leurs fonctions. De leur
côté, les employés anglais de la Compagnie étaient des marchands
élevés pour la comptabilité, experts dans les marchés; ils
avaient la conviction que leur séjour dans l'Inde n'avait d'autre
but que de faire fortune pour s'en retourner en Angleterre à la
première occasion opportune.

Le chiffre du rendement annuel des impôts était réglé à Murchedabad dans la fête dite Pouna. Les zémindars s'assemblaient
là pour leurs conventions concernant les douzièmes payables
l'année suivante. Le nabab Nazim s'asseyait sur le trône de parade, tandis que le gouverneur anglais du Bengale et du Bihar,
à sa droite, représentait l'honorable Compagnie en qualité de
dyouan.

Un résultat du nouveau système de gouvernement fut la dis-
parition rapide des roupies. L'argent cessa bientôt d'être importé
d'Europe pour l'achat des marchandises ou l'acquit des salaires,
tandis qu'on l'exportait en quantités considérables à Madras, en
Chine, ou que les employés de la Compagnie l'exportaient en
Europe, leur fortune faite. Les anciens nababs de Murchedabad avaient gaspillé des sommes énormes en fêtes et en plaisirs,
inutiles sans doute, mais qui avaient laissé la monnaie dans le
pays. Sous le régime anglais ces dépenses furent de beaucoup
réduites; l'armée fut licenciée, les vastes ménageries d'ani-
maux et d'oiseaux détruites, le palais et la Zenana mal entretenus. Mais ces réductions étaient envoyées hors du Bengale;
une foule de soldats et de parasites indigènes vivaient d'aumô-
nes. Un indigène contemporain remarque, et exprime à l'o-
rientale, que le grain était tombé à vil prix faute d'argent pour

l'acheter, qu'un cavalier indigène devenait aussi rare que le phénix, et que sans la monnaie dépensée par les Anglais pour l'achat de la soie grège, de l'opium et des cotonnades, une roupie d'argent ou un mohur d'or auraient été introuvables comme la pierre philosophale.

La suspension des exportations d'argent du Bengale en Chine et l'accroissement des dépenses publiques au Bengale diminua les effets de la pénurie d'argent, mais rien n'arrêtait le rapide déclin du revenu. M. Verelst, le successeur de lord Clive, semble en avoir compris les causes. Pendant des années il avait surveillé la gestion fiscale à Burdouan, Midnapore et Chittagong, et il avait constaté la friponnerie qui envahissait toutes les classes d'officiers indigènes, et l'impudence de leurs subalternes. Mais Verelst était gêné par le système politique de non-intervention de Clive, et il dut employer la plus grande réserve en introduisant la surveillance européenne.

Tout d'abord Verelst nomma des inspecteurs anglais dans les différents districts pour s'enquérir de ce qui s'y passait. Puis, les deux résidents de Murchedabad et de Patna furent encouragés à suivre la marche des affaires; enfin des comités anglais furent nommés auprès de Mohammed Reza Khan et de Chitab Rai.

A ce moment critique, les indigènes subirent une révolution sociale. Jusqu'alors les Anglais s'étaient tenus à l'écart des gentlemen indigènes et n'avaient pris aucun plaisir en leur société; mais depuis ils commencèrent à se lier avec les grands mahométans et Hindous, et à causer avec eux des affaires politiques. L'écrivain indigène déjà cité remarque que les Anglais s'enquirent avec zèle des lois, usages et du traitement des affaires publi-

_____

1. *Siyâr-ul-Mutaqherin*, par Gholam Husain Ali.

ques, et consignèrent le résultat de leur enquête dans des livres destinés à renseigner les autres Anglais. Cependant les grands indigènes se jalousaient et s'enviaient mutuellement, et chacun s'empressait de faire connaître les fautes d'autrui pour gagner la faveur des Anglais ou pour cacher ses propres vices.

Les Anglais fréquentaient aussi les tribunaux, et parfois ils s'étonnaient de ce qu'ils avaient vu ou entendu. Quand un accusé était convaincu et mis à l'amende, son accusateur devait payer aussi une amende en guise de remerciement. Les Anglais ne comprenant pas cela, demandaient pourquoi un innocent était traité ainsi? On leur répondait que c'était l'usage du pays. De même, lorsqu'un zémindar ou un kâzi jugeait un cas civil, il s'adjugeait pour ses honoraires le quart des intérêts en jeu. Cela était encore incompréhensible aux Anglais, qui n'avaient pas chez eux de coutume pareille.

En ces occasions, les grands indigènes paraissaient être très polis et très obligeants, mais les Anglais étaient parfois trompés. Un M. George Vansittart[1] fut envoyé à Patna, où Chitab Rai agissait comme vice-nabab; et Gholam Husain Ali raconte avec beaucoup de sincérité et de simplicité vraisemblables les circonstances de leur entrevue et les résultats qui suivirent :

« Lorsqu'on sut que M. Vansittart venait à Patna, tous les ennemis de Chitab Rai conçurent de grandes espérances de changement. Telles étaient la capacité et la politesse du raja que peu de gens auraient pu trouver en faute son administration; mais plusieurs étaient jaloux de sa grandeur, et se préparaient tellement à le desservir qu'il en appréhenda sa perte. Le bord de sa robe était net de fange, et les taches y étaient en petit nombre,

1. C'était un frère du gouverneur Vansittart, qui périt en mer durant une traversée de retour dans l'Inde.

comparativement à ses services ; il sentait pourtant que tels étaient les inconvénients qui pourraient surgir de la différence de nation

Fig. 19. — Troupes anglaises.

et de langage, de son ignorance du caractère et du génie de M. Vansittart, qu'il était fort inquiet de son sort.

« Lorsque M. Vansittart fut près de Patna, le raja alla à sa rencontre, le prit sur son éléphant et le mena en ville. Les ennemis du raja, qui s'étaient promis d'élever une montagne de chicane et de malice, furent mortifiés et abasourdis par sa conduite habile. Ainsi qu'un grand homme d'État et financier, il tenait prête toute pièce requérable. Il fut ferme et assuré dans ses réponses ; jamais il ne dissimula ni ne prévariqua, jamais il n'hésita à fournir les renseignements demandés, et il ne laissa debout aucune imputation sur son caractère. Aussi, M. Vansittart fut si convaincu de sa fidélité, sagesse et compétence, qu'il lui ouvrit les portes de l'amitié et de l'union, ouverture dont le raja se montra digne.

Par des démonstrations respectueuses et des cadeaux curieux, il capta tellement l'esprit de M. Vansittart que ce dernier fut entièrement satisfait.

« Le raja Chitab-Rai se conduisait envers les hommes vertueux et distingués avec une modestie et une humilité qui désarmaient l'envie. Il était prompt à comprendre le but de chaque pétition. S'il accueillait une demande, c'était avec une condescendance extrême; ses refus étaient accompagnés d'excuses et de paroles de regret. Il était engagé dans les affaires et les conférences avec diverses personnes, de l'aube jusqu'à midi, et du soir jusqu'à trois heures du matin. Il ne paraissait jamais fatigué par le nombre des solliciteurs, ni impatienté par l'extravagance de leurs demandes; il n'employait jamais ni paroles dures, ni injures, ni réprimandes. Il était généreux et hospitalier à la façon d'un émir mogol de la classe moyenne dans l'Hindoustan. Quand une personne de marque allait à Patna, il lui envoyait toujours des plateaux pleins de gâteaux, de friandises et de victuailles accommodées suivant son rang et situation.

« Cependant Chitab Rai n'était pas à l'abri de tout blâme. Il était empressé à obliger ses amis et connaissances et à leur être agréable. Il s'abstenait religieusement de s'approprier les fonds publics; mais son salaire et ses moyens personnels étaient au-dessous de ses dépenses, et il se voyait obligé, en outre, à prêter de l'argent à des Européens. Pour ajuster ses dépenses à ses recettes, il adopta deux méthodes également iniques. Lorsqu'un homme était débiteur du trésor public, c'était la coutume d'envoyer un ou deux recors pour le contraindre, et de lui imputer leur entretien. Mais Chitab Rai envoyait des douzaines de recors, et il ne faisait figurer sur le livre des recettes qu'une petite partie de ces frais, gardant le reste pour suffire à ses libéralités. D'autres fois, Chitab Rai, sous prétexte que quelques gentlemen anglais voulaient les examiner, se faisait porter les titres de propriété ou de tenure, et il refusait de les rendre jusqu'à ce qu'on eût payé telle contribution proportionnelle aux moyens du possesseur. Ces contributions, il les donnait à des Anglais qui lui avaient été recommandés, et il semblait entièrement occupé à maintenir en bonne humeur les gentlemen de cette nation[1]. »

Les observations et les aveux de Gholam Husain Ali révèlent suffisamment les premiers résultats de la collision mentale anglo-hindoue pendant l'ascension du pouvoir britannique dans l'Inde. Chitab Rai était un type des officiers et des grands indigènes du dix-huitième siècle et un prototype d'un grand nombre du dix-neuvième. Avec du zèle et des habitudes de travail, il s'était élevé peu à peu de poste en poste jusqu'à ce que, gagnant la faveur de lord Clive, il fût nommé vice-nabab à Patna. Naturellement le raja était très attentif et très respectueux envers le gentleman anglais, car tout indigène de poids et d'expérience croyait couramment que tous les Anglais, surtout les employés, étaient sensibles au langage de la flatterie et de l'adulation. Le raja eut aussi des explications toutes prêtes, les ayant probablement apprises par cœur avant l'arrivée de M. Vansittart, et sachant que rien n'exaspère autant un Anglais que la dissimulation et la prévarication, tandis qu'il avale presque tout mensonge prompt et plausible. D'ailleurs, le nombre et la valeur des présents du raja pouvaient manquer difficilement de causer une impression agréable à M. Vansittart, et sa sincérité et sa capacité de le satisfaire entièrement. La conduite publique du raja envers les pétitionnaires était modelée sur celle des hommes d'État asiatiques les plus polis,

____

1. *Siyár-ul-Mutaqherîn,* traduction de Calcutta.

comme étant la plus propre à confirmer les amitiés et à désar-
mer les hostilités. Chitab Rai, par malheur, trouva qu'il devait à
tout prix rester en bons termes avec les gentlemen anglais, et
en conséquence il fut entraîné à commettre ces faits de détourne-
ment et d'oppression que ses meilleurs amis doivent avoir dé-
plorés, et dont les Anglais d'alors sont plus ou moins responsables.

Quoi qu'il en soit, les directeurs de la Compagnie rejetèrent
tout le blâme de la baisse des revenus sur les pratiques astucieuses
des employés indigènes et l'entente corrompue entre leurs propres
subalternes et les vice-nababs de Murchedabad et de Patna, Reza
Khan et Chitab Rai. Jusqu'à quel point leurs conclusions étaient
fondées? on peut l'inférer des aveux de Gholam Husain Ali, qui
avait évidemment une haute opinion de Chitab Rai. Gholam Husain Ali est infiniment plus amer contre Mohammed Reza Khan :
il l'accuse d'orgueil et d'insolence, de corruption et de crime;
mais comme l'auteur était notoirement un ennemi de ce vice-nabab, il serait odieux d'en répéter les accusations.

Les directeurs de Londres étaient exaspérés au delà de toute
mesure par leurs pertes commerciales. Les articles de l'Inde
avaient haussé de prix et baissé de valeur, principalement,
croyaient-ils, par le fait de la négligence ou plutôt de la coupable
connivence de leurs employés dans les diverses factoreries. D'un
autre côté, les dépenses publiques s'étaient élevées à un point tel
que la Compagnie était sur la pente de la ruine. Année après année, les employés de la Compagnie s'en retournaient en Angleterre
chargés de richesses, qu'on supposait extorquées aux princes indigènes ou acquises en pressurant les ryots.

Il est inutile d'insister sur des scandales tombés en désuétude.
Nul doute que des présents ne fussent reçus des entrepreneurs in-

digènes et des commissions ou « dustouri » des marchands et manufacturiers indigènes. Personne mieux que Warren Hastings ne connaissait la sorte de trafic qui avait lieu dans les factoreries de l'intérieur, et il se plaignait amèrement que les directeurs fussent si rigides quant aux salaires et si peu regardants sur les profits éventuels, alors que les premiers n'étaient que bagatelle et que les autres se montaient à des lakhs de roupies [1]. La corruption sévissait également à Calcutta. On donnait aux Européens des contrats pour toute sorte de dépense publique, tandis que la besogne était confiée aux indigènes; et quiconque obtenait un contrat semblait faire une fortune. Les directeurs voyaient que de fortes sommes figuraient dans les livres de comptabilité, mais ils étaient incapables d'en faire l'apurement, — ce qui les confirmait seulement dans leurs pires soupçons.

A son tour le peuple hindou se plaignait amèrement d'être abandonné à l'oppression et aux extorsions des fonctionnaires indigènes. L'auteur du *Siyar-ul-Mutaqherin* atteste la supériorité des Anglais, mais il dénonce leur négligence égoïste des masses. « Lorsque, dit-il, le Chah Zada envahit le Bihar, le peuple pria pour sa victoire et sa prospérité, au souvenir du bon gouvernement et des faveurs dont il avait joui sous ses ancêtres. Mais en se voyant harassé et pillé par sa soldatesque désordonnée, tandis que les Anglais ne touchaient pas une feuille d'herbe ni ne faisaient tort au plus faible individu, il changea d'avis; lorsque le Chah Zada fut proclamé padischah et qu'il envahit le Bihar sous le nom de Chah Alam, il l'accabla de reproches et pria pour la victoire et la prospérité de l'armée anglaise. Mais le peuple cessa bientôt de prier pour les Anglais, car les nouveaux gouvernants ne faisaient

---

1. *Mémoires de Warren Hastings,* par Gleig, vol. I., ch. VIII.

aucune attention aux affaires publiques de l'Hindoustan, et ils laissaient tourmenter, opprimer et piller sans merci les populations par les employés nommés par eux. »

En 1771, la situation empira par le fait d'une horrible famine dans le Bengale. Il est inutile d'insister sur les détails de la mortalité et de la désolation. Les famines de l'Inde sont familières aux lecteurs de nos jours, mais au dix-huitième siècle elles étaient plus redoutables par la disproportion des moyens employés pour les conjurer. Plusieurs gentlemen anglais aussi bien que Chitab Rai, et peut-être quelques autres grands, s'occupèrent beaucoup d'alléger la souffrance générale, en nourrissant des milliers de personnes à leurs dépens, et en amenant des provisions de grain de marchés où il se vendait à plus bas prix. Mais des nouvelles alarmantes arrivèrent en Angleterre, d'après lesquelles certains gentlemen anglais s'étant confédérés avec Mohamed Reza Khan pour profiter du désastre, accaparaient de grands approvisionnements de grain et le revendaient au prix des famines.

Le résultat de tous ces soupçons et accusations fut que les directeurs optèrent pour une réforme radicale, qu'ils confièrent à Warren Hastings en le nommant gouverneur du Bengale. Hastings était un homme très expérimenté concernant les choses de l'Inde et d'une haute capacité; on le tenait pour probe jusqu'alors. Les directeurs s'attendirent donc à ce que le nouveau gouverneur ramènerait les employés européens au sentiment du devoir, de la modération et de la loyauté envers la Compagnie, et changerait l'administration en conférant la perception des impôts aux Européens.

L'avènement de Warren Hastings est le commencement d'une ère nouvelle. Il introduisit l'administration anglaise dans le Bengale et le Bihar, et il fut entraîné par le gouvernement de Bombay à des hostilités sur une grande échelle contre les Mahrattes. Aussi, avant d'aborder l'histoire de son gouvernement, il est peut-être bon de passer en revue le progrès des affaires à Bombay et l'état de l'empire voisin des Mahrattes.

CHAPITRE V

Pendant le dix-huitième siècle, Madras, Cacultta et Bombay, avaient chacune leur vie politique propre. Cette individualité disparaît à notre époque de chemins de fer et de télégraphes; mais elle a laissé des marques durables sur les traditions du passé; et avant de passer outre, il n'est pas mal de grouper d'après les annales des trois présidences, les traits caractéristiques de chacune.

Madras est située en face d'une rade ouverte, sur la côte sablonneuse et ballottée de Coromandel. Du côté de la mer elle a vue sur la grande expansion de la baie du Bengale, vers la Birmanie, Siam, Sumatra, l'archipel malais et les territoires plus éloignés de la Chine et du Japon; historiquement, elle est associée aux possessions des nababs du Carnatique et des nizams d'Hyderabad en tant que princes indépendants, et à d'anciennes guerres anglo-françaises : La Bourdonnais la captura, Dupleix en fit un objectif de ses desseins ambitieux; elle se rattache encore au siège de Trichinopoly par Chunder Sahib et les Français, à la défense d'Arcot par Clive, à la victoire d'Eyre Coote à Wandiouach, à la destruction temporaire de Pondichéry en 1761, et finalement à l'élévation d'Hyder Ali sur le plateau occidental du Mysore.

Calcutta est située sur l'Houghli, au milieu de rizières et de jungles épaisses, à une distance de cent milles de la mer. Avant l'ère des chemins de fer une voie fluviale tenait en communication Calcutta avec Patna, Bénarès et le cœur de l'Hindoustan. A l'établissement anglais de Calcutta se rattachent les souvenirs de l'antre noir (*Blak-Hole*), le recouvrement de la ville du nabab du Bengale, l'expulsion des Français de Chandernagor, la victoire de Plassy, l'établissement des nababs à Murchedabad, l'acquisition du Bengale et du Bihar en 1765, l'introduction ultérieure de l'administration anglaise dans ces deux provinces par Warren Hastings, l'extension d'un empire britannique embrassant d'abord l'Hindoustan et s'étendant ensuite du Bramapoutra à l'Indus.

Bombay est un îlot sur la côte de Malabar, dominant le plus beau havre des mers orientales et se projetant vers Muscat et Madagascar, le golfe Persique et la mer Rouge. C'était le douaire de Catherine, l'épouse portugaise de Charles II. Du côté de la terre, l'îlot était cerné par les Mahrattes qui exerçaient le pouvoir ou collectaient le chout, de Bombay au Bengale, du Guzerate à Orissa et du Maloua au Mysore.

Les autres voisins de cet établissement anglais étaient les pouvoirs maritimes. Au nord et au sud, étaient les Abyssiniens de Surate et de Djinjira, dont les chefs héréditaires, connus sous le nom de sidis [1], étaient les grands amiraux nominaux du Mogol et les protecteurs des marchands mogols et des pèlerins de la Mecque

---

1. Le terme *sidi*, lorsqu'il est pris par les Africains, est un terme de dignité équivalant au mot arabe *sayid*, « seigneur ». Toutefois, dans l'Inde, on l'employait quelquefois pour exprimer plutôt le déshonneur que la distinction. (Grant Duff.)

contre les pirates du Malabar. Plus au sud étaient les pirates mahrattes de la même côte, les Angrias héréditaires de Ghériah, les descendants des corsaires qui depuis le temps de Pline et des Césars avaient été la terreur de l'océan Indien.

Les frontières du grand empire mahratte changeaient sans cesse comme celles des Parthes. En effet, les Mahrattes étaient les Parthes de l'Inde : leur domaine s'étendait jusqu'où leurs cavaliers pouvaient piller et détruire. Mais une ligne de démarcation existe entre la Maharachtra proprement dite, habitat des populations parlant mahratte, et le domaine militaire extérieur des feudataires mahrattes. La Maharachtra proprement dite était le royaume héréditaire des Mahrajas de la dynastie de Sivaji. Les lieutenants militaires d'au delà étaient des chefs de maraudeurs tenant d'abord leur commission du Maharaja régnant, mais s'érigeant bientôt en princes vassaux. Quant aux territoires plus éloignés, que ceux-ci pillaient, ils constituaient des provinces semi-indépendantes d'un vague empire mahratte.

Les sièges du gouvernement mahratte propre étaient les trois importantes forteresses échelonnées du nord au sud : Pouna, Satara et Kolhapore. Pouna se trouvait à environ soixante-dix milles au sud-est de Bombay. Ce fut la forteresse de Sivaji, le fondateur de l'empire mahratte, dont s'emparèrent plus tard les généraux d'Aureng-Zeib. Satara était la capitale de Sahu, petit-fils de Sivaji, et elle a été plus tard celle de la dynastie bhonsla. Kolhapore était le chef-lieu d'une principauté indépendante fondée par une branche rivale de la famille Bhonsla [1]. Les quatre principaux feudataires

---

1. Le raj de Kolhapore était entre les mains d'un frère puîné de Sahu, nommé Sambhaji II pour le distinguer de son père, qu'Aureng-Zeib fit périr. Plus au sud, près de Goa, était le chef bhonsla de Saouant Wari, qui ne joua qu'un rôle historique insignifiant.

mahrattes ont été déjà mentionnés : le guikouar du Guzerate, Holkar et Sindia dans le Maloua, entre la Nerbudda et le Chambal, le raja du Berar et de Nagpore au nord du Nizam d'Hyderabad[3]. Les trois premiers étaient de basse caste, mais le raja du Berar appartenait à la tribu des Bhonsla dont Sivaji était membre; il était le plus puissant des quatre, car il avait conquis des territoires importants sur le nizam du Dekkan, et il occupait Orissa, au sud du Bihar et du Bengale.

L'histoire primitive des feudataires mahrattes est une suite confuse de querelles de famille, d'assassinats, de dégradations, marquée par de fréquentes contestations avec le gouvernement du maharaja quant au montant d'impôt ou chout revenant au trésor du suzerain; vers le milieu du dix-huitième siècle, les quatre grands feudataires ci-dessus commençaient à fonder des dynasties, notamment Damadji Guikouar, Mulhar Rao, Holkar, Ranudji Sindia et Rughudji Bhonsla.

Le maharaja Sahu, petit-fils de Sivaji, mourut en 1748. Quelques années avant sa mort, il était devenu presque imbécile.

Un chien favori lui sauva la vie, un jour qu'il chassait le tigre. Il conféra un jaghîr au chien, et le pourvut d'un palanquin et de porteurs. Il habilla le chien en brocard et l'orna de bijoux, lui mit sur la tête son propre turban, et reçut en plein durbar les chefs mahrattes avec cet attirail. Conscient de sa dépendance envers son premier ministre, ou peichoua, il le louait d'avoir conquis l'Inde sur les mahométans et de l'avoir donnée aux brahmes.

Sahu mourut sans enfants : aussi, avant sa mort, y eut-il des complots dans la Zenana touchant sa succession. Une vieille princesse de la famille, nommée Tara Bai, produisit un enfant, nommé Raja Ram, qu'elle déclara être son propre petit-fils. Cet enfant était inconnu, mais la princesse persuada Sahu mourant

Fig. 20. — Femme hindoue des environs de Bombay.

que c'était là le légitime rejeton de Sivaji et par suite le légitime héritier du trône à Satara. Son but était d'assurer le trône à l'enfant et pendant sa minorité de gouverner comme régente l'empire mahratte [1].

Sukouar Bai, la principale femme de Sahu, était vivement opposée au projet de Tara Bai, qu'elle se souciait peu de voir régente. Elle déclara que Raja Ram était un enfant substitué. Elle intrigua en faveur d'un prétendant de la maison de Kolhapore qui descendait aussi de Sivaji; elle lui gagna secrètement plusieurs partisans, et cacha ses plans en annonçant publiquement qu'à la mort de Sahu elle se brûlerait vivante sur son bûcher funèbre.

De son côté, Balaji Rao, le troisième peichoua, inclinait à usurper la souveraineté de l'empire mahratte [2]. Comme ses prédécesseurs, c'était un type de ces brahmes séculiers qui sacrifient les devoirs religieux de leur caste à la poursuite de leurs desseins ambitieux. Il veillait de près les deux princesses complotant après le souverain pouvoir, qu'il était résolu de s'assurer pour lui et son fils. Pendant longtemps il hésita anxieusement sur la cause qu'il épouserait. A la fin, il feignit de croire en la légitimité de Raja Ram, se proposant finalement de supprimer la régence de Tara Bai et de traiter le petit maharaja en marionnette à ses ordres.

A la mort de Sahu, Balaji Rao occupa Satara avec des troupes

---

1. Tara Bai était une veuve de Raja Ram, le plus jeune fils de Sivaji. Quand Sambhaji Ier, l'aîné de Sivaji, fut exécuté par Aureng-Zeib, en 1689, Raja Ram lui succéda comme souverain des Mahrattes. Lui mort en 1700, Tara Bai devint régente pendant la minorité d'un fils qui était idiot. En 1708, Tara Bai fut déposée et incarcérée; quarante ans plus tard, elle intrigua de nouveau pour la régence. La ténacité caractérise les Mahrattes des deux sexes.

2. Il y eut trois peichouas qui exercèrent successivement le pouvoir suprême à Satara en qualité de premiers ministres héréditaires du maharaja Sahu. Balaji Vichvanath, le grand-père, mourut en 1720; Baji Rao, le fils, en 1740; Baji Rao, le petit-fils, succéda au précédent en 1740 et usurpa la souveraineté en 1748.

et fit mettre en prison les partisans de Sukouar Bai. Il se débarrassa de Sukouar Bai en lui demandant insidieusement de ne pas se brûler, tandis qu'il persuadait à la parenté que la violation du sâti la déshonorerait. Furieuse contre le peichoua, la veuve éperdue fut forcée de périr dans les flammes qui consumèrent le corps de son défunt mari.

Balaji Rao se conduisit fort différemment avec Tara Bai. Pendant quelque temps il la traita avec un respect et une déférence extrêmes. C'est que l'influence de cette femme était nécessaire au peichoua pour obtenir la soumission des grands feudataires : le Guikouar dans le Guzerate, Sindia et Holkar dans le Maloua, et le raja bhonsla de Berar. Le peichoua craignait particulièrement ce dernier, qui, outre qu'il appartenait à la tribu même de Sivaji, avait toujours nourri le secret dessein de monter sur le trône de Satara en vertu de sa parenté. Bhonsla était en outre très jaloux de l'ascendant des brahmes, très soupçonneux à l'endroit de Balaji Rao, et très sceptique quant à la légitimité de Raja Ram. Tara Bai le dissuada pourtant en allant manger avec Raja Ram en présence de la tribu de Bhousla et en jurant sur la nourriture que c'était bien là son petit-fils légitime. Le raja du Berar fut ainsi contraint d'acquiescer à la succession de Raja Ram, quant aux autres feudataires, aucun n'était prêt pour résister à l'autorité du peichoua héréditaire.

Balaji Rao s'en alla ensuite à Pouna, la vieille forteresse de Sivaji, laissant à Satara Tara Bai et Raja Ram. Il produisit un soi-disant autographe de Sahu lui accordant, comme peichoua, la garde de l'empire mahratte tant qu'il maintiendrait sur le trône de Satara un descendant du fameux Sivaji. Il transféra tous les employés et les registres à Pouna, et dorénavant cette ville succéda à Satara comme capitale de l'empire mahratte.

A Pouna, Balaji Rao conserva les formes de la vieille constitution mahratte. Sivaji avait nommé huit purdhans ou ministres,
y compris le peichoua ou premier, pour les finances, les archives publiques, la guerre, les affaires étrangères, la justice,
et l'interprétation de toutes les matières religieuses, du droit criminel et de l'astrologie judiciaire, d'après les écritures hindoues [1].
Balaji Rao garda nominalement en charge ces ministres, sauf à
accaparer pour lui le pouvoir réel.

Balaji Rao fut vite disposé à profiter de la politique troublée
de son temps. L'an 1748, on l'a déjà vu, fit époque dans l'Inde.
La guerre entre Anglais et Français dans l'Inde méridionale avait
été close par le traité d'Aix-la-Chapelle; mais des nizams rivaux
se battaient pour le trône d'Hyderabad, les nababs rivaux du
Carnatique pour le trône d'Arcot, et malgré la paix d'Aix-la-Chapelle les Anglais et les Français, sous prétexte d'appuyer tel ou
tel prétendant indigène, recommencèrent bientôt la lutte. Ces in-
constances données, Balaji Rao, en vrai Mahratte, envahit rapidement le Dekkan et le Carnatique, non pour prendre aucune
part dans les dissensions sauf qu'on le payât, mais surtout pour
collecter le chout et annexer des districts pendant que les forces
régulières qui auraient arrêté ses incursions se battaient ailleurs.

Tout à coup Balaji Rao fut rappelé à Satara. Tara Bai avait
résolu de secouer son joug. Elle poussa Raja Ram à proclamer
sa souveraineté, et elle pria Damaji Guikouar de délivrer le jeune
maharaja de l'asservissement du brahme. Raja Ram était trop
stupide ou trop faible pour cela, mais Damaji Guikouar répondit
à l'appel de la princesse. Elle frappa à la racine l'autorité du

---

1. Cet important ministère fut occupé à une période postérieure par un brahme
célèbre, nommé Ram Chastri, qui joua un rôle historique important.

peichoua en confessant que Raja Ram était un enfant de basse caste, nullement descendant de Sivaji, qu'elle avait fait passer pour son petit-fils. En conséquence, elle fit jeter Raja Ram dans un donjon et, pour expier son parjure, elle accomplit des rites et des sacrifices sur les rives du saint fleuve Kistna.

Balaji Rao fut à la hauteur des circonstances. Il feignit de s'arranger avec le guikouar, puis le faisant cerner traîtreusement, il l'envoya prisonnier à Pouna. Mais Tara Bai défia le peichoua : elle refusa de livrer Raja Ram et se prépara à soutenir un siège à Satara. Balaji Rao la laissa seule quelque temps, vu que le peuple la considérait encore comme la régente légitime et qu'elle-même détruisait son droit en tenant incarcéré le jeune maharaja et le déclarant imposteur.

Pendant quelques années, Balaji Rao effectua diverses opérations dans le Dekkan et le Carnatique. Des villages furent pillés sans pitié et des fonctionnaires locaux mis à la torture; si une forteresse résistant d'abord venait à être réduite, la garnison entière était passée au fil de l'épée. Simultanément, Balaji Rao combinait quelques intrigues obscures à Delhi. Mohammed Chah, le dernier padischah mogol digne de ce titre, était mort en 1748, la même année que Sahu. Depuis cette époque, la cour de Delhi présentait un spectacle confus d'anarchie et de meurtres. Les successeurs de Mohammed Chah étaient de simples instruments que le vizir établissait, déposait ou faisait disparaître, tandis que les grands complotaient les uns contre les autres en intriguant alternativement avec les Afghans ou les Mahrattes pour obtenir le poste de vizir ou le titre d'émir des émirs. Ghazi-ud-Dîn, petit-fils du nizam-ul-mulk, entretenait une correspondance secrète avec les Mahrattes et finit par devenir vizir. On ne connaît rien pourtant de ces intrigues, sinon le fait caractéristique que Balaji

Rao jugea à propos de se procurer, du vizir, des firmans impériaux pour tous les territoires qu'il avait acquis du côté d'Hyderabad pendant les guerres de succession. En retour, Balaji Rao prêta secours et appui à Ghazi-ud-Dîn.

Damadji Guikouar était encore prisonnier à Pouna que Tara Bai s'agitait chagrine à Satara. Balaji Rao fit de son mieux pour se concilier la vieille princesse ; mais elle insista pour qu'il vînt à Satara la reconnaître comme régente. Il envoya des troupes investir cette ville, dont le commandant jugeant la cause de la princesse désespérée, projeta de tirer Raja Ram du fort et de le livrer aux assiégeants. Mais Tara Bai eut vent de la chose et elle ordonna la décapitation du traître et l'exécution des officiers ses complices.

L'emprisonnement prolongé de Damadji Guikouar ne convenait pas au peichoua, vu qu'aucun tribut ou revenu n'arrivait du Guzerate ; aussi s'arrangea-t-il avec lui et le mit-il en liberté. En même temps Tara Bai fut persuadée d'aller à Pouna. Quoiqu'elle détestât Balaji Rao et les brahmes, elle se soumit à sa destinée. Balaji Rao souhaitait que Raja Ram restât encore emprisonné à Satara, ce qu'il obtint en priant la vieille princesse de le relâcher. Tara Bai fut sourde aux prières de Balagi Rao, en sorte que Raja Ram resta confiné jusqu'à la mort de Tara Bai.

Les Anglais à Bombay étaient en relations amicales avec Balaji Rao. Ils se seraient joints à lui dans une expédition pour chasser les Français du Dekkan, sans le traité de Pondichéry (1755) qui mettait fin aux hostilités.

Plus tard, les Anglais et les Mahrattes concertèrent une attaque commune sur les forteresses piratiques d'Angria. Le colonel Clive et l'amiral Watson prirent d'assaut les forteresses de Gheria, mais les généraux mahrattes s'abstinrent et ouvrirent quelque perfide négociation avec Angria. Les forts et le territoire furent cédés finalement au peichoua, d'après une convention préalable; mais Balaji Rao fut très irrité de ce que les Anglais gardèrent le trésor et les provisions de la place comme prix de leurs concours. Il écrivit à ce sujet des lettres courroucées au gouverneur de Madras et au roi Georges II. Ultérieurement il apprit la capture de Calcutta par le nabab du Bengale et la déclaration de guerre entre l'Angleterre et la France, et il commença à faire le rodomont. Mais la victoire de Plassy le rendit calme et il ne fut plus question du trésor des forts de Gheria [1].

Balaji Rao n'était pas plus administrateur que soldat : c'était un brahme intrigant, tortueux et rusé, d'ailleurs indolent et sensuel. Il donna le commandement de son armée dans l'Hindoustan à son frère Rughonath Rao, qui était associé à Mulhar Rao Holkar et à Djipa Sindia [2]. Il confia l'administration civile de Pouna à son cousin Siradâo Rao Bhao [3], sauf à l'employer souvent à commander ses expéditions dans le Dekkan et le Carnatique.

Les affaires mahrattes, à cette période, ressemblaient à une mer orageuse. La guerre et le pillage alternaient ou éclataient à la fois sur les points les plus éloignés : dans la Péninsule, sur le Mysore et le Carnatique; dans le Dekkan oriental, sur Hyderabad et Orissa; dans l'Hindoustan, sur le Guzerate, le Maloua, le Bundelkund; dans le nord, sur Lahore et jusqu'à la contrée de Rohilla. Dépeindre ces sillages de sang et de désolation serait

---

1. Le trésor trouvé dans les forts de Gheriah fut bien inférieur à ce qu'on attendait. Mais Angria s'échappa de la place avant le commencement de l'action : il avait sans doute acheté les généraux mahrattes.

2. Djipa, fils aîné de Ranuji Sindia, succéda à son père dans son commandement ou principauté en 1754. Djiapa Sindia fut assasiné en 1759 à Jodhpour, et il eut pour successeur un jeune frère, nommé Mahadaji Sindia, qui joua plus tard un rôle important.

3. Cet officier mahratte est connu des lecteurs de l'*Histoire mahratte*, de Grant Duff, sous le nom de Sôdachos Bhow.

Fig. 21. — Bénarès. Les bords du Gange.

fastidieux et difficile. Qu'il suffise de savoir que partout où il y avait la guerre ou la faiblesse, des essaims de cavaliers mahrattes fondaient comme des vautours sur leur proie, excitant une panique égale à Delhi et Lahore, à Arcot et Seringapatam.

Cependant le règne de la terreur à Delhi fut suivi d'une révolution. En 1754, le vizir Ghazi-ud-Dîn déposa et priva de la vue Ahmed Chah, le fils et successeur de Mohammed Chah. Il intronisa ensuite pour la forme un vieux prince mogol nommé Alamghir. Dans ces procédés violents, le vizir était appuyé par l'armée mahratte commandée par Rughonath Rao, frère du peichoua, lequel campait dans le voisinage de Delhi. De Delhi, Rughonath Rao s'avança jusqu'à Lahore, et pendant une courte période les Mahrattes furent maîtres de Punjab au lieu des Afghans.

A cette époque, le nouveau padischah Alamghir, craignant pour ses jours, commença d'ouvrir des négociations secrètes avec l'Afghan Ahmed Chah Abdali. Son fils aîné, le Chah Zada, partageant ses craintes, s'enfuit de Delhi au Bengale, où il tomba entre les mains de Clive. En 1759, le vizir mit à mort Alamghir sur le soupçon qu'il intriguait avec les Afghans, et ensuite plaça une autre marionnette sur le trône, tandis qu'à Oude et au Bihar le fils aîné du défunt était proclamé padischah sous le nom de Chah Alam.

A ce moment critique la Némésis vengeresse parut sur la scène en la personne d'Amed Chah Abdali, le conquérant Afghan qui, depuis la mort de Nadir Chah, avait travaillé à l'érection d'un empire afghan. L'entrée audacieuse des Mahrattes dans le Punjab rendit furieux Ahmed Chah Abdali. Il en chassa Rughonath Rao, alla à Delhi, et pendant quelque temps fut l'arbitre des destinées de l'empire mogol. Ghazi-ud Dîn échappa à sa colère par un exil perpétuel. Djiouan Bakht, un fils de Chah Alam, fut placé sur le trône de Delhi comme lieutenant de son père, et Najib-ud-Daula, l'Afghan rohillan, fut nommé régent ou gardien du trône sous le titre d'émir des émirs.

Le flot de la conquête mahratte fut refoulé par l'invasion afghane. Rughonath Rao retourna à Pouna, où lui furent reprochées les lourdes pertes qu'il avait encourues au Punjab. Il avait laissé Holkar et Sindia pour conserver le haut Hindoustan ; mais dans le Dekkan arriva bientôt la nouvelle que les Afghans les avaient mis en déroute et qu'ils fuyaient de la Jumma au Chambal. L'orgueil de Balaji Rao fut profondément blessé par ces échecs. Enflé par ses conquêtes antérieures, il brûlait d'effacer ces derniers. Un vague patriotisme sembla aussi exciter les Hindous contre les envahisseurs afghans. L'armée mahratte fut dirigée du Dekkan vers le nord, entre la Nerbudda et le Chambal. Au delà du Chambal, son commandant Silvadâs Rao Bhao fut rejoint par Holkar, Sindia et le Guikouar. Plusieurs princes régents s'empressèrent également d'appuyer la cause nationale, pendant que des Djâts, des Pindharies et autres forces irrégulières affluèrent, moins pour partager la gloire de chasser les Afghans de l'Hindoustan que pour faire un riche butin.

En janvier 1761, les Mahrattes furent écrasés à Paniput ; au chapitre précédent, on a vu l'horrible massacre qui en fut fait. La nouvelle de ce massacre fut reçue dans tout l'empire mahratte avec des pleurs et des lamentations. Balaji Rao en mourut, le cœur brisé. Sa mort fut suivie, à l'âge de quatre-vingt-six ans, de celle de Tara Bai, qui fut joyeuse de survivre à son rival détesté, heureux jusque-là [1].

---

1. La vie de Tara Bai ferait un roman mahratte. Elle était née en 1675, sous le règne de Sivaji à Pouna et de Charles II à Whitehall. Elle mourut en 1761, la première année du règne de Georges III.

Balaji Rao eut pour successeur à Pouna son jeune fils Mahdu
Rao, âgé de dix-sept ans; mais pendant sa minorité, son oncle
Rughonath Rao, qui avait arboré à Lahore l'étendard mahratte,
fut régent.

Le règne de Mahdu Rao commença par la solennelle farce qui
est le trait saillant de l'histoire mahratte : le jeune peichoua, accompagné de son oncle le régent, alla à Satara pour recevoir son
investiture ministérielle du descendant-marionnette de Sivaji, qui
était censé régner dans une prison d'État. Mahdu Rao était toutefois un aimable jeune homme favorablement disposé en faveur
du maharaja : aussi obtint-il que Ram Rao sortît de prison et
pût vivre désormais dans la ville même de Satara.

Sur ces entrefaites, la guerre de succession au trône d'Hyderabad venait de se terminer. Salâbat Iung était prisonnier et son
frère puîné Nizam Ali régnait à sa place. Nizam Ali profita du
désastre des Mahrattes à Paniput pour diriger une armée sur
Pouna, espérant recouvrer les territoires que Balaji Rao avait
enlevés au royaume d'Hyderabad. L'invasion de Nizam Ali fut
arrêtée par la rétrocession d'une partie de ces territoires.

A cette époque, Mahdu Rao était environné d'ennemis. Désireux de participer au gouvernement, son oncle le régent le con-
trecarrait. Les feudataires mahrattes devenaient insoumis, surtout
le raja bhonsla de Berar. Ruguji Bhonsla était mort en 1754, et son
fils et successeur Janoji Bhonsla avait hérité de sa famille la haine
des brahmes et l'ardent désir de s'emparer de la suzeraineté
mahratte. Tout ce temps, Nizam-Ali d'Hyderabad épiait le cours
des événements à Pouna, prêt à profiter des querelles entre Mahdu
Rao et son oncle, des secrets desseins de Janoji Bhonsla ou de tout
incident qui le mettrait à même, soit de recouvrer du peichoua du
territoire et des revenus, soit d'affaiblir le pouvoir mahratte.

Les disputes entre Mahdu Rao et son oncle finirent par la fuite de celui-ci de Pouna; mais, contre une promesse de cession d'autre territoire, le régent fut assuré de l'appui de Nizam Ali. En même temps Janoji Bhonsla, de Berar, mena, sans but avoué, une armée vers Pouna, mais comme Nizam Ali, dans l'intention de profiter de tout changement favorable. Ces complications se dénouèrent par la soudaine soumission du jeune peichoua à son oncle Rugonath Rao, qui le fit emprisonner. Nizam Ali demanda alors le territoire promis, mais le régent ayant eu l'avantage sur son neveu et se sentant assez fort pour braver le nizam, refusa de remplir sa promesse. Nazim Ali, voyant que la fortune était favorable au régent, feignit un grand plaisir de la soumission du jeune peichoua et se retira de la scène pour un temps.

Rugonath Rao se trouvant régent incontesté de Pouna, se vengea de ses ennemis domestiques à la façon orientale, en les révoquant de leurs emplois et en confisquant leurs biens. Cela suscita des complots contre lui, et les chefs firent des ouvertures au brahme, ministre de Nizam Ali[1]. Celui-ci suggéra à son maître mahométan que le meilleur moyen de renverser la régence de Rugonath Rao était de déclarer le raja bhonsla de Berar régent légitime de l'empire mahratte[2].

En conséquence, Nizam Ali autorisa son ministre à compléter les négociations avec le raja de Berar, négociations qui furent chaudement accueillies. Mais avec son caractère double, Nizam

[1]. Nizam Ali, de Hyderabad, et Hyder Ali, du Mysore, étaient tous deux des princes mahométans, et, comme tels, ennemis naturels des Hindous idolâtres comme les Mahrattes; mais ils avaient des ministres qui étaient brahmes : d'où, malgré des guerres déclarées, des sous-courants d'intrigue entre ceux-ci et les ministres pareils de Pouna.

[2]. Cet incident est remarquable en ce qu'il montre l'absence des sympathies de caste entre le brahme ministre à Hyderabad et le brahme régent à Pouna. Le premier proposait d'établir un Bhonsla pour régent au lieu d'un brahme.

Ali se mit aussi à correspondre secrètement avec un autre membre du clan bhonsla, — le raja de Kohlapore, — pour avoir un compétiteur en réserve dans le cas où Janoji Bhonsla se montrerait importun.

Rugonath Rao eut vite vent de la chose. Son neveu Mahdu Rao, tout confiné qu'il fût, le soutenait de son influence et de ses conseils; de plus, le guikouar de Baroda et Mulhar Rao Holkar, vinrent le rejoindre avec leurs armées respectives, pour livrer bataille à Nizam Ali et au Bhonsla de Berar. Mais tout à coup ils se ruèrent, à la façon mahratte, sur le territoire de ce dernier pour le saccager, et punir ainsi sa déloyauté.

Nizam Ali et le Bhonsla essayèrent d'atteindre l'ennemi, mais ce fut impossible, et en conséquence ils suivirent son exemple et coururent piller Pouna. Les habitants de Pouna, saisis de panique à la nouvelle de leur approche, s'enfuirent en grand nombre dans les montagnes du voisinage. Les armées alliées saccagèrent la ville, brûlant et détruisant toutes les maisons incapables de payer une rançon.

Cependant Rughonath Rao étant arrivé à Hyderabad imposa une contribution à la capitale du Nizam. Il entama en même temps une correspondance secrète avec Janoji Bhonsla, qui commençait à croire que le brahme, ministre de Nizam Ali, l'avait trompé, et le Bhonsla s'engagea à déserter Nizam Ali à la première occasion contre une promesse de cession de territoire opportune et à réunir ses forces à celles de Rughonath Rao.

Le moment de réaliser l'accord s'offrit bientôt. Rugonath Rao se réconcilia avec son neveu, le jeune peichoua, et se dirigea vers le camp de Nizam Ali sur le rivage du Godavary. Une moitié de l'armée du nizam traversait la rivière, pendant que l'autre, sous le commandement du brahme ministre, attendait que les bagages

et les provisions fussent expédiés. Janoji Bhonsla campait près du
brahme, mais feignant d'être offensé par le non-paiement de quelque argent, il se retira à quelque distance. Ce mouvement fut un
signal pour Rughonath Rao, qui fondit sur les troupes de l'arrière-
garde et leur infligea une écrasante défaite. La bataille ragea pendant deux jours. Les pertes des Mahrattes sont inconnues; mais
dix mille soldats du Nizam tombèrent sur le champ de bataille, et
son ministre fut parmi les morts.

Pendant la bataille, Nizam Ali essaya une canonnade de l'autre
bord du fleuve, mais elle fut sans effet, et force lui fut d'assister
au massacre de son armée, puis de battre en retraite sur ses
propres territoires. Rughonath Rao le poursuivit, mais une réconciliation eut lieu. La chose est inexplicable. On sait seulement
que Nizam Ali visita Rughonath Rao, exprima ses regrets, rejeta
le blâme de tout ce qui était arrivé sur le ministre tué. Il agit si
efficacement sur la faiblesse ou le bon naturel du régent de Pouna,
que celui-ci oublia tout et même céda à Nizam Ali un territoire
rapportant annuellement deux cent mille livres sterling environ.

Rughonath Rao paya au raja de Berar le prix de sa défection;
mais le jeune peichoua lui reprocha publiquement sa duplicité envers les deux parties et surtout sa jonction au musulman Nizam
Ali pour tâcher de renverser la maison des peichouas, à laquelle
les princes mahrattes devaient tout leur pouvoir.

Vers 1764, l'élévation de Hyder Ali dans le Mysore excita l'a-
larme des Mahrattes. Rughonath Rao s'étant raccommodé avec
son neveu, Mahdu Rao mena dans le midi une grande armée pour
subjuguer Hyder Ali. La campagne fut heureuse et Mahdu Rao
essaya de rester en bons termes avec son oncle en l'invitant au
camp mahratte, pour clore la guerre et conclure un traité de
paix.

Plus tard, de nouvelles querelles surgirent entre Mahdu Rao et Rughonath Rao, qu'envenimaient deux princesses, l'une mère du peichoua et l'autre femme de son oncle. Mahu Rao était pressé par sa mère d'incarcérer le régent, mais il différa de le faire dans la crainte que son oncle ne gagnât l'appui du Nizam ou du raja de Berar et peut-être des deux. Ensuite, Mahdu Rao concerta avec le sultan d'Hyderabad une invasion du Berar, et Janoji Bhonsla fut contraint de rétrocéder presque tous les territoires, prix de sa double trahison.

Fig. 22. — Marchand ambulant de Bénarès.

Plus tard, Rughonath Rao intrigua secrètement avec Mulhar Rao Holkar pour se partager la suzeraineté mahratte; mais Holkar étant mort en 1767, le projet n'eut pas de suite. Rughonath Rao fit alors mine de vouloir se retirer du monde et de passer le reste de ses jours en contemplation à Bénarès. Mais en 1763 il se rebella ouvertement, et, vaincu, il fut emprisonné dans une forteresse jusqu'à la fin du règne.

La mort de Mulhar Rao Holkar, en 1767, est un événement important dans l'histoire de la dynastie d'Holkar. Mulhar Rao avait obtenu, dès le règne du Maharaja Sahu, des commissions pour collecter le chout dans le Maloua. Il ne laissait pas d'héritier. Son fils était mort, mais la veuve de son fils dirigeait l'administration civile; elle nomma commandant en chef de l'armée un officier nommé Tukaji Holkar. Cette bru de Mulhar Rao Holkar est célébrée dans l'histoire mahratte sous le nom d'Ailah Bai. Elle était superstitieuse et prodigue envers les brahmes. Aussi les traditions brahmaniques l'exaltent comme une incarnation de toutes les vertus masculines et féminines. Autrement il n'existe aucune raison de croire qu'elle fut autre chose qu'une reine mahratte du type ordinaire, qui se concilia les brahmes par ses largesses et nomma commandant en chef son favori.

On raconte de Mahdu Rao une anecdote caractéristique. Une fois il cherchait à remplir ses obligations religieuses de brahme en s'engageant dans des contemplations divines pour délivrer son âme du tourbillon des transmigrations. Le principal chastri du cabinet de Pouna était alors un brahme éminent, nommé Ram Chastri. Un jour il visita le peichoua pour affaires et trouva Mahdu Rao pieusement abstrait du monde et toutes ses facultés spirituelles et corporelles occupées à méditer sur l'Esprit Suprême. Ram Chastri se hâta de laisser l'oratoire du peichoua, mais le jour suivant il demanda la permission de se retirer de la cour et d'aller à Bénarès. Mahdu Rao vit qu'il avait offensé son visiteur; il s'excusa sur sa négligence apparente de la veille et l'expliqua par des motifs de piété. Ram Chastri cependant le réprimanda en lui disant que s'il désirait remplir ses devoirs de brahme il fallait abdiquer le trône et consacrer le reste de ses jours à contempler l'Esprit Suprême à Bénarès; mais que s'il optait pour régner comme peichoua, il devait employer tout son temps et ses énergies au bien-être de son peuple, cela étant la seule justification de la prise de la souveraineté. Mahdu Rao reçut en bonne part la réprimande, et dorénavant s'abstint de toute pratique religieuse en opposition avec ses devoirs de gouvernant.

Ram Chastri est célébré dans les annales mahrattes comme un juge intègre et droit. Né dans un village près de Satara, il alla étudier très jeune à Bénarès. Plus tard il fut choisi, sans sollicitation de sa part, pour le poste de premier chastri à Pouna, et lorsque Mahdu Rao commença de participer au gouvernement, ce fut Ram Chastri qui l'initia à la conduite de l'administration.

Les plus grands malfaiteurs à Pouna étaient retenus, dit-on, par la crainte respectueuse que leur inspirait Ram Chastri : et quoique des personnes riches ou de haut rang aient essayé parfois de le corrompre, il n'en est aucune qui ait osé récidiver ou attaquer son intégrité.

Pendant tout le règne de Mahdu Rao, les Anglais du Bengale se heurtèrent à mille obstacles. Janoji Bhonsla, raja de Berar, réclamait sans cesse le chout pour le Bengale et le Bihar, d'abord à Mîr Iafir, puis à Mîr Kasim et finalement à lord Clive. Clive était disposé à payer le chout pourvu que les Mahrattes cédassent Orissa, — idée que les directeurs de la Compagnie rejetèrent entièrement. Par bonheur le bhonsla était trop affairé à Hyderabad et Pouna avec ses intrigues, et l'artillerie et les bataillons de la Compagnie l'alarmaient trop pour qu'il essayât de collecter le chout à main armée.

Quant aux Anglais de Bombay, ils firent des avances amicales à Mahdu Rao, le peichoua. Ils désiraient posséder, dans le voisinage immédiat de Bombay, l'île de Salsette et la presqu'île de Bassein pour la protection de leur havre ; mais les Mahrattes avaient conquis ces lieux sur les Portugais, et ils étaient si fiers de ce succès contre des Européens, qu'ils ne voulaient les céder à aucun prix. En 1767, puis en 1772, un résident anglais fut envoyé à la cour de Pouna. Il avait pour instructions de cultiver des relations amicales avec le peichoua et ses ministres et de faire tous ses efforts pour amener le gouvernement mahratte à la cession de Salsette et Bassein, à prix d'argent ou autrement.

Ces relations entre Bombay et Pouna suscitèrent une difficulté diplomatique embarrassante dans les relations de Madras avec le Mysore. En 1767, un traité défensif avait été conclu avec Hyder Ali. Postérieurement Hyder Ali s'engagea dans une guerre contre le peichoua et, conformément à ce traité, il pria les Anglais de Madras de l'aider, — ce qui plaça ceux-ci dans un dilemme. C'eût été le comble de la folie pour Madras d'appuyer une guerre contre le peichoua pendant que le gouvernement de Bombay travaillait ce dernier pour l'abandon de Salsette et Bassein, outre que les Anglais de Madras ne pouvaient probablement pas empêcher l'invasion du Carnatique par les Mahrattes ou l'armée du Mysore, suivant leur alliance avec le peichoua ou Hyder Ali. Ces circonstances étant données, le gouvernement de Madras ne put que déplorer un malheureux traité qui l'acculait dans une impasse.

En attendant, la cour de Delhi éveillait l'attention des Mahrattes. Najib-ud-Daula, le gardien du trône mogol, doit avoir été un homme capable. Il s'était élevé du commandement d'un petit corps de cavalerie à l'autorité suprême à Delhi, et depuis la bataille de Paniput en 1761 jusqu'à sa mort en 1770, il conserva cette autorité en ses mains, en dépit des ennemis qui le menaçaient de tous côtés.

En 1763, Delhi fut menacé par les Djâts. Cette race mystérieuse est supposée parente des anciens Gètes. On peut les tenir pour des Scythes Hindouisés, qui sont entrés dans le Punjab à quelque période reculée et qui établirent des avant-postes dans l'Hindoustan. Beaucoup de Djâts du Punjab devinrent Sikhs. Ceux de l'Hindoustan fondèrent, entre Ulouar et Agra, une principauté sur le vol et le pillage, mais qui depuis est devenue un État paisible, portant aujourd'hui le nom de raj de Bhurtpore.

Le héros des Djâts, au dix-huitième siècle, était un rude guerrier nommé Suraj Mal. Les exploits de ce chef semi-barbare rappellent ceux de Sivaji. Comme Sivaji, sa force reposait sur ses forteresses. Il construisit, ou peut-être ne fit que réparer, quatre vastes forteresses de boue cuite au soleil, dont Bhurtpore et Dig sont des types encore debout. Elles étaient impénétrables au canon et tenues pour imprenables jusqu'en des temps relativement modernes.

En 1764, Suraj Mal fut rejoint par l'infâme Sumrou, qui s'était enfui de chez le vizir nabab d'Oude et fut heureux d'entrer au service du raja Djât. Suraj Mal fut gonflé par cette addition à ses forces et commença de menacer Delhi. Najib-ud-Daula lui envoya un présent d'indiennes fleuries pour se le concilier. Ces toiles firent grand plaisir au destinataire qui ordonna d'en faire une collection d'habits; mais il refusa de dire un mot au porteur, qui s'en retourna fort ennuyé. Suraj Mal avança avec une armée sur Delhi; mais au lieu d'assiéger la ville, il se mit à chasser dans le parc impérial du Grand Mogol en guise de bravade. Lui et son escorte furent environnés par un escadron volant de cavaliers mogols qui les massacra tous. Le cadavre du raja fut trouvé habillé de l'indienne ci-dessus. On lui coupa la tête qu'on hissa sur une lance, et les Djâts furent si apeurés à son aspect qu'ils s'enfuirent vers leur pays.

La principauté djât devint alors un théâtre d'horrible tumulte. Les fils de Suraj Mal furent tous à se combattre où à s'entretuer. A la fin un survivant, nommé Ranjît Singh, s'assura le pouvoir. Son territoire était hérissé de forts et rapportait un revenu annuel de deux millions de livres sterling. Avec une armée de soixante mille hommes [1], Ranjît Singh fut l'un des pouvoirs déprédateurs de l'Hindoustan, contrebalançant ceux des Afghans et des Mahrattes.

En 1764-65, Najib-ud-Daula intrigua avec les Anglais de Calcutta. Il s'attendait à ce que le gouverneur Spencer céderait le territoire d'Oude et enverrait Chah Alem à Delhi. Si ces deux mesures se fussent réalisées, Najib-ud-Daula aurait été exalté à la souveraineté réelle de l'Hindoustan, tandis que l'ascendant des Afghans rohillans se fût étendu de la Jumna supérieure au Carumnassa. Mais lord Clive, on l'a déjà vu, annula ce plan en faisant d'Oude, au lieu d'une menace pour le Bengale et le Bihar, une barrière contre les Afghans et les Mahrattes.

En 1767, la même année où lord Clive laissa l'Inde pour toujours, Ahmed Chah Abdali mena une armée afghane sur Delhi, dans l'espoir de remplir ses coffres du butin de l'Hindoustan. Najib-ud-Daula feignit de se rendre aux envahisseurs, mais il suscita des retards et contrecarra les opérations jusqu'à ce qu'Ahmed Chah fût réduit à l'impuissance. Les troupes afghanes furent harassées par les Sikhs, brûlées par la chaleur et menacées de la prochaine saison des pluies. Le manque de solde ou de pillage les fit se mutiner. A la fin, Ahmed Chah fut obligé de se contenter d'une petite quantité d'argent que lui donna Najib-ud-Daula et, frustré et découragé, de s'en retourner à Caboul et Kandahar.

A cette époque, les Mahrattes s'étaient refaits de leurs pertes à Paniput. En 1769, l'armée du peichoua traversa le Chambal

---

[1] Une armée indigène au dix-huitième siècle était un ramassis de gens sans discipline ni organisation.

Le nombre des soldats d'armées pareilles est tout à fait hasardé. On n'a aucun moyen de rectifier le chiffre mis en avant par les indigènes.

au nombre de cinquante mille cavaliers. Ils levèrent des arrérages de tribut sur les princes rajpoutes pour une valeur de cent mille livres sterling. Ils pénétrèrent ensuite dans le territoire des Djâts sous prétexte d'aider l'un des fils de Suraj Mal, et extorquèrent une contribution dépassant six cent mille livres. Najib-ud-Daula s'alarma et fit des ouvertures aux Mahrattes pour un accommodement; mais il mourut en 1770 et fut remplacé dans le poste d'émir des émirs par son fils Zabita Khan.

Sur ces entrefaites, Mahadaji Sindia se montra sur la scène. Cet ambitieux guerrier était de basse extraction comme les autres fendataires de l'empire mahratte. A la génération précédente son père, Ramiji Sindia, était simplement le porteur de pantoufles du peichoua, mais il s'était ensuite élevé à de hauts commandements militaires il s'était assuré un domaine pour sa famille. Mahadaji Sindia était un fils naturel; mais c'était un homme d'une capacité reconnue, qui avait gagné ses lauriers dans les guerres du Dekkan en 1751. Plus tard la question de succession du domaine paternel fut soumise au peichoua en tant que suzerain : Rughanath Rao s'opposait aux prétentions de Mahadaji tandis que Mahdu Rao les appuyait.

En 1771, Mahadaji Sindia fut le héros d'un exploit qui fit tressaillir tout l'Hindoustan. Il tira Chah Alam de sa retraite d'Allahabad et le conduisit à Delhi. Le padichah remonta sur le trône de ses pères, Zabita Khan s'enfuit dans le pays de Rohilla et les Mahrattes recouvrèrent leur suprématie dans l'Hindoustan.

En 1772, Mahdu Rao mourut de consomption et eut pour successeur son frère puîné, Narain Rao. L'histoire mahratte entre avec lui dans une phase nouvelle. Les complots et les intrigues à Pouna entraînèrent l'établissement de Bombay dans un tourbillon culminant lors de la première guerre mahratte. Mais l'histoire de cette guerre appartenant à l'administration de Warren Hastings, elle sera racontée dans le chapitre suivant.

L'histoire mahratte esquissée dans les pages qui précèdent semblera embrouillée à des lecteurs européens : elle a néanmoins sa valeur comme réfléchissant la politique et les idées dominantes des hindous. Non seulement elle fait ressortir les traits caractéristiques des princes et des prêtres hindous au dix-huitième siècle, mais elle donne une clef de l'histoire hindoue dès la plus haute antiquité. L'empire mahratte, en effet, peut être accepté comme un type de tous les empires hindous. Il fut fondé par des guerriers maraudeurs et gouverné par des brahmes, qui réussirent même à usurper le souverain pouvoir en la personne des peichouas, — ce qui jadis a dû être souvent le cas.

CHAPITRE VI

Le gouvernement de Warren Hastings est peut-être le plus important dans l'histoire de l'Inde britannique. Cependant il fut si noirci par ses ennemis et si célébré par ses amis que peu de contemporains en comprirent le véritable caractère. Quant aux archives de l'époque, elles sont à cet égard une mine de controverses confuses.

La carrière antérieure de Hastings, autant qu'elle est connue, est honorable. En 1750, il débarqua pour la première fois à Calcutta, âgé de dix-huit ans. Les sept années qui suivirent, la Compagnie ne fut qu'une maison de commerce. Hastings fut employé à assortir les soieries et les mousselines, à facturer du salpêtre et de l'opium; mais il arriva à posséder l'hindoustani et à connaître un peu le persan. Après la victoire de Plassy, il débuta dans la vie politique comme résident à Murchedabad. Ensuite, il joua un rôle important dans le conseil du gouverneur Vansittart à Calcutta. En 1764, il retourna en Angleterre et tomba dans la pauvreté. En 1769, il revint dans l'Inde comme membre du conseil à Madras. Trois ans après, il fut choisi pour le poste le plus important au service de la Compagnie, à savoir, celui de gouverneur du Bengale.

Le gouverneur Hastings avait alors quarante ans, et il avait évidemment lu et pensé beaucoup. Quelques mois après son arrivée, il mit toute l'administration fiscale et judiciaire sur un pied nouveau. Il transforma les surveillants européens en collecteurs de l'impôt, abolit les taxes les plus odieuses et réduisit le nombre des douanes intérieures. Il fit une tournée dans les districts en compagnie de quatre membres du conseil et afferma le sol à des taux fixes pour cinq années. Si un zemindar prenait des arrangements, il était maintenu en possession de son district; sinon, on lui accordait une pension alimentaire, et la terre était donnée en bail au plus offrant. Warren Hastings suivait beaucoup en cela les procédés du nabab Murched Kuli Khan.

Le nouveau gouverneur transféra ensuite tous les pouvoirs judiciaires des zemindars aux collecteurs européens. Il établit dans chaque district un tribunal civil et criminel, que présidait le collecteur européen assisté d'employés musulmans et hindous. Il abolit les honoraires du juge s'élevant au quart des intérêts en jeu, qui, sous le régime indigène, avaient été toujours prélevés dans chaque affaire civile. Il rédigea pour ces tribunaux un code simple, supprimant les défectuosités antérieures manifestes. Les détails en sont aujourd'hui dépourvus d'intérêt, sauf au point de vue de la réputation de Hastings, qui fut certainement l'administrateur le plus habile et le plus heureux qu'ait jamais eu le Bengale.

Puis, Mohammed Reza Khan et Raja Chitab Rai furent cités à Calcutta, où leurs administrations respectives furent livrées à une enquête judiciaire. Rien, toutefois, ne put être prouvé judiciairement. Aucune charge ne prit corps, en dehors de celles d'accusateurs agissant par intérêt personnel ou notoirement mal famés. Aucun indigène sérieux et respectable, ayant appris à connaître et à craindre les vice-nababs, n'eut garde d'accuser des hommes qui pouvaient être réintégrés dans leurs charges. De plus, beaucoup d'Anglais durent s'empresser de mettre à couvert les accusés. A la fin, les deux furent acquittés. Chitab Rai fut rétabli dans son emploi et mourut quelque temps après; quant à Mohammed Reza Khan, Hastings refusa absolument de le restaurer [1].

Mais l'administration indigène reçut là un coup fatal, et l'autorité des vice-nababs disparut pour toujours. Les bureaux importants du fisc furent centralisés à Calcutta et placés sous la surveillance de fonctionnaires anglais formant le bureau du revenu. Deux cours d'appel, que le gouverneur ou un membre du conseil présidait, assisté de savants Munchîs et Pundits, furent établies à Calcutta : cela fit de Calcutta la capitale ultérieure du Bengale et du Bihar, pendant que Murchedabad dégénéra en résidence insignifiante d'un nabab nazim, sans autorité ni pouvoir.

Dans l'intervalle, la fuite de Chah Alam, d'Allahabad à Delhi, en 1771, avait rompu les liens politiques qui unissaient les Anglais au Grand Mogol. Dorénavant les Anglais ne possédèrent le Bengale et le Bihar que par le seul droit de l'épée, non en vertu d'une

---

[1] Les enquêtes judiciaires dans l'Inde ne sont jamais satisfaisantes. Un criminel avéré sera souvent acquitté par suite du caractère contradictoire des témoignages. M. James Mill, qui avait un esprit juridique accentué, est tombé dans de graves erreurs historiques à cause de cela même. Ainsi, en se fondant sur des dépositions indigènes, il accuse le gouverneur Vansittart de s'être laissé corrompre, et cette accusation, des documents officiels en ont prouvé l'entière fausseté. Ainsi, M. Mill croit à l'acquittement de Mohammed Reza Khan et de Chibab Rai, alors qu'il est impossible qu'ils aient été innocents. Quoi qu'il en soit, le traitement de ces deux hommes, naturel de la part de despotes orientaux, fut indigne du gouvernement britannique par sa sévérité.

honteuse association avec un nabab-marionnette ni à titre de
dyouan au nom d'un padischah-mannequin.

Chah Alam avait quitté les Anglais pour les Mahrattes dans
l'extravagant espoir de régner sur l'Hindoustan comme un Au-
reng Zeib ou un Akbar. Les Mahrattes, commandés par Mahadaji
Sindia, chassèrent le gardien rohillan de l'empire mogol et réta-
blirent Chah Alam sur le trône à Delhi [1]. Mais le nouveau padischah perdit beaucoup au change. Simple instrument aux mains
des Mahrattes comme aux mains des Anglais, il ne toucha plus le
tribut du Bengale et d'Oude que lui avait reconnu le règlement de
lord Clive en 1765, tribut qui non seulement le délivra de sa pénurie antérieure, mais encore qui suffisait au maintien de son semblant de suzeraineté à Allahabad.

Cette perte surprit aussi désagréablement Mahadaji Sindia que
Chah Alam. Le premier, en effet, n'avait restauré le second que
pour régner sur l'Hindoustan au nom du Grand Mogol, et il avait
imprudemment compté sur le tribut annuel d'un quart de million
de livres sterling du Bengale, et sur les revenus d'Allahabad et de
Korah, assignés à Chah Alam en guise de tribut d'Oude. Aussi
Mahadaji Sindia en réclama-t-il le versement au nom de Chah
Alam, peu après son arrivée à Delhi, mais on lui répondit par un
refus catégorique.

Au Bengale, les Anglais décidèrent que, vu la rupture des relations de Chah Alam avec la Compagnie par sa fuite à Delhi, tout
droit au tribut impérial garanti par elle était déchu, sachant bien
d'ailleurs que tout argent accordé irait aux seuls Mahrattes, — le

---

1. Najib-ud-Daula, le gardien de l'empire mogol, mourut à Delhi en 1770 et eut
pour successeur son fils Zabita Khan. A l'approche de Chah Alam et des Mahrattes
de Delhi, Zabita Khan s'enfuit dans le pays rohillan. Ainsi, pour une courte période,
l'ascendant des Afghans rohillans à Delhi fut remplacé par celui des Mahrattes.

Fig. 23. — Guerriers rajpouts.

pouvoir déprédateur qui terrifiait l'Inde depuis plus d'un siècle.

L'équité de ce refus de la Compagnie de continuer le paiement du tribut impérial fut longuement débattue à l'époque, mais sans but pratique. L'empire mogol était mort politiquement quand lord Clive essaya de ressusciter Chah Alam comme un spectre du passé, et la fuite de Cham Alam à Delhi était comme le retour du spectre à son cimetière. Tant que le padischah resta sous leur protection, les Anglais voulurent bien le maintenir comme un fantôme de souverain au regard des Français et des Hollandais; mais Chah Alam ayant préféré l'appui des Mahrattes, il n'y avait rien à gagner au paiement du tribut, et le refus de paiement équivalait à une déclaration de guerre et à l'assertion d'une souveraineté indépendante, que Mogols ou Mahrattes ne pouvaient détruire que par la force des armes.

Mais quoique les Mahrattes ne fussent point prêts à soutenir la lutte contre les Anglais, ils furent très tenaces et pressants dans leurs réclamations. Ils commencèrent par menacer le nabab d'Oude, et ils envahirent et saccagèrent le pays rohillan sur sa frontière nord-ouest. Ils voulaient cependant borner là leurs déprédations pourvu que Hafiz Khan, le gouvernant rohillan, les autorisât à passer librement à travers son territoire pour envahir et piller celui d'Oude.

Mais le nabab vizir avait détourné le danger en traitant avec Hafiz Khan. Il s'était engagé moyennant quarante lakhs de roupies, ou quatre cent mille livres sterling, à chasser les Mahrattes du Rohilla. Plus tard, des troubles domestiques éconduisirent les Mahrattes de l'Hindoustan. Mahdu Rao était mort à Pouna et des querelles avaient surgi touchant sa succession. Cela fit juger opportun, à Mahajadi Sindia et à Tukaji Holkar, de revenir au Dekkan : d'où, pour le nabab d'Oude et le chef rohillan, libération commune des Mahrattes, mais commencement de querelle du premier avec le second sous prétexte des quarante lakhs promis, mais plutôt pour des motifs religieux et politiques.

Le nabab d'Oude était Chyîte, et les Afghans rohillans Sunnîtes. Ne pouvant pas compter sur leur amitié, le nabab voulait extirper leur pouvoir et s'emparer de leur pays. Pour cela il avait besoin d'une brigade de la Compagnie, et il offrit au gouverneur Hastings d'en payer les dépenses tant qu'elle resterait à son service, et de céder les quarante lakhs par-dessus le marché. En conséquence, Hastings convint d'une entrevue à Bénarès avec le nabab.

Les Rohillans étaient sans doute turbulents et, comme les Afghans en général, souvent en guerre entre eux. Ils avaient établi leur domination sur la population hindoue, entre la rive orientale du Gange et la frontière nord-ouest d'Oude. Ils étaient comme une épine au flanc du nabab. Ils auraient pu servir de barrière à Oude contre les Mahrattes, mais ils pouvaient aussi s'entendre avec eux et non seulement permettre aux Mahrattes de passer chez eux, mais prendre part à l'invasion et au pillage d'Oude.

Warren Hastings avait d'ailleurs à considérer la question rohillane à un point de vue anglais. Les Afghans rohillans étaient fort éloignés non seulement de la frontière anglaise mais de celle d'Oude, et les directeurs de la Compagnie avaient souvent recommandé de rester en deçà du Carumnassa. Les Anglais n'avaient aucune querelle avec les Rohillans ; ils ne savaient de celle entre le nabab et Hafiz Khan rien autre que ce que le nabab voulait leur en dire.

Mais le trésor du Bengale était vide et les directeurs de la Compagnie pressaient Hastings pour des fonds. De plus, les quarante lakhs promis non seulement rempliraient le trésor, mais épargneraient à la Compagnie un tiers de ses dépenses militaires au Ben-

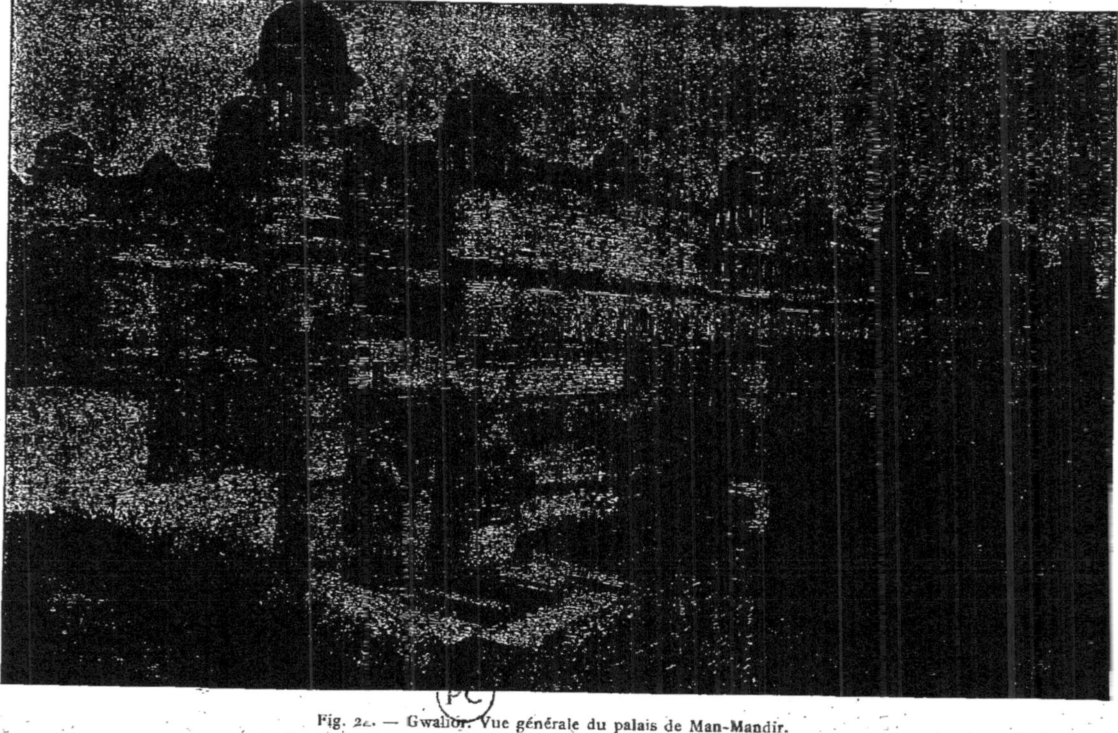

Fig. 22. — Gwalior. Vue générale du palais de Man-Mandir.

gale. Aussi le gouverneur s'arrangea-t-il là-dessus avec le nabab-
vizir à Bénarès, et lui céda-t-il Allahabad et Korah pour la somme
de cinquante lakhs ou un demi-million de livres sterling.

On se demande seulement si le nabab-vizir ne fit pas taire les
scrupules de Hastings par un cadeau de quelques lakhs à lui-
même. Le caractère de Warren Hastings jusqu'à cette date con-
tredirait un tel soupçon; mais en Angleterre il avait senti la pénurie tandis que ses camarades rentraient avec de grandes fortunes,
et la tentation doit avoir été forte pour un homme au courant des
procédés indigènes. Innocent ou coupable, il se fit soupçonner en
conduisant avec un secret absolu les négociations à Bénarès. Le
commandant en chef de l'armée du Bengale fut particulièrement
fâché d'en être exclu, sans doute parce qu'il s'attendait aussi à
recevoir un joli cadeau. Quoi qu'il en soit, le marché fut conclu
sans qu'on puisse ajouter rien de plus; mais il est aisément croya-
ble que les ennemis de Hastings jugèrent cette transaction au
moins douteuse [1].

En janvier 1774, la brigade anglaise s'avança à travers Oude
jusqu'au Rohilla, accompagnée du nabab et d'une armée nombreuse. Les Rohillans furent défaits, par les Anglais seulement.
Ils filèrent dans toutes les directions, laissant Hafiz Khan parmi les
morts. Le nabab-vizir était aussi couard que cruel. Pendant la
bataille, il garda ses troupes à distance; mais une fois gagnée, il les
lâcha sur le pays où elles pillèrent, tuèrent et commirent toutes les

1. C'est un article de foi courant parmi les Orientaux que le secret est inséparable de la trahison ou de la corruption. Aussi, un envoyé indigène refusera souvent
une entrevue, si ce n'est en présence de ses principaux suivants, sauf le cas de trahison ou de corruption pour lui-même. Les ennemis de Hastings non seulement se
plaignaient du mystère de ses négociations, mais ils chuchotaient qu'il était en
besoin pressant de fonds destinés au peintre de portraits Imhoff et au paiement des
dépenses du divorce de Mme Imhoff, qui devint ensuite Mme Hastings.

atrocités dont les Asiatiques sont coutumiers. Le commandant de la brigade anglaise fut tout à fait dégoûté par ce spectacle. « Nous avons eu tout le mal, disait-il, et ce sont ces bandits qui ont tout le butin. »

Il est à déplorer pour l'honneur de la nation que les Anglais aient paru approuver ces atrocités; mais, au dix-huitième siècle, c'était le fléau des alliances indigènes, et il est difficile de blâmer Hastings là-dessus. A d'autres égards, la guerre eut un dénouement satisfaisant. Le nabab-vizir conclut un traité avec un fils survivant de Hafiz Khan, nommé Faiz-ullah Khan, par lequel celui-ci devenait son vassal. Depuis lors, Faiz-ullah Khan et ses descendants ont été connus comme nababs de Rampore.

Dans l'intervalle, le gouverneur Hastings avait nommé un employé anglais de la Compagnie, nommé Middleton, pour résider à Luknow comme l'intermédiaire de toute sa correspondance avec le nabab-vizir. Les sommes dues à la Compagnie furent payées par à-comptes, et les rapports semblent avoir eu un cours régulier. Tout à coup il éclata dans le gouvernement anglais de Calcutta une révolution qui faillit renverser de son poste Warren Hastings et mettre fin au pouvoir de la Compagnie dans l'Inde.

L'état désordonné des affaires de la Compagnie avait poussé le cabinet britannique à réorganiser le gouvernement du Bengale. En 1774, Warren Hastings fut nommé gouverneur général de tous les établissements anglais dans l'Inde, aussi bien que gouverneur du Bengale. Jusqu'alors le conseil de Calcutta avait consisté en dix ou douze membres, employés de la Compagnie. Ce conseil fut aboli et un conseil de cinq membres fut nommé à sa place. Hastings prit le siège de président en vertu de son office, avec voix prépondérante quand les votes se divisaient également. M. Barwell, un employé de la Compagnie dans l'Inde, fut nommé membre du Conseil, que complétèrent, envoyés d'Angleterre, le général Clavering, le colonel Monson et M. Philip Francis.

En même temps on créa à Calcutta une cour suprême de judicature, consistant en un premier juge ou président et trois asses-

Fig. 25. — Gwalior. Grand temple de Sâs Bhao.

seurs, tous quatre envoyés aussi d'Angleterre et nommés directement par la Couronne [1].

Les trois nouveaux membres du Conseil avaient de forts préjugés contre le gouvernement de la Compagnie; ils formèrent bientôt

---

1. On doit distinguer entre la cour suprême de Calcutta avec des juges nommés par la Couronne, et les deux cours d'appel établies par Warren Hastings, connues jusqu'en 1861 sous le nom de cours de la Compagnie ou cours Sudder. Plus tard, on institua des cours semblables à Madras et Bombay. En 1861, les cours Sudder et suprême furent amalgamées dans chaque présidence en ce qu'on appelle aujourd'hui la Haute Cour.

contre Hastings une ligue dont Philip Francis fût l'âme et le chef.

Cet homme extraordinaire était né en 1740 et n'avait donc que trente-quatre ans lors de son arrivée dans l'Inde; mais il avait été employé quelques années dans les bureaux de la guerre, à Londres, et les initiés le considéraient comme un homme d'une haute capacité. Dernièrement on a découvert que Francis est l'auteur des *Lettres de Junius*. Ces lettres avaient produit à Londres une grande sensation par leur patriotisme élevé et leurs invectives amères contre les hommes au pouvoir; on suppose malicieusement que les ministres britanniques en connaissaient l'auteur et s'en débarrassèrent en l'envoyant dans l'Inde avec un salaire annuel de dix mille livres sterling. Macaulay dépeint Francis comme un patriote magnanime, libre des vices d'un genre sordide, mais d'ailleurs rancunier, arrogant et insolent, confondant ses antipathies avec ses devoirs et prenant sa malveillance pour une vertu publique [1].

Le nouveau triumvirat débarqua à Calcutta en octobre 1774 : son premier acte fut de condamner la guerre de Rohilla et de demander connaissance de la correspondance échangée entre Hastings et Middleton. Hastings aurait produit alors cette correspondance, il aurait imposé silence à tous les soupçons; mais il s'y refusa sous prétexte qu'elle contenait des détails privés et il en offrit seulement des extraits. Dès ce moment Philip Francis semble avoir cru que Hastings avait été acheté par le nabab-vizir.

Francis fit ensuite la motion que Middleton fût rappelé à Calcutta et qu'un M. Bristow le remplaçât comme résident à Luknow. Cette mesure fut votée à la barbe de Hastings et de Barwell par une majorité de trois voix contre deux. Hastings vit que son au-

---

1. Cette opinion de Macaulay est confirmée par M. Herman Merivale, éditeur de la Correspondance et du Journal de Francis.

torité était ébranlée et, pendant plusieurs mois, Philip Francis domina dans le conseil de Calcutta, grâce aux voix du général Clavering et du colonel Monson.

L'habileté de Francis est indéniable. Au bout de quatre mois à peine de séjour dans l'Inde, il envoya en Angleterre un plan de gouvernement du Bengale dont on a plus tard réalisé les principales indications. Le roi de la Grande-Bretagne devait être le seul souverain du Bengale. La juridiction de la cour suprême devait s'étendre à tous les indigènes des provinces du Bengale. L'Anglais devait être employé dans toutes les affaires gouvernementales. Les terres devaient être accordées aux zemindars, et dans plusieurs cas aux ryots, à perpétuité ou à vie, avec des rentes fixes, et des amendes fixes au renouvellement des baux.

Mais Philip Francis avait une arrière-pensée qui paralysait sa propre utilité : perdre Hastings et lui succéder comme gouverneur général. A tort ou à raison, il était en toute chose l'antagoniste de Hastings.

En 1775 mourut le nabab-vizir, ce Chuja-ud-Daula jadis fameux, et son fils Asof-ud-Daula monta sur le trône d'Oude. Cet avènement suscita de nouveaux ennuis à Hastings. Il proposa de continuer avec le fils les relations qui avaient existé avec le père. Francis s'y opposa pour en obtenir de plus avantageuses. Il insista pour que le nouveau nabab cédât à la Compagnie la suzeraineté de Bénarès et payât un subside mensuel plus élevé pour la brigade que Chuja-ud-Daula avait gardée chez lui depuis la guerre de Rohilla.

La cession de la suzeraineté de Bénarès a quelque importance : c'est la seule acquisition territoriale faite au Bengale sous le gouvernement de Warren Hastings : on la doit non à ce dernier, mais à Philip Francis, lequel déplaça ainsi la frontière anglaise fixée par lord Clive au Carumnassa et qui, autrement, aurait été maintenue jusqu'à lord Wellesley.

L'autre contestation entre Hastings et Francis concernait les trésors du nabab défunt. Sous le régime oriental, il n'y a souvent aucune distinction entre les revenus de l'État et la propriété privée du souverain. Chuja-ud-Daula avait accumulé un surplus de revenus s'élevant à deux ou trois millions de livres sterling. Son fils et successeur, Asof-ud-Daula, déclarait que cet argent été propriété de l'État. Mais la mère et la grand'mère du nouveau nabab-vizir, connues vulgairement sous le nom des deux Begums, réclamaient ces fortes sommes comme un don personnel que le défunt leur aurait fait sur son propre avoir.

La prétention des Begums était absurde. Jamais Chuja-ud-Daula n'aurait été justifié de faire un tel don sur les revenus de l'État à deux vieilles femmes recluses dans une zénana, pendant qu'il aurait laissé à son fils et successeur un trésor vide pour défrayer des dettes considérables dues à la Compagnie des Indes orientales.

La question d'argent entre le nouveau nabab vizir et les deux Begums ne regardait pas le gouvernement anglais, suivant l'opinion de Warren Hastings. Cependant, M. Bristow, le nouveau résident envoyé à Luknow sur la demande de Francis, intervint en faveur des deux Begums, qui lui payèrent un quart de million sterling et un acompte de la dette d'Oude à la Compagnie, et ces dernières furent confirmées dans la possession du reste. Hastings condamna l'intervention du résident, mais Francis et ses collègues sanctionnèrent tout ce qui avait été fait.

Les indigènes s'aperçurent bientôt que Hastings avait perdu son autorité, que Francis était l'homme grandissant, que lui et ses deux collègues Clavering et Monson prêtaient volontiers l'oreille à toutes les charges émises contre le gouverneur général. Une légion d'informateurs se présenta vite avec des accusations de corruption, que le triumvirat accueillait aussitôt. Impossible de dire si toutes étaient vraies ou fausses. Mais deux accusations distinctes, qui méritent d'être examinées, furent formulées par un homme nommé Nund-Komar. Hastings avait nommé une veuve de Mîr Jafir, nommée Muni Begum, pour diriger la maison du nabab Nazim. Il avait aussi nommé un fils de ce même Nund-Komar pour agir conjointement avec elle. Hastings fut accusé d'avoir reçu vingt-cinq mille livres sterling en retour de ces deux nominations. Nund-Komar l'accusa encore d'avoir reçu cent mille livres sterling pour sa connivence dans les détournements de Mahomed Reza Khan.

Ce Nund-Komar, brahme de haute caste, était connu pour avoir fabriqué des sceaux et des signatures et ménagé une correspondance hostile aux Anglais entre Chah Alam et le gouverneur de Pondichéry. La production des comptes aurait suffi à détruire les deux charges de corruption pour la somme de cent trente-cinq mille livres sterling, mais Hastings, préférant garder sa dignité, refusa d'y répondre venant d'un misérable, comme d'être jugé comme un criminel par son propre conseil. Francis persista à croire entièrement Nund-Komar et il vota la preuve des accusations.

Hastings intenta à Nund-Komar une action comme conspirateur à la cour suprême de judicature de Calcutta. Les juges admirent l'action, mais relâchèrent Nund-Komar sur caution. Six semaines après, Nund-Komar fut arrêté pour faux, mis en jugement par le nouveau premier juge Sir Elijah Impey, déclaré coupable par un jury anglais, condamné à être pendu et finalement exécuté à Calcutta en présence d'une grande multitude.

Indubitablement Nund-Komar avait commis des faux, mais

c'est une question de savoir si on l'eût arrêté pour cela, en dehors de ses accusations contre Hastings. Nund-Komar avait encore commis des crimes dignes de mort, mais il est douteux qu'on l'eût pendu pour faux. Une telle pénalité pour cette offense était inconnue aux peuples du Bengale. L'exécution de Nund-Komar a été, par suite, tenue pour un meurtre juridique par plusieurs, et la culpabilité en remonte également à Warren Hastings et à Elijah Impey.

L'exécution de Nund-Komar remplit Calcutta de terreur. Depuis lors, aucun indigène n'osa chuchoter d'accusation contre Hastings; Francis lui-même en fut paralysé. Peut-être découvrit-il trop tard que Nund-Komar l'avait plus ou moins dupé. Plus tard, lorsqu'une pétition au nom du pendu arriva au Conseil, ce fut Francis qui proposa que le bourreau la brûlât.

Dans l'intervalle, les relations entre l'établissement anglais de Bombay et le peichoua des Mahrattes à Pouna commencèrent d'alarmer le gouverneur général et le conseil de Calcutta. Pour comprendre les événements, passons en revue la marche des affaires mahrattes. Mahdu Rao, quatrième peichoua, mourut en novembre 1772, à l'âge de vingt-huit ans. Il ne laissa pas d'enfant et sa femme périt sur le bûcher funèbre. Son frère puîné, Narain Rao, lui succéda comme cinquième peichoua sur le trône de Pouna, et il alla à Satara recevoir l'habit d'investiture du maharaja-poupée. Rughonath Rao fut relâché de prison et renommé gardien.

Tous les éléments discordants qui avaient été à l'œuvre sous le règne de Mahdu Rao s'agitèrent de nouveau sous son successeur. La jalousie naturelle entre l'oncle et le neveu fut attisée par la femme de l'un et la mère de l'autre. La discorde s'aggrava de la rivalité secrète entre deux brahmes ministres. Le plus ancien, Sakaram Bapu, soutenait les prétentions de l'oncle gardien, Rughonath Rao; le jeune brahme, destiné à devenir célèbre sous le nom de Nana Farnavese, travaillait à son avancement en courtisant la faveur du jeune peichoua.

En avril 1773, l'oncle gardien fut arrêté et incarcéré au palais de Pouna, résidence du peichoua. Au mois d'août suivant, Narain Rao fut tué. Jusqu'à présent cette mort est restée un mystère. Pendant la matinée du 30 août, les troupes du peichoua réclamaient à haute voix des arriérés de solde. Le jeune peichoua, après avoir donné l'ordre de mettre le palais en sûreté, s'en alla faire sa sieste de l'après-midi. On avait négligé ses ordres, les clameurs augmentèrent, et les troupes, conduites par deux conspirateurs, forcèrent l'entrée du palais. Le jeune peichoua se réveillant en sursaut courut aux appartements de son oncle pour demander protection. Rughonath Rao intervint, mais les conspirateurs déclarèrent qu'ils étaient allés trop loin et ils massacrèrent Narain Rao à cet endroit même. En même temps, d'autres troupes cernèrent le palais et débouchèrent dans les rues; les habitants de la ville fermèrent leurs boutiques et coururent çà et là tout consternés. A la fin transpira la nouvelle du meurtre de Narain Rao, mais rien touchant les meurtriers !

Rughonath Rao était incontestablement impliqué dans l'affaire. Ram Chastri fit là-dessus une enquête et l'accusa d'avoir excité deux conspirateurs à tuer son neveu. Rughonath Rao avoua qu'il avait autorisé l'arrestation de son neveu, mais nia qu'il eût ordonné qu'on le tuât. Ram Rao se procura le document original et découvrit que le mot signifiant « saisir » avait été changé en celui signifiant « tuer ». On crut généralement que l'altération était le fait d'Ananda Bai, la femme sans scrupule de Rughonath Rao,

---

1. Ici, comme ailleurs, les détails concernant les Mahrattes reposent sur l'autorité de l'*Histoire mahratte* de Grand Duff.

Le résultat du meurtre fut que Rughonath Rao monta sur le trône comme sixième peichoua ; mais Ram Chastri se retira de Pouna, ne voulant pas accepter l'emploi sous le nouveau régime [1].

Les tiraillements à Pouna excitèrent Nizam Ali à entrer en campagne. Mais le Bhonsla de Berar vint à l'aide du nouveau peichoua [2], et le vice-roi de Hyderabad étant défait fut forcé de céder un territoire rapportant un revenu annuel d'environ deux cent mille livres sterling. Mais Nizam Ali s'exerçant une autre fois sur la faiblesse de Rughonath Rao, lui fit une visite, vanta sa sagesse, lui abandonna son sceau d'État en lui disant de prendre autant de territoire qu'il voudrait. Rughonath Rao, cajolé et trompé, ne voulut pas être inférieur en générosité : il rendit à Nizam Ali le prix de sa défaite qui, réparti judicieusement entre les chefs mahrattes, les aurait étroitement attachés à sa cause.

Mais Rughonath Rao semblait né pour être dupe. Il conduisit une armée au sud pour attaquer Hyder Ali, lorsque tout à coup vint le surprendre la nouvelle d'une révolution à Pouna. Pendant son absence de la capitale, la veuve de Narain Rao donna naissance à un fils qui fut placé sur le trône par les soins d'un conseil de régence. Rughonath Rao se dirigea vers le Maloua et le Guzerate pour lever des troupes en vue de la destruction de ce conseil et du recouvrement du trône de Pouna par la force des armes [3].

1. Rughonath Rao, sixième peichoua, joue un rôle important dans les rapports ultérieurs des Anglais avec les Mahrattes. Il est mentionné fréquemment dans les documents du dix-huitième siècle sous le nom de Ragaba, mais Rughonath Rao est son nom correct. Il fut le père de Baji Rao, le huitième et dernier peichoua de la dynastie, détrôné en 1818 et décédé en 1851, en laissant pour fils adoptif l'infâme Nana Sahib.

2. Janoji Bhonsla mourut en 1773 sans descendants. Il avait un frère nommé Mudaji Bhonsla, au fils duquel, Rugudji Bhonsla, il laissa le raj de Berar. Ce neveu du défunt fut placé sous la garde de son père, qui devint le vrai gouvernant du raj. Mudaji Bhonsla aida Rughonath Rao à être confirmé peichoua.

3. Il serait aussi fastidieux qu'inutile de retracer les oscillations des grands

Fig. 26. — Tanjore. Vue d'ensemble de la pagode.

Dans cette conjoncture critique, Rughonath Rao s'adressa à
Bombay pour avoir des secours. Il s'engageait à céder aux Anglais
Salsette et Bassein, à affecter le territoire et le revenu de Baroche
aux dépenses de la guerre. A ce moment rien ne prouvait que
Rugnonath Rao fût un assassin; on croyait même que l'enfant
du défunt Narain Rao était un enfant supposé.

Le gouvernement de Bombay conclut donc en 1775, un traité
avec Rughonath Rao à Surate, puis prit possession de Salsette
et de Bassein, et commença les opérations pour restaurer le
peichoua sur le trône de Pouna. L'armée de la régence mahratte
fut entièrement défaite par les nouveaux alliés, et il y avait
toutes les perspectives de brillants succès quand des ordres de
Calcutta arrêtèrent la guerre soudain.

On se souvient que Warren Hastings avait été nommé gouverneur général et que son gouvernement avait autorité sur
Madras et Bombay. Lui et son conseil condamnaient la guerre
mahratte comme impolitique, dangereuse, injuste et non autorisée.
Comme elle avait pourtant commencé, Hastings désirait la
conclure rapidement; mais Francis et ses adhérents ne voulurent
pas se prêter à ce compromis. Le gouvernement de Bombay reçut
l'ordre de retirer ses troupes et de cesser toute autre hostilité; le
colonel Upton fut envoyé de Calcutta à Pouna, comme agent
du gouvernement suprême du Bengale, pour conclure un traité
avec le conseil mahratte de régence, mais en insistant sur la
cession de Salsette, de Bassein et de Baroche à la Compagnie.

Le conseil de régence avait été très abattu par la perte de

---

feudataires mahrattes pendant la lutte entre Rughonath Rao et le conseil de Régence. Chacun, dans ses va-et-vient de l'un à l'autre camp, n'était guidé que par
son intérêt personnel , et n'attendait que l'issue de la lutte pour se ranger sans
scrupule ni honte du côté du plus fort.

Salsette et de Bassein, et les succès de l'armée de Bombay l'avaient découragé bien davantage; aussi fut-il enchanté du conflit entre le Bengale et Bombay. Il exalta le grand gouverneur de Calcutta qui avait enjoint à Bombay de terminer la guerre; mais il refusa de céder soit Salsette et Bassein, soit le territoire de Baroche. Il alléguait avec un semblant de raison que le gouvernement du Bengale ayant justement condamné la guerre, les Anglais ne pouvaient prétendre profiter de l'agression. Toutefois, s'alarmant ensuite de quelque préparatifs militaires au Bengale, le conseil consentit à céder Salsette, mais rien de plus. Sur cette base on conclut, au désappointement de Warren Hastings et du gouvernement de Bombay, un traité à Purundhur en 1776.

Ensuite, les directeurs de la Compagnie envoyèrent des dépêches confirmant le traité de Surate, mais désapprouvant celui de Purundhur. Vers cette époque, Hastings ne devait pas rester longtemps en minorité. Le colonel Monson étant mort peu après la conclusion du traité de Purundhur, Hastings put réaliser ses mesures par la prépondérance de sa voix.

La paix avec les Mahrattes était impossible. L'Angleterre et la France étaient à la veille d'une guerre à cause de l'aide fournie par celle-ci aux colonies d'Amérique. Un aventurier français, nommé Saint-Lubin, arriva à Pouna avec des présents du roi de France, assurant que des troupes françaises le suivaient pour chasser les Anglais de l'Inde. Le principal membre du conseil de régence, nommé Nana Farnavese, eut de grandes attentions pour Saint-Lubin et lui concéda le port de Chaul près de Bombay : il était évidemment disposé à des hostilités contre les Anglais.

En attendant, de nouveaux complots et intrigues travaillaient le conseil de régence. Sakaram Bapu, le vieux brahme, optait pour le retour de Rughonath Rao et jalousait Nana Farnavese. Sindia et Holkar commençaient cette funeste intervention dans les affaires de Pouna qui finit par la destruction du peichoua[1]. Mahadaji Sindia était absent de Pouna : il poursuivait dans l'Hindoustan ses desseins ambitieux. Il avait une dent contre Rughonath Rao à cause de l'opposition à sa succession au jaghîr familial; mais il l'envoyait entre les factions ennemies jusqu'à ce qu'il pût venir en personne à Pouna. Tukaji Holkar se joignit au parti de Sakaram Bapu et complota contre Mahadaji Sindia. Nana Farnavese succomba devant ses rivaux. Un parti se forma à Pouna pour la restauration de Rughonath Rao et des lettres furent envoyées à Bombay, signées Sakaram Bapu, Tukaji Holkar, etc., invitant les Anglais à conduire Rughonath Rao à Pouna et à le rétablir sur le trône du peichoua[2].

Warren Hastinsgs opta pour la guerre, en apparence pour restaurer Rughonath Rao, en réalité pour réduire à néant les projets français; des troupes sous les ordres du colonel Goddard furent envoyées du Bengale par terre chez les Mahrattes, à travers le Bundelkund et le Maloua; d'autres troupes partirent simultanément de Bombay pour conduire Rughonath Rao à Pouna.

1. Sindia et Holkar se divisèrent la plus grande partie du Maloua entre les fleuves Nerbudda et Chambal; mais leurs territoires étaient si entremêlés qu'il fut d'abord impossible d'établir une ligne de démarcation. On les distingue mieux par leurs capitales plus récentes : Goualior, la capitale de Sindia, et Indore, la capitale d'Holkar.

2. Nana Farnavese était l'amant de la veuve de Narain Rao, le peichoua que Rughonath Rao avait fait tuer. Il était ainsi personnellement intéressé à maintenir sur le trône de Pouna Mahdu Narain Rao sous la régence de la Râni mère. Plus tard la Râni mourut, et Nana Farnavese perdit son influence, tandis que ses rivaux dans le conseil de régence intriguèrent pour la restauration de Rughonath Rao.

Le détachement de Bombay arriva près de la capitale mahratte en 1778, mais aucun chef ne vint à la rencontre de Rughonath Rao : c'est qu'il avait éclaté une autre révolution dans la cour mahratte. Mahadaji Sindia était arrivé à Pouna, et avait intervenu violemment en faveur de Nana Farnavese. Sakaram Bapu tomba sous les griffes de son rival, et à la fin périt misérablement. Tukaji Holkar s'enfuit de Pouna à Indore. Tous les autres partisans qui avaient invité Rughonath Rao furent jetés en prison. Le mouvement en faveur de Bughonath Rao cessa avec la chute de ses initiateurs, et le parti adverse était prêt à résister à toute tentative éventuelle de restauration.

Les forces de Bombay, arrivées à dix-huit milles de Pouna, furent si alarmées par les rumeurs qui leur parvenaient de toutes parts, qu'elles rebroussèrent chemin. Mahadaji Sindia les attaqua pendant cette retraite avec une armée mahratte considérable. Le capitaine Hartley, un brave officier réputé de son temps, repoussa l'attaque, mais les troupes se découragèrent, et l'officier supérieur à Hartley, déconcerté lui-même, eut envie de traiter avec les Mahrattes. Le capitaine Hartley s'y opposa énergiquement et proposa en vain un moyen sûr de retourner à Bombay. Nana Farnavese, qui était dans le camp mahratte, insista pour la reddition de Rughonath Rao; Mahadaji Sindia fut plus raisonnable. Rughonath Rao se mit sous la protection de Sindia, et les Anglais s'engagèrent à rendre Salsette et à contremander la marche du colonel Goddard. Cette malheureuse affaire porte dans l'histoire le nom de Convention de Wurgaum.

Le colonel Goddard était arrivé à Burhanpore sur le fleuve Nerbudda, lorsque la Convention de Wurgaum l'arrêtant, il se dirigea vers Surate. Mais les gouvernements du Bengale et de Bombay avaient répudié la Convention, et comme la guerre annule les traités, on fit des préparatifs belliqueux. A la vérité, la guerre contre la France venait d'être déclarée et la guerre contre les Mahrattes paraissait inévitable.

Les hostilités portent le nom de première guerre mahratte; elles durèrent de 1779 à 1782. Toutes les opérations furent dirigées par Warren Hastings, qu'on pourrait appeler le Chatham de l'Inde, si, comme Chatham, il était à l'abri des soupçons de corruption. A l'époque, la marche de Goddard fut condamnée comme un exploit de fou; mais les marches d'Ala-ud-dîn et de Sivaji étaient aussi insensées, et telles furent la défense d'Arcot et la bataille de Plassy.

Les opérations de la première guerre mahratte s'étendirent de Bombay dans le Guzerate, et du Bengale au cœur de l'Hindoustan. Le colonel Goddard entra dans le Guzerate et s'empara d'un vaste territoire appartenant au peichoua. Plus tard, il fut environné par des nuées plus ou moins denses de cavaliers mahrattes, que commandaient Mahadaji Sindia et Tukaji Holkar, et il ne pouvait ni partir de là ni contraindre l'ennemi à une action décisive. A ce moment critique, Warren Hastings fit une diversion splendide du côté du Bengale. Il envoya le capitaine Popham à la tête de deux mille quatre cents cipayes et un petit détachement d'artillerie pour arriver au Maloua à travers l'Hindoustan. Avec ce petit contingent, le capitaine Popham dispersa une troupe mahratte qui levait des contributions, et après quelques autres prouesses électrisa la moitié de l'Inde par la capture de Goualior, l'une des plus puissantes forteresses de l'Hindoustan.

La perte de Goualior força Mahadaji Sindia à revenir au Maloua pour défendre son propre territoire. Il évita pourtant une action générale, et après quelque délai fit des ouvertures de paix qui finirent par un engagement de neutralité, à condition qu'on lui rendît certains districts conquis sur la Jumma. On verra ci-après que cette neutralité de Mahadaji Sindia ajouta beaucoup à son influence pendant les dernières négociations, pour une paix générale avec tous les pouvoirs mahrattes.

Pendant que la guerre mahratte sévissait, le territoire conquis dans le Guzerate fut placé sous l'administration de M. Forbes, un agent civil de Bombay. Les habitants, jusque-là accoutumés aux exactions des Mogols et à la cruelle rapacité des Mahrattes plus oppressive encore, saluèrent ce changement comme le plus grand des bienfaits terrestres. Forbes était un homme doux et aimable, auquel la cruauté était impossible, et la corruption aussi révoltante que le crime. Sa juridiction s'étendait sur cinq grandes villes et sur cent cinquante villages. Il fut agréable aux brahmes et autres Hindous en défendant à ses soldats européens de molester les singes, les pélicans, les grues et les oiseaux aquatiques, et surtout de tuer des vaches, sauf privément. Il administra la justice avec l'assistance de quatre brahmes et de quatre musulmans, de marchands indigènes et de chefs dé caste. Chaque cas était soumis à un jury de cinq indigènes, deux choisis par le plaignant, deux par le défenseur, et un par lui-même comme juge. Dans quelques cas, quoique avec grande répugnance, il permit l'ordalie. Un tel homme semble avoir approché de l'idéal hindou du parfait gouvernant.

Dans l'intervalle, des événements importants transpiraient à Calcutta. Hastings avait fait savoir par un ami en Angleterre son intention de se démettre, et les directeurs, qui le prirent au mot, nommèrent le général Clavering pour lui succéder comme gouverneur général. Quand cette nomination arriva à Calcutta, Hastings avait repris son ascendant dans le conseil et il retira sa démission. Une querelle s'ensuivit qui causa la plus grande

excitation. Clavering prit son siège de gouverneur général dans
une salle avec Francis, tandis que Hastings était dans une autre

Fig. 27. — Sangor.

avec Barwel. Clavering envoya demander les clefs du fort
William, mais Hastings avait déjà prévenu les autorités militaires
de n'obéir qu'à ses propres ordres. Dans cette extrémité la dispute
fut déférée à la Cour suprême de judicature à Calcutta, laquelle
se prononça en faveur de Hastings; Clavering mourut quelque
temps après, et un M. Wheler vint dans l'Inde comme membre
du Conseil : il appuya Francis. Mais Hastings, toujours soutenu
par Barwell, disposait de la majorité grâce à la prépondérance de
sa voix.

Vers cette date, on découvrit que les baux fonciers de cinq ans
dans le Bengale et le Bihar étaient une mauvaise affaire. Plusieurs

zemindars et d'autres fermiers avaient loué des terres au delà de
leur valeur, et ils furent incapables d'en payer la rente. Francis
pressa pour son projet de mise en possession permanente, qui
fut envoyé en Angleterre pour être examiné par la cour des directeurs. En attendant leur décision, les terres furent cédées à bail
annuel.

En 1780, la querelle entre Hastings et Francis monta à son
comble. M. Barwell, l'appui de Hastings, désirait retourner en
Angleterre mais sans laisser son ami lutter seul contre Francis
et Wheler. Des ouvertures furent faites à Francis et un compromis eut lieu. Hastings fit quelques concession à Francis,
et Francis prit l'engagement de ne pas s'opposer à la conduite
de la guerre mahratte par Hastings. Barwell s'embarqua pour
l'Europe, et Francis s'opposa à la guerre aussi âprement que
jamais. Hastings cria à la félonie. Francis expliqua que son engagement concernait la guerre mahratte confinée à la côte Ma-
labare, mais que dès qu'elle s'étendait au cœur de l'Hindoustan
son engagement cessait. Il en résulta un duel où Francis fut
blessé, et l'homme d'État déconfit quitta l'Inde pour toujours,
brûlant d'une ambition déçue et en proie à la plus cruelle rancune
contre Hastings.

Pendant que Warren Hastings continuait au Bengale la guerre
mahratte, l'établissement de Madras courut un grand danger.
Mohammed Ali, nabab du Carnatique, s'était montré un allié
aussi inutile pour les Anglais de Madras que le vieux Mîr
Jafir pour ceux du Bengale. Mohammed Ali avait cédé un territoire, dit le jaghîr de la Compagnie, dont les revenus étaient in-
suffisants à payer la défense du Carnatique, menacé tour à tour
par l'un des trois grands pouvoirs de l'Inde : Nizam Ali, Hyder
Ali et les Mahrattes.

Tout ce temps Mohammed Ali était très endetté. Il emprunta ostensiblement à des employés de la Compagnie des sommes considérables, dont beaucoup, à un taux élevé, étaient des cadeaux simulant des prêts. Des Anglais au service du gouvernement de Madras, dont les moyens étaient notoirement infimes et qui n'avaient jamais pu envoyer une roupie à Arcot, furent inscrits comme créditeurs du nabab et ainsi achetés avec le capital et les intérêts à la fois. En un mot, le nabab avait été prodigue d'argent ou de reconnaissances de prêts dans l'espoir de s'assurer des amis et de sappuis aussi bien en Angleterre que dans l'Inde; et ses revenus, qui auraient dû servir à la défense du Carnatique contre tous les envahisseurs, étaient hypothéqués aux employés de la Compagnie en retour de prêts la plupart nominaux.

Dans cette extrémité, le nabab avait souvent jeté un regard cupide sur le territoire hindou du raja de Tanjore, qui comprenait le delta du Kâveri et du Koleroun et qu'on tenait pour le grenier de l'Inde méridionale. Il envahit, ravagea ce territoire, et appela les Anglais à son aide pour écraser le raja. Les autorités de Madras, aveugles à toute considération autre que celle de leur gain immédiat, s'empressèrent de mettre le nabab en possession du Tanjore, ce qui lui permettrait de liquider leurs prétendues créances. En 1773, elles déposèrent le raja et donnèrent son royaume au nabab.

Ce procédé rendit furieuse la cour des directeurs. M. Wynch, le gouverneur de Madras, fut révoqué; lord Pigot fut envoyé pour le remplacer avec ordre de rétablir le raja. Le nabab offrit, dit-on, une forte somme au nouveau gouverneur pour obtenir quelque délai, mais celui-ci la refusa, et en 1776 lord Pigot alla à Tanjore et restaura le raja sur son trône et dans ses domaines.

Un certain Paul Benfield parut alors sur la scène. Cet homme avait été au service de la Compagnie à trois cents roupies par mois, puis il était entré au service du nabab. Benfield produisit une créance de près d'un quart de millions de livres sterling que le nabab lui avait garantie sur les revenus et les récoltes sur pied du Tanjore. Benfield n'ayant pas de titre, il prétendit que le nabab reconnaîtrait la dette. Évidemment, ce n'était là qu'une bourde concertée avec le nabab pour faire affecter les revenus du raja de Tanjore au paiement des créanciers du nabab.

Les membres du conseil de lord Pigot furent dominés par des motifs contraires. La demande de Benfield était si absurde qu'ils ne purent s'empêcher d'abord de la rejeter. Mais s'apercevant bientôt que le rejet de celle-là mettait leurs propres réclamations en péril, ils déclarèrent la première valable.

Dans sa colère lord Pigot, de son autorité privée, suspendit deux conseillers et fit arrêter le commandant en chef de l'armée de Madras. Il fut soudainement arrêté à son tour par les membres de l'opposition du conseil de Madras, et mourut en mai 1777, huit mois après son incarcération et un mois avant la réception de l'ordre de sa mise en liberté par la cour des directeurs.

En 1778, la même année qui commença la guerre contre les Français et les Mahrattes, un civil du Bengale, sir Thomas Rumbold, fut nommé gouverneur de Madras. C'était un homme d'affaires entendu et peut-être un administrateur habile; mais ou il ne sut rien des dangers qui menaçaient Madras, ou bien il ferma volontairement les yeux sur eux.

Vers cette époque, Hyder Ali était devenu le plus formidable pouvoir de la Péninsule. Il avait fortifié son armée par l'absorption de tous les éléments européens épars dans le sud de l'Inde :

déserteurs de l'armée et de la flotte de la Compagnie, chenapans
des comptoirs préférant la licence asiatique au devoir routinier ;
Français et autres licenciés du service du Nizam ; corps d'infanterie ou de cavalerie qui avaient été levés, dressés et disciplinés par
des officiers anglais en vue de certaines éventualités, et qu'on
avait dissous ou qui s'étaient dissous faute de solde. Avec ces forces hétérogènes, Hyder Ali avait vaincu tous les rajas et poligars
du Mysore et du Malabar et les avait contraints à lui payer tribut,
à l'exception des rajas éloignés de Courg et de Travancore. Il était
encore sous le coup du refus des Anglais de Madras de l'aider
dans ses guerres contre les Mahrattes ; mais il vit avec satisfaction le Bengale et Bombay engagés dans des hostilités contre
le peichoua à Pouna, et se tint prêt à profiter des tiraillements
de l'empire mahratte, tandis qu'il nourrissait de secrets desseins
contre son coreligionnaire musulman de Hyderabad. En résumé,
il désirait être en paix avec les Anglais de Madras pourvu que
ceux-ci le laissassent tranquille.

En 1778, ces derniers commencèrent la guerre contre la France
par la capture de Pondichéry. Ils menacèrent ensuite de capturer l'établissement français de Mahé, qui était situé dans les
possessions de l'Hyder Ali, sur la côte de Malabar. Mahé était
très utile à celui-ci : c'est par là qu'il obtenait des recrues et des
munitions européennes. Il déclara que si les Anglais attaquaient
Mahé il ravagerait le Carnatique. Mais les Anglais de Madras
voulaient extirper les Français de la Péninsule. Une expédition
fut envoyée de Madras contre Mahé, partie par mer en doublant
Ceylan, partie par terre à travers le Mysore. Il arriva alors à
Madras la nouvelle que l'armée de Bombay avait été repoussée
de Pouna ; mais ni le désastre de Wurgaum ni la colère probable
de Hyder Ali ne purent induire Rumbold à rappeler l'expédi-

tion, et par hasard Mahé se rendit aux Anglais sans coup férir.

Dans l'intervalle, le gouverneur Rumbold espéra apaiser Hyder Ali en lui envoyant Schwartz, le missionnaire allemand, avec des messages de paix à Seringapatam. Schwartz était bien l'homme apte à la chose. Il parlait hindoustani, ce qui était une rare bonne fortune à cette époque et par sa vie modeste et son abnégation, il avait déjà gagné l'opinion des indigènes de l'Inde méridionale.

Sans vouloir être mêlé à des affaires politiques, il accepta la mission dans l'espoir d'éviter une guerre. Hyder Ali le reçut avec le respect dû à son caractère sacré, mais malheureusement, pendant son séjour à Seringapatam, des rapports annoncèrent que les cipayes anglais passaient par le Mysore pour aller capturer Mahé. Cette violation de son territoire exaspéra Hyder Ali, qui congédia le missionnaire avec bonté et considération. Swchartz revint de sa course sans but avec le triste pressentiment de prochains désastres.

Vers la même époque, le gouverneur Rumbold irrita Nizam Ali. L'occupation des circars du nord par les Anglais lui avait longtemps causé de l'amertume; mais, comme on l'a déjà dit, les Anglais avaient réglé le différend en consentant à payer à Nizam Ali une rente annuelle de septante mille livres pour le territoire en question. Toutefois le circar ou province de Guntour avait été assigné à vie à Basalut Jung, le frère aîné de Nizam Ali, et par suite la cession de Guntour était différée jusqu'à la mort du possesseur actuel. Mais la guerre engendra d'autres complications. Basalut Jung entrenait pour sa protection contre Hyder Ali des troupes françaises que les Anglais le forcèrent de licencier. Il céda alors aux Anglais Guntour contre une rente annuelle, et, de leur côté, les Anglais transférèrent Guntour à Mohammed Ali, le nabab du Carnatique, dans des conditions analogues.

La colère de Nizam Ali s'alluma à propos des négociations avec Basalut Jung et s'accrut avec le transfert de Guntour à Mohammed Ali. Il soupçonna que les Anglais complotaient sa destruction avec le nabab et qu'ils placeraient Basalut Jung sur le trône de Hyderabad [1]. En réalité, Guntour fut transféré à la demande des créanciers du nabab, qui avaient besoin du revenu du circar pour être payés. Nizam Ali manifesta son hostilité en prenant à son service les troupes françaises licenciées par Basalut Jung. Pour empirer la situation, le gouverneur Rumbold choisit précisément cette occasion pour demander à Nizam Ali de faire remise de la rente due pour les circars du nord, sous prétexte que la guerre contre la France avait vidé le trésor de Madras.

Ces procédés déplaisaient fort au gouvernement de Warren Hastings. La guerre contre la France entravait déjà la guerre avec les Mahrattes, et, de son côté, Madras soulevait intempestivement cette querelle entre Hyder Ali et Nizam Ali. Aussi le gouvernement du Bengale, comme autorité suprême, ordonna l'immédiate rétrocession de Guntour au Nizam. Cependant Rumbold, plein de ressentiment pour l'intervention du gouverneur général, refusa de rétrocéder Guntour et s'embarqua pour l'Angleterre en avril 1780, inconscient ou insoucieux de la tempête qui allait éclater.

1. L'armée de Hyder Ali comprenait 20.000 fantassins disposés en bataillons réguliers et commandés la plupart par des Européens ; sa cavalerie était de 30.000 hommes, y compris 2.000 Abyssiniens qui formaient un corps d'élite et 10.000 Carnates bien disciplinés. La moitié de ceux-ci avait appartenu au nabab Mohammed Ali, et après avoir été dressés par des officiers anglais avaient déserté ou s'étaient débandés faute de solde. Hyder Ali avait 100 pièces d'artillerie maniées soit par des Européens, soit par des indigènes stylés par les Anglais au service du nabab. Surtout, Hyder Ali avait un corps de 400 Français ou autres Européens commandés par M. Lally, qui avait quitté le service du Nizam pour celui du sultan du Mysore.

Rumbold fut remplacé par un civil de Madras nommé Whitehill, mais il n'y eut aucune amélioration dans la conduite des affaires. L'atmosphère de Madras était lourde de scandales et d'intrigues provenant des transactions d'argent entre les employés de la Compagnie et le nabab du Carnatique. Whitehill fut aussi obstiné que son prédécesseur à refuser de rendre Guntour à Nizam Ali, et à négliger les moyens de défense contre Hyder Ali. En attendant, des Européens corrompus s'appropriaient les revenus du Carnatique pour se payer de leurs prétendues créances, et ils berçaient Mohammed Ali de l'espoir d'être relevé de tous ses engagements envers la Compagnie des Indes orientales par l'intervention directe du Parlement britannique et de la cour de Saint-James.

En juillet 1780, la tempête se déchaîna sur le Carnatique. Hyder Ali, à la tête d'une centaine de mille hommes, déboucha par les passes qui séparent le plateau du Mysore de la plaine du Carnatique. Toute la contrée fut infestée par les envahisseurs, — à l'est jusqu'à la côte de Coromandel, au nord jusqu'au fleuve Kistna, au sud jusqu'au Kâveri et au Koleroun. Des villages furent incendiés, des moissons détruites, le bétail, des femmes et des filles enlevés, des brahmes dépecés et massacrés en folâtrant, sans scrupules ni remords. Cinquante ans plus tard, on se souvenait encore dans les villages les plus éloignés des atrocités commises, et des personnes de la génération présente en ont causé avec de vieilles femmes qui frissonnaient quand il était question de l'armée vengeresse de Hyder Ali.

Peu de temps avant l'invasion ci-dessus, Hastings reçut une communication mystérieuse de Mudaji Bhonsla, raja du Berar. Le raja informait le gouverneur général que les trois grands pouvoirs de l'Inde, — Hyder Ali, Nizam Ali et les Mahrattes, — allaient attaquer simultanément les établissements anglais du Bengale, de Bombay et de Madras, et que Nizam Ali était l'âme de la confédération. Le raja du Berar ajoutait qu'il avait reçu des ordres du gouvernement de Pouna de tenir prête une armée considérable pour la conquête du Bengale et de Bihar, qu'il avait été obligé de se conformer à ces ordres, mais qu'il avait enjoint aux commandants mahrattes de s'abstenir d'opérations hostiles. En retour de cet acte d'amitié il réclamait des arrérages de chout pour le Bengale et le Bihar s'élevant à trois millions de livres sterling environ.

Le fait d'une confédération était prouvé en partie par les

Fig. 58. — Tour ancienne à Béjapour.

nouvelles de Madras. Hyder Ali était entré dans le Carnatique et avait décrit un cercle de villages en flammes autour de Madras

et du fort Saint-Georges. L'armée anglaise commandée par Hector
Munro, le héros de Buxar, s'était mise en marche contre Hyder
Ali, mais quelque direction vicieuse des mouvements avait fait
cerner un détachement anglais par un ennemi supérieur en
nombre. Après une résistance désespérée, les Anglais furent
induits à se rendre sur promesse de quartier; mais à peine avaient-
ils déposé les armes que les sauvages d'Hyder Ali se ruant
sur eux avec une furie sans frein, allaient les massacrer tous
sans l'intervention opportune d'officiers français. Quoi qu'il en
soit, deux cents Européens furent emmenés prisonniers à Mysore,
et livrés à des cruautés et à des indignités que les survivants n'oublièrent jamais.

Le génie de Warren Hastings ne se déploya jamais plus brillamment qu'à cette époque dans la guerre mahratte. Il découvrit
que Hyder Ali s'était procuré à Delhi, de Chah Alam, l'octroi
de tous les territoires du Nizam, et il détacha Nizam Ali de la
confédération en l'informant de cette transaction perfide. Il
s'assura la neutralité du raja du Berar par des négociations et
un petit présent d'argent. Il envoya, sous le colonel Pearse, des
troupes anglaises qui passèrent sur le territoire du raja du Bihar
jusqu'à Madras. Il déposa Whitehill, le gouverneur de Madras,
de son propre chef, et adoucit Nizam Ali en lui rendant Guntour.
En même temps sir Eyre Coote vint du Bengale par mer, à Madras, pour prendre le commandement de l'armée de cette prési-
sidence avec pleins et indépendants pouvoirs.

Eyre Coote est un des héros à demi oubliés du dix-huitième
siècle. Il défit Hyder Ali à Porto-Novo [1] et poursuivit une série
de brillantes victoires qui lui ont conquis un nom durable dans

____

1. Porto-Novo est situé près l'embouchure du Koleroun, immédiatement au
sud du fort Saint-David.

les annales de l'Inde britannique, quoique les détails en soient effacés depuis longtemps dans la mémoire des Anglais.

Tout ce temps-là le gouvernement du Bengale était en pénurie de fonds; Hastings chercha à remplir le trésor public en demandant un subside au raja de Bénarès et en sommant le nabab-vizir d'Oude de régler les arrérage dus à la Compagnie. Les détails en sont intéressants, parce qu'ils formèrent la base des charges les plus importantes dans le procès ultérieur de Warren Hastings.

Cheit Singh, raja de Bénarès, était un feudataire du gouvernement britannique. Son père, Bulount Singh, se joignit aux Anglais après la bataille de Buxar et mourut en 1770; le nabab-vizir d'Oude aurait confisqué le territoire de Bénarès sans l'intervention des Anglais qui soutinrent les droits de Cheit Singh. A l'avènement du nouveau nabab-vizir en 1775, la souveraineté de Bénarès fut cédée au gouvernement britannique, mais le territoire resta en possession de Cheit Singh.

Cheit Sinhg payait à la Compagnie un tribut d'environ deux cent mille livres par an; mais d'après les lois et coutumes de l'Inde, soit mogoles, soit mahrattes, il était encore sujet aux demandes extraordinaires de son suzerain pour de l'argent et le service militaire. Hastings demanda un extra annuel de cinquante mille livres et deux mille cavaliers. Le raja se soumit un certain temps, mais ensuite esquiva ces charges sous prétexte de pauvreté. Hastings sachant que le Raja avait des fonds considérables, le frappa d'une amende d'un demi-million de livres sterling [1].

---

1. Si le raja de Bénarès eût refusé de faire droit aux demandes d'un souverain mogol ou mahratte, il aurait été incarcéré et privé entièrement de ses richesses. Dans les temps modernes, les droits des princes feudataires de l'Inde ont été définis

Vers cette époque, Hastings se rendit à Bénarès pour négocier la paix avec les Mahrattes. Cheit Singh alla au-devant de lui à l'entrée du territoire de Bénarès et offrit de payer un peu moins que le chiffre de l'amende; mais Hastings persista à exiger le chiffre intégral. Ensuite, en arrivant en ville, Hastings envoya quatre compagnies de cipayes pour arrêter le raja. La populace de Bénarès, toujours la plus turbulente de l'Inde, se souleva contre les cipayes qui étaient sans munitions, et les massacra sur-le-champ.

Cheit Singh s'enfuit épouvanté de Bénarès. Hastings courut un danger personnel, mais il s'échappa et gagna la forteresse de Chunar. Cheit Sing implora une réconciliation, mais Hastings refusa de fermer les yeux sur une pareille rébellion ouverte contre la suprématie britannique. Cheit Singh essaya de soulever contre l'Angleterre les princes indigènes, mais il fut défait et déposé; finalement il trouva un asile dans les territoires de Sindia. Un neveu de Cheit Singh fut ensuite instauré à Bénarès et le tribut annuel presque doublé. Les procédés de Hastings touchant le nabab-vizir d'Oude furent encore plus douteux. Asof-ud-Daula ne pouvait ou ne voulait pas payer les arrérages dus à la Compagnie, à moins d'être mis en possession des trésors d'État qui avaient passé aux mains des deux Begums. On avait dit à Hastings que les Begums étaient impliquées dans la rébellion de Cheit Singh; de plus, le gouverneur reconnut avoir reçu un présent de cent mille livres du nabab-vizir, cela peut avoir faussé son jugement et demande quelques remarques particulières ci-après. Bref, il retira la garantie que Bristow avait donnée aux deux Begums et que le gouvernement du Bengale, pendant la suprématie

et respectés sinon créés absolument par le gouvernement britannique; ils ne contribuent aux besoins du suzerain que sous la forme d'emprunts.

de Francis et de ses deux collègues dans le triumvirat, avait approuvée et sanctionnée. Hastings fut notamment de connivence avec le nabab-vizir pour l'emprisonnement des domestiques des Begums jusqu'à ce que les trésors fussent livrés.

Il ne peut exister de doute qu'Asof-ud-Daula n'ait ordonné que ces domestiques fussent soumis à des indignités, privations et souffrances assez ordinaires dans les palais des despotes orientaux, mais qui révoltent la civilisation. Son père, Chuja-ud-Daula, est dit en avoir fait autant avec les femmes de Mîr Kasim pour forcer l'ex-nabab à livrer son magot. Mais il n'y pas d'atténuation pour Hastings et il doit partager le blâme de la transaction. Plus tard, il mentionna le cadeau de cent mille livres à la cour des directeurs, en demandant de le garder. Les directeurs n'agréèrent pas la demande, qui n'aurait jamais dû être faite par Hastings s'il se fût soucié de sa réputation; cet argent, en effet, porte l'estampille de la corruption : c'est le prix de l'abandon au bon plaisir du vizir-nabab des Begums et de leurs domestiques par Hastings.

En 1781-82, la première guerre mahratte fut terminée. Nana Farnavese avait alors trop peur de Hyder Ali pour ratifier un traité d'alliance avec les Anglais. Mais Mahadaji Sindia, qui exerçait une influence prédominante dans les conseils du peichoua, y inclinait davantage. Les négociations furent ainsi conclues avec lui, mais esquivées par Nana Farnavese.

A la fin de 1782, on apprit la mort de Hyder Ali, et Nana Farnavese ratifia le traité conclu avec Mahadaji Sindia, traité dit de Salbai. Les termes de ce traité sont simples et intelligibles. Les Anglais et les Mahrattes s'y engageaient réciproquement à refuser chacun tout secours aux ennemis de l'autre. Rughonath Rao fut mis de côté et pensionné. Le petit Mahdu Rao II fut reconnu comme peichoua légitime de l'empire mahratte. On reconnut aussi le conseil de régence représenté par Nana Farnavese. Salsette et quelques îlots furent gardés par Bombay, mais toutes les autres conquêtes furent rendues aux Mahrattes. Les districts importants acquis dans le Guzerate furent cédés à Mahadaji Sindia, en reconnaissance de sa modération à Wurgaum; mais le regret des habitants, en retournant sous le joug oppresseur de leurs gouvernants mahrattes, fut profond et sincère, et peina vivement l'aimable Forbes.

La mort de Hyder Ali en 1782 est une pierre milliaire dans l'histoire. Cet homme était cruel et souvent brutal, quoique très indulgent pour lui-même, à la façon des potentats asiatiques. De même qu'Akbar, il ne savait ni lire ni écrire; mais il était fin, sagace, indifférent en matière de religion et tolérant envers les Hindous.

Le missionnaire Schwartz a laissé du gouvernement de Hyder Ali une description remarquable. Le palais de Seringapatam avait un espace ouvert vis-à-vis, avec deux rangées latérales de bureaux civils et militaires, en sorte que Hyder Ali pouvait de son balcon surveiller le tout. Deux cents fouetteurs étaient constamment en service pour punir tous les délinquants : — gens comme il faut, palefreniers, percepteurs de taxes et même ses propres fils. Il ne se passait pas de jour sans qu'un certain nombre de ses employés ne fussent fouettés. On ne les renvoyait pas pour cela : ils retournaient à leur besogne, le dos labouré de marques, comme avertissement public. Un soir que Schwartz alla au palais, il vit, assis en rond des fonctionnaires très angoissés : c'étaient des collecteurs d'impôts, lui dit-on, mais qui semblaient plutôt des criminels dans l'attente du dernier supplice. On fouetta horriblement un de ces malheureux, et ses cris déchiraient l'air. Il y avait cependant une âpre concurrence pour ces emplois, surtout parmi les brahmes. Ils enchérissaient l'un sur l'autre pour être nommés collecteurs, puis ils pratiquaient de semblables cruautés sur le peuple pour ajouter à leurs gains.

A cette époque, lord Macartney était gouverneur de Madras. Il avait débarqué dans l'Inde en 1781 et se distingua en activant la guerre contre Hyder Ali; mais son administration fut marquée surtout par des divergences oubliées depuis longtemps avec le gouverneur du Bengale. Très délicat en affaires d'argent, son nom est venu à la postérité comme celui du gouverneur d'un nouveau régime [1].

En 1784, lord Macartney envoya des ambassadeurs à Tippou, le fils et successeur de Hyder Ali, pour négocier la paix. Un traité fut conclu à Mangalore par lequel les deux parties contractantes s'engageaient à refuser tout secours aux ennemis de l'autre; et un grand nombre de prisonniers européens, qui avaient passé au Mysore plusieurs années de souffrance, de privations et de tortures, furent enfin rendus à la liberté.

Pendant la guerre contre Hyder Ali, lord Macartney prit charge des revenus du Carnatique avec le consentement du nabab, qui se réserva un sixième pour le maintien de sa famille et de sa dignité. Celui-ci n'eût pu refuser son consentement. Le Carnatique était virtuellement occupé par les armées de Hyder Ali; depuis dix-huit mois il n'avait pas contribué pour une roupie aux frais de la guerre, tandis que les fermiers indigènes avaient souvent compromis les

---

1. En 1781, les Anglais étaient en guerre avec les Hollandais, et lord Macartney captura les deux ports de mer hollandais de Pulicat et de Sadras, dans le voisinage de Madras, pour empêcher qu'ils ne tombassent aux mains de Hyder Ali ou des Français. On en voit encore les fortifications démantelées, qui valent bien une visite, car ce sont là les reliques les plus intéressantes des possessions hollandaises trouvables dans l'Inde entière.

troupes en campagne, en gardant les provisions en réserve, soit
pour leur propre profit, soit de concert avec l'ennemi. Dans une
occasion, en effet, Eyre Coote mit aux fers un fermier qui avait
tâché de livrer la forteresse de Vellore à Hyder Ali. Le nouvel arrangement assura la régularité des provisions, protégea le nabab
contre la rapacité de ses créanciers et délivra le peuple des exactions impitoyables des indigènes. En un mot, l'instinct de conservation poussa lord Macartney à prendre les revenus du Carnatique sous son contrôle direct, comme le seul moyen possible de
sauver le pays, la population, le Nabab lui-même, et les possessions de la Compagnie, d'une ruine complète.

La guerre terminée, lord Macartrey résolut de perpétuer un
arrangement qui lui avait permis de pourvoir aussi bien aux dépenses de la guerre qu'au maintien du nabab. Il refusa en conséquence de remettre les revenus sous le contrôle de Mohammed
Ali et de ses tenanciers indigènes. De riches présents lui furent
offerts, mais inutilement. Pendant trente ans il avait été évident
pour tous les intéressés, — le nabab comme le gouvernement de
Madras et la cour des directeurs, — que la Compagnie des Indes
Orientales pouvait seule préserver le Carnatique des horribles ravages auxquels il avait été exposé de la part de Hyder Ali, de
Nizam Ali ou des Mahrattes. C'était aussi évident pour les Anglais qu'à moins d'avoir la puissance de la bourse, ils ne pourraient
pas exercer celle de l'épée. Le sixième des revenus avait été payé
régulièrement au nabab : cela lui donnait en réalité plus de
fonds pour ses usages personnels qu'il n'en avait jamais eu auparavant. Lord Macartney voulait continuer de le payer, de recher-
cher et liquider les justes revendications des créanciers du nabab;
mais il était résolu à rendre le nabab désormais impuissant pour
le mal, et dans ce but il fallait déposer Mohammed Ali de son

autorité souveraine et le réduire à la condition de pensionnaire, comme les nababs Nazims du Bengale.

Fig. 29. — Femmes coolies.

L'équité de la mesure était discutable. Aussi longtemps que les Anglais maintenaient sur le trône du Carnatique un nabab impuissant, ils étaient responsables des souffrances de ses malheureux sujets. D'un autre côté, pendant plus de trente ans, la Compagnie des Indes orientales avait traité le nabab en prince indépendant parce que cela l'arrangeait elle-même, et cette souveraineté avait été reconnue par le Parlement et la couronne britanniques. En un mot, le nabab du Carnatique était un Frankenstein politique, œuvre de la Compagnie, galvanisé par ses propres employés, qu'on ne pouvait déposer sans prouver, à la satisfaction du Parlement, que cette mesure était indispensable à la sauvegarde des intérêts britanniques dans l'Inde méridionale.

Dans l'intervalle, les affaires de l'Inde furent chaudement débattues au Parlement. Les guerres et les conquêtes dans ce pays avaient été dénoncées, les alliances avec les princes indigènes condamnées comme la cause de toutes les guerres. En 1784 un acte, connu sous le nom de bill Pitt, fut passé qui instituait un bureau de contrôle nommé par la Couronne pour exercer l'autorité suprême sur l'administration civile et militaire des agents de la Compagnie. Ce bureau se composait de six membres, mais tout le pouvoir réel fut confié au président du bureau, qu'on assimila aux secrétaires d'État, et qui était directement responsable devant le Parlement et la Couronne[1]. On décida qu'à l'avenir aucune alliance ne pourrait être formée avec aucun prince indigène sans le consentement du Parlement. Pour empêcher de futurs scandales, on arrêta aussi qu'aucun agent de la Compagnie ne pourrait s'engager dans aucune affaire d'argent avec les mêmes princes

1. Le bureau du contrôle se composait de six membres du Conseil privé, choisis par la couronne, y compris toujours le chancelier de l'Échiquier et l'un des secrétaires d'État. En l'absence de ces deux derniers, le membre le plus âgé présidait le Bureau et était dans la pratique la seule autorité. M. Dundas, plus tard lord Melville, fut le premier président du Bureau du contrôle. Ce bureau a duré jusqu'en 1858 où il a été amalgamé avec la cour des directeurs, — le tout transformé en un secrétariat d'État pour l'Inde.

sans l'expresse sanction du gouverneur général de l'Inde [1].

Tout ce temps, les créanciers du nabab faisaient tous leurs efforts pour obtenir sa restauration à la souveraineté du Carnatique, vu que sans elle ils ne pouvaient jamais espérer de réaliser les énormes fortunes qui, pendant des années, avaient ébloui leur imagination et perverti leur sens moral. Des émissaires du nabab, y compris le fameux Paul Benfield, arrivèrent à Londres munis de puissants moyens pour l'achat de votes parlementaires et de fonctionnaires haut placés [2].

Il serait fastidieux de raviver une controverse éteinte, où des deux côtés on avait fort à dire. Le bureau du contrôle décida par hasard que la guerre avec Hyder Ali étant close, il n'y avait aucune nécessité d'abaisser l'état du nabab ni aucune excuse pour que la Compagnie gardât l'administration du Carnatique; en conséquence il ordonna la restitution du Carnatique au nabab et la liquidation de toutes les créances sur les revenus, sans pousser

1. Par un acte subséquent, le trente-septième de George III, cette prohibition fut étendue à tous les sujets européens de la Couronne britannique.

2. La biographie des aventuriers anglais qui firent leur proie du nabab du Carnatique et d'autres princes indigènes pendant la dernière moitié du dix-huitième siècle formerait un volume instructif. Leurs intrigues à Londres seraient peut-être plus curieuses encore que celles à Arcot et à Madras. Leur parade de richesse et de bijoux à la cour Saint-James fit l'étonnement et l'envie de l'aristocratie. M. Paul Benfield ébahit les Londonniens, en se montrant aux divers parcs dans une voiture bleue. Paul Benfield perdit finalement toute sa fortune et mourut très pauvre à Paris. John Macpherson, qui succéda quelque temps à Warren Hastings comme gouverneur général, fut d'abord commissaire à bord d'un navire; il entra au service du nabab du Carnatique; puis il alla à Londres et conquit la bienveillance du duc de Grafton. Les journaux et magazines de l'époque fourniraient des détails aussi suggestifs sur M. Holland et d'autres. Il y avait encore à Seringapatam, Hyderabab et Luknow, des aventuriers qui n'avaient jamais été au service de la Compagnie. Dans le roman de « Lame Jervis », miss Edgeworth dépeint l'un de ces hommes qui visita la cour de Tippou, et se montre un spécimen favorable de sa classe. Il y en out d'autres dont la carrière justifierait la mesure prohibitrice de la cour des directeurs concernant les Européens arrivant dans les domaines des princes indigènes.

plus loin l'investigation. Lord Macartney se retira du service plutôt que d'obéir à de tels ordres; mais plusieurs employés de la Compagnie acquirent de grandes fortunes, et M. Benfield notamment réalisa plus d'un demi-million sterling[1].

En attendant, le gouvernement de Warren Hastings tirait à sa fin. Les procédés à l'égard de Cheit Singh et des Begums furent sévèrement censurés par la cour des directeurs, et il perdit l'appui de ses collègues au conseil. Il résigna donc sa charge et quitta l'Inde en février 1785 pour n'y jamais retourner.

Le procès ultérieur et l'acquittement de Warren Hastings sont de grands événements dans l'histoire d'Angleterre, mais ils ne firent aucune impression sur le peuple indien. Philip Francis souleva une tempête d'indignation que la chaude éloquence de Burke, Fox et Sheridan transforma en ouragan, mais le peuple du Bengale, qui n'avait connu Hastings que comme un libérateur et un conquérant, ne comprit rien au vacarme lointain de Westminster Hall.

Les trois accusations les plus importantes contre Hastings se rapportent à la guerre du Rohilla, au traitement de Cheit Singh et des Begums; mais leur chef d'aggravation fut que Hastings avait pratiqué et favorisé la cruauté et l'oppression en vue d'argent. Lord Clive avait accepté des cadeaux, mais il ne fut pas accusé comme Hastings de se laisser corrompre. La corruption cepen-

---

1. Le règlement des dettes de Mohammed Ali fut accompagné de scandales ministériels qui ne seront jamais tirés au clair et qui appartiennent plutôt à l'histoire d'Angleterre qu'à l'histoire de l'Inde. Burke dénonça Benfield, Dundas et leurs pareils; mais ses invectives furent si grossières et si extravagantes qu'elles manquèrent de faire aucune impression durable. Qu'il suffise de dire qu'entre 1784 et 1804, cinq millions de livres sterling furent engloutis. En 1805, des commissaires furent nommés pour examiner les réclamations restantes de créanciers privés, et de 1805 à 1814 un million sur vingt fut seulement reconnu par eux comme dette vraie et légitime.

dant est difficile à établir juridiquement soit en Angleterre, soit dans l'Inde ; de graves soupçons forment une conviction morale, quand la preuve légale fait défaut ; mais dans le cas de Warren Hastings, le ressentiment national fut neutralisé par l'évidente rancune de Francis et la morne éternisation d'un procès d'État, si bien qu'il finit par perdre son intérêt et s'éteindre.

La postérité décidera peut-être que les services de Hastings rejettent dans l'ombre ses faiblesses, que Hastings mérita l'approbation et la récompense de la Compagnie des Indes orientales ; mais que William Pitt eut raison quand il refusa de recommander Warren Hastings pour la pairie ou pour un haut poste officiciel [1].

Philip Francis peut être relégué dans l'oubli. Ses talents auraient pu lui conquérir un nom immortel dans l'histoire de l'Inde, mais ils s'émiettèrent en tentatives de grandissement aux dépens de Hastings. Il intrigua pour le poste de gouverneur général jusqu'à ce que la vieillesse lui en ôtât l'espérance. Maintenant, on ne se souvient de lui que comme auteur des « Lettres de Junius » et ennemi acharné de Warren Hastings.

1. Lord Macaulay, à cause du manque de preuves, acquitte Hastings de l'accusation de corruption ; s'il eût été familier avec les pratiques des cours indigènes de l'Inde, il l'aurait trouvé coupable. Hastings reconnut avoir reçu cent mille livres sterling d'Asof-ud-Daula, en 1782. On peut inférer qu'en 1773 il reçut pareille somme de Chuja-ud-Daula, et qu'il l'empocha sans rien dire

Tandis que Warren Hastings préparait sa défense contre ses ennemis, il était oppressé par la pensée qu'il avait laissé à Calcutta un vieux bureau contenant des pièces si personnelles qu'il n'avait pu les confier à ses plus intimes amis. Sept références au moins sont faites à ces pièces dans sa correspondance publiée au IIIe volume de la *Vie de Hastings* par Gleig, pp. 238, 240, 268, 286, 290, 297.

Il n'est dit nulle part que le bureau fut recouvré. S'il était tombé entre les mains de Francis, le procès de Westminster Hall aurait été bien simplifié.

CHAPITRE VII

LORD CORNWALLIS ET SIR JOHN SHORE

(1785-1798)

En 1785, l'empire britannique dans l'Inde comprenait le Bengale et le Bihar dans l'Hindoustan oriental, une petite superficie autour de Bombay dans le Dekkan occidental, et une aire plus considérable autour de Madras dans la Péninsule orientale. Il y avait aussi deux princes protégés : le nabab-vizir d'Oude et le nabab du Carnatique. Au delà de ces limites se trouvaient trois pouvoirs indigènes, — Nizam Ali, le sultan Tippou et les Mahrattes, — qui étaient l'épouvantail des hommes d'État anglais.

Les Mahrattes étaient regardés comme le plus formidable pouvoir de l'Inde. Le cœur de l'empire mahratte battait faiblement, à demi brisé par des commotions domestiques et de récentes luttes contre les Anglais. Le peichoua de Pouna était un enfant et le conseil de régence avait une crainte mortelle du sultan Tippou. Le véritable gouvernement mahratte était Nana Farnavese, un brahme habile, mais point soldat. Les princes feudataires de l'empire mahratte, subordonnés nominalement au gouvernement du peichoua, étaient puissants. Le guikouar de Baroda, Sindia et Holkar dans le Maloua, le Bhonsla raja de Berar, bien que virtuellement indépendants, admettaient leur obligation d'obéir au peichoua comme au suzerain de l'empire mahratte, et la confirmation du peichoua était nécessaire à la validité de toute succession à un État ou trône feudataire.

De tous ces princes feudataires, le plus puissant et le plus ambitieux était Mahajadi Sindia. Le prestige qu'il avait perdu pendant la guerre mahratte, il l'avait recouvré pendant les négociations qui aboutirent au traité de Salbai. En sa qualité de neutre à la conclusion du traité, il avait agi comme représentant de tous les princes mahrattes, le peichoua y compris, et il était le seul garant de l'accomplissement du traité. Un résident anglais, nommé Anderson, fut même envoyé à son camp pour régler toutes les affaires anglo-mahrattes[1].

Le sort de Mahadaji Sindia fut jeté dans une ère révolutionnaire. Sa carrière fut marquée par l'agitation et la ruse, par ces changements soudains de fortune qui arrivent aux principaux acteurs dans les révolutions orientales. Il était dominé tour à tour par des motifs contraires Il redoutait les Anglais et était fier de ses rapports avec eux. Il voulait exercer le même ascendant suprême à Delhi qu'à Pouna, ne pouvant en effet y prétendre qu'en étant le maître aux deux cours. Il ne pouvait dominer à Delhi qu'avec l'appui du gouvernement du peichoua, à Pouna que grâce à l'autorité du Grand Mogol.

Pendant des années la cour mogole de Delhi avait été le théâtre de tiraillements, d'intrigues et d'assassinats aussi fastidieux qu'embrouillés. Chah Alam était un prince faible tenant au nom et à la dignité d'un padischah, mais sans pouvoir ni autorité. Le gouvernement était dévolu à un premier ministre, l'émir des émirs,

---

[1] M. Mostyn, le résident anglais à Pouna, était mort au début de la guerre mahratte, et personne n'avait été le remplacer.

un titre plus élevé que celui de vizir et impliquant la garde du souverain. En 1785, l'émir des émirs collectait des revenus et des
tributs à main armée ou guerroyait avec des Rajpoutes, des Djâts
et autres principicules voisins.

Fig. 30. — Le général Cornwallis.

L'année d'avant il y avait eu une crise. L'émir des émirs d'alors
n'avait obtenu son poste qu'en tuant son prédécesseur et il était
dans une crainte mortelle d'être tué à son tour. Aussi invita-t-il
Mahadaji Sindia à Delhi, et Chah Alam apostilla l'invitation.

Il est difficile de se faire une idée des horribles complications qui
doivent avoir prévalu à Delhi pour induire le ministre et le sou-

verain mahométans à solliciter l'aide d'un chef mahratte, hindou idolâtre, un étranger quant à la race et à la religion. Mahadaji Sindia, de son côté, appréhendait seulement d'offenser les Anglais. Ce n'est qu'après avoir sondé le résident anglais et s'être assuré que le gouvernement de Calcutta n'interviendrait pas à Delhi, à son sujet, qu'il quitta Pouna et se rendit à la cour mogole. Quelque temps après on apprit que l'émir des émirs avait été tué à l'instigation de Mahadaji Sindia, et que celui-ci avait pris Chah Alam sous sa protection et assumé l'administration des débris de l'empire mogol [1].

Mahadajï Sindia ne voulut pas accepter ce titre d'émir des émirs, qui aurait compromis sa position à Pouna. Il procura adroitement le titre de « député du padischah » à son souverain nominal, et se fit donner à lui-même celui de « député du peichoua ». Ainsi parut-il à Delhi, remplissant sous ce titre tous les devoirs d'un émir des émirs, administrant le gouvernement à Delhi et Agra, commandant les bandes armées de l'empire et collectant le tribut chez les Rajpoutes et les Djâts au nom du Grand Mogol.

En réalité, Mahadaji Sindia fonda un nouveau royaume mahratte entre le Gange et la Jumna et étendit l'influence mahratte

---

[1] Le sommaire suivant des événements suffira à expliquer la situation lors de l'arrivée de Mahadaji Sindia à Delhi. Avant que Chah Alam revînt à Delhi en 1771, l'Afghan rohillan Najib-ud-Daula avait rempli le poste d'émir des émirs ; mais celui-ci mourut en 1770, et eut pour successeur son fils Zabita Khan, qui s'enfuit de Delhi à l'approche de Chah Alam. Un Persan nommé Najaf Khan parut alors sur la scène. Il avait été au service de Chah Alam à Allahabad et l'accompagna à Delhi en commandant son armée. Une obscure intrigue des Mahrattes fit expulser Najaf Khan et restaurer Zabita Khan. Une autre intrigue suivit, qui fit s'enfuir Zabita Khan chez les Djâts, et Najaf Khan participa à une guerre contre les Rohillans. Najaf Khan s'allia au nabab d'Oude et fut nommé vice-vizir ; de nouveaux complots et guerres eurent lieu entre Najaf Khan et Zabita Khan. Najaf Khan mourut en 1782. Son fils, Afrasiab Khan, est l'émir des émirs mentionné dans le texte, qui fit tuer son prédécesseur et que Mahadaji fit tuer à son tour. Les détails se trouvent tout au long dans la *Chute de l'Empire Mogol*, de M. Keene.

sur une région inconnue à l'ouest. Il leva des bataillons de cipayes réguliers qui furent dressés et disciplinés par un Français
plus tard célèbre, — le général de Boigne. Il s'enfla de sa propre
grandeur jusqu'à redemander au gouvernement de Calcutta de
payer le chout pour le Bengale et le Bihar. On lui répondit que
cette demande était une violation du traité de Salbai. Ce refus le
remplit d'appréhension, et Sindia et Chah Alam envoyèrent à Calcutta, sous leurs sceaux respectifs, un désaveu solennel de leur
réclamation.

A cette époque, le sentiment dominant des Anglais était l'alarme
quant aux Français. La guerre entre l'Angleterre et la France
s'était terminée par le traité de Versailles, en 1784; mais on s'attendait constamment à une reprise des hostilités, et pendant plusieurs années les Anglais découvraient ou croyaient découvrir des
intrigues françaises dans presque chaque cour de l'Inde. Un agent
français résidait déjà à Pouna; les Anglais en nommèrent un à
eux, M. Ch. Malet, pour veiller aux intérêts anglais et faire échouer
les desseins français.

La dignité de Mahadaji Sindia s'offensa de ce procédé. Ayant
été le garant du traité de Salbai, il se considérait entre Mahrattes
et Anglais comme l'unique agent dans toutes les transactions. Il
s'apaisa à l'assurance que M. Malet enverrait toute la correspondance entre le peichoua et le gouverneur général par le résident attaché à son camp. En outre, pour achever de calmer la
susceptibilité du Mahratte, M. Malet fut envoyé au camp de Sindia,
près d'Agra, pour régler les affaires avec M. Anderson.

En 1785, Agra présentait le plus mélancolique tableau de la
grandeur déchue. Mosquées, palais, jardins, caravansérails et
mausolées se confondaient dans une ruine générale. Au milieu
de cette désolation chaotique une construction splendide frappait

l'œil par sa beauté et son bon état. C'était le fameux Taj Mahal, dont les dômes blancs et les minarets de marbre se détachaient au-dessus de bosquets et de jardins. Comme M. Malet s'approchait, il apprit que le Taj Mahal, tombeau de la femme favorite de Chah Djihan, avait été préparé pour lui servir de logement avec son escorte.

Quant à Sindia, il campait à trente milles environs d'Agra, à Muttra, l'ancienne Mathura. Il gardait Chah Alam dans son camp comme une sorte de prisonnier d'État, pendant que le résident anglais, M. Anderson, y remplissait ses fonctions. M. Malet fut honoré d'une entrevue avec Sindia, et ensuite d'une audience de Chah Alam.

Le Grand Mogol, le représentant de la fameuse famille de Timour, était un objet d'intérêt. Il avait environ la soixantaine; il était placide, bienveillant et grave. Il reçut les riches présents de M. Malet avec une approbation silencieuse. Il donna en retour à l'envoyé anglais une tiare de diamants et d'émeraudes, un cheval de bataille et un éléphant; mais ces dons étaient emblématiques de sa condition impériale, et ils avaient été fournis par Mahadaji Sindia. Les diamants étaient faux, les émeraudes des morceaux de verre vert, le cheval se mourait de vieillesse, et l'éléphant, des omoplates à la queue, n'était qu'une masse morbide.

M. Malet fut vite obligé de se rendre à son poste à Pouna. La guerre avait éclaté entre le gouvernement du peichoua et Tippou, le sultan du Mysore. Celui-ci était redouté, et le gouvernement brahmanique du peichoua s'allia contre lui avec Nizam Ali; malgré sa foi mahométane, Nizam Ali aida avec empressement les Mahrattes contre le dangereux sultan du Mysore. On s'attendait à un secours pareil du gouvernement anglais. Mais les Anglais, d'après le traité de Salbai, ne devaient pas aider les ennemis des

Mahrattes, et, d'après le traité de Mangalore, les ennemis de Tippou. La question du jour était de savoir si le sultan Tippou n'avait pas violé lui-même le traité de Mangalore en s'alliant aux Français, qui étaient les ennemis avoués des Anglais; mais on ne vida cette question que plus tard.

Lorsque Warren Hastings retourna en Angleterre en 1785, il laissa un M. Macpherson comme gouverneur général intérimaire. A cette époque on décida que les gouverneurs généraux, à l'avenir, ne seraient plus des employés de la Compagnie, mais des hommes de qualité. On offrit le poste à lord Macartney, qui le déclina; en 1786, lord Cornwallis débarqua à Calcutta comme gouverneur général, et Macpherson disparut.

La substitution d'un aristocrate à un gouvernant mercantile produisit de bons résultats. Vansittart et Hastings avaient été impuissants à réaliser les réformes touchant les goussets des agents de la Compagnie. Hastings, par exemple, avait été souvent forcé de distribuer des contrats et des sinécures pour s'assurer un appui personnel. Mais lord Cornwallis était assez fort, en vertu de son rang de pair anglais, pour abolir de pareils abus. Il décida même la cour des directeurs à remplacer le système des profits éventuels par celui des forts appointements. En même temps, son caractère respectable éleva le ton de la société anglaise à Calcutta. Sous Varren Hastings il y avait eu de pénibles scandales en haut lieu; le jeu faisait tellement fureur qu'en un mois Philip Francis avait gagné à Barwell vingt mille livres sterling au whist. Mais grâce à la moralité sévère et imposante de lord Cornwallis, les excès de toute nature furent découragés et un nombre croissant de dames d'Europe amena un raffinement et un décorum qui avaient longtemps fait défaut.

Lord Cornwallis apporta un profond changement dans la constitution foncière. Il abolit le système des baux, accorda les terres à perpétuité aux zemindars et fixa une redevance annuelle pour les divers domaines qui n'avaient jamais subi d'enchère. Les détails de cette importante mesure furent élaborés par M. Shore, plus tard baronnet et finalement lord Teignmouth. M. Shore fit comprendre néanmoins qu'un changement engageant l'avenir ne pouvait être irrévocable qu'après d'autres enquêtes touchant la valeur de la terre, la nature des diverses tenures et les droits respectifs des propriétaires et des tenanciers représentés par les zémindars et les ryots. Il proposa d'essayer pendant dix ans le nouveau système, et s'il était satisfaisant, de le déclarer ensuite permanent. Les vues de lord Cornwallis furent soumises aux ministres en Angleterre, et après quelque délai la possession perpétuelle devint la loi du sol.

Aujourd'hui les bons et mauvais effets de ce système sont des sujets de controverse. Il éleva les zemindars de la condition de collecteurs d'impôts à celle de propriétaires-fonciers, mais sans en faire une aristocratie terrienne capable d'administrer une justice patriarcale à leurs tenanciers, ou de légiférer pour le bien-être des masses. Ce fut un soulagement immédiat pour les zémindars, mais le sort des ryots ou fermiers resta sans perspective d'amélioration. Le pire de la chose, c'est que l'impôt foncier formant la base du revenu indien, la possession perpétuelle fixait la limite des recettes du gouvernement sans ménager des réserves pour les besoins futurs, militaires ou civils, du pays; elle tendait à fossiliser le peuple du Bengale jusqu'à ce que l'éducation anglaise brisant les entraves du passé ouvrît de nouvelles carrières de progrès à la génération éduquée.

Lord Cornwallis effectua une réforme complète de l'administration judiciaire. Il sépara les attributions fiscales des attribu-

tions judiciaires jusque-là cumulées par les collecteurs anglais, en
restreignant ceux-ci aux premières, et en confiant les secondes à
une classe spéciale de magistrats et de juges anglais. Il nomma
de ces derniers dans les villes et les districts pour connaître des
causes civiles et criminelles. Il établit des cours d'appel dans les
quatre villes de Calcutta, Dacca, Murchedabad et Patna, chacune
composée d'un juge, d'un greffier et d'assesseurs ayant les titres requis. Ces cours d'appel jugeaient toutes les affaires civiles, sauf
appel final à la cour Sudder de Calcutta, qui se composait nominalement du gouverneur général et des membres du conseil. Les
mêmes cours, deux fois par an, tenaient aussi des séances d'as-
sises dans les divers cercles pour le jugement des affaires criminelles remises par les magistrats de district.

Dans l'intervalle, Mahadaji Sindia subit un échec dans l'Hindoustan. Chah Alam quitta soudainement le camp de Muttra et
s'en revint à Delhi. Le parti mahométan de la capitale persuada
au vieux prince imbécile que les Mahrattes avaient insulté sa souveraineté impériale, et il excita les princes rajpoutes à se révolter
contre Sindia. Il ourdit de secrètes intrigues avec les officiers
mahométans de l'armée de Sindia. Aussi, quand celui-ci essaya
d'étouffer la révolte rajpoute, ces officiers le quittèrent en corps
et passèrent aux rebelles. En un moment Sindia perdit toutes ses
acquisitions entre la Jumma et le Gange. Il était réduit à de pires
extrémités qu'après la bataille de Paniput, plus de vingt-cinq ans
auparavant. Il ne put que se diriger sur Goualior et supplier
Nana Farnavese de lui envoyer des renforts de Pouna.

Mais Chah Alam eut bientôt des motifs de déplorer l'absence
de la protection mahratte. Zabita Khan, l'ex-émir des émirs rohillan, était mort en 1785. Eu 1788, son fils, Gholam Kadir,
entra à Delhi avec une bande de pillards et prit possession de la

ville et du palais. Les atrocités perpétrées par ces bandits dans le palais du Grand Mongol réduisirent le malheureux padischah et sa famille au désespoir et à la misère les plus extrêmes. Gholam Kadir insulta le vieux monarque, fuma son houkah sur le trône impérial, força les princesses à danser et à jouer devant lui, et fouetta et tortura princes et dames dans l'espoir de découvrir des trésors cachés. Dans un accès de passion, à l'hypothèse d'une cachette d'argent et de bijoux, il jeta par terre Chah Alam et lui creva les yeux avec une dague. Pendant deux mois, cet infâme scélérat et ses barbares compagnons firent des orgies dans le palais, sans que personne vînt délivrer la famille impuissante du Grand Mogol de leurs excès effrénés.

A Pouna, Nana Farnavese fut agité de désirs contraires. Il jalousait le pouvoir croissant de Mahadaji Sindia, mais voulait maintenir l'ascendant mahratte au nord. Il excita Holkar contre Sindia. Il envoya à celui-ci des renforts commandés par Tukaji Holkar, accompagné d'un parent du jeune padischah, nommé Ali Bahadur[2]; mais en insistant pour que tous les territoires acquis

1. Il faut espérer que Gholam Kadir et ses suivants ne sont pas de beaux échantillons des Afghans Rohillans, si exaltés par lord Macaulay. Gholam Kadir était le fils de Zabita Khan et le petit-fils de Najib-ud-Daula. Les outrages qu'il commit à Delhi furent le résultat de la lutte pour la suprématie à la cour mogole entre les familles de Najib-ud-Daula le Rohillan, de Najaf Khan le Persan, et de Mahajadi Sindia le Mahratte.

2. La parenté entre un mahométan tel que Ali Bahadur et un brahme tel que le peichoua prouve le relâchement des cours mahrattes. Le père d'Ali Bahadur était le fils de Baji Rao, le second peichoua, par une musulmane, d'après le droit hindou. Les rejetons de ces unions illicites appartenaient à la même caste que leur mère, et dans ce cas la caste équivalait à la religion.

Ali Bahadur fut associé à un gourou militaire, ou saint soldat, nommé Himmut Bahadour, qui commandait un nombre considérable de Gosains, ou sectaires religieux, dans l'armée de Mahadaji Sindia. Plus tard, Ali Bahadour déserta Sindia et fut poussé par Himmut Bahadour à tenter la conquête du Bundel Kund. Finalement, Himmut Bahadur, le maître spirituel et le chef militaire de l'armée des jeunes Gosains, passa aux Anglais pendant la seconde guerre mahratte.

au nord du Chambal fussent également partagés entre le peichoua,
Holkar et Sindia.

Ainsi renforcé, Mahadaji Sindia marcha sur Delhi avec l'armée
alliée des Mahrattes et il fut salué avec la plus grande joie par la

Fig. 31. — Temple, près de Kutab-Minah-Delhi.

population mahométane. Les malheureux habitants du palais impérial furent délivrés de la misère. Gholam Kadir prit la fuite à
l'approche des Mahrattes, mais, capturé, il périt dans d'horribles
tortures.

Vers cette époque, les menées de Tippou commençaient à alarmer sérieusement les Anglais. Ce prince, à l'inverse de son père
Hyder Ali, était un musulman bigot, du type persécuteur. Il ravagea la côte de Malabar, et convertit des milliers d'Hindous et

de brahmes à la religion mahométane en les soumettant de force au rite de la circoncision. Il prétendait à une autorité souveraine dans l'Inde, bien plus qu'aucun autre gouvernant indigène. Le nabab-vizir d'Oude et même le peichoua de l'empire mahratte, continuaient de reconnaître le padischah mogol comme le suzerain de l'Hindoustan. Mais Tippou, rejetant toute idée de dépendance du Grand Mogol, prenait hardiment le titre de sultan indépendant du Mysore.

En 1787, Tippou s'effraya de quelques réformes militaires de lord Cornwallis et fit vite la paix avec les Mahrattes et Nizam Ali. On le savait ennemi juré des Anglais et en secrètes relations avec les Français à Pondichéry; aussi les Anglais le tenaient-ils pour un ennemi dangereux, non liable par des traités et pouvant à chaque instant profiter d'une guerre avec la France pour envahir et saccager le Carnatique, comme avait fait son père.

Par le traité de Mangalore, le raja hindou du Travancore, au sud du Malabar, avait été placé sans le protectorat anglais. Mais ce raja avait une vraie terreur du sultan Tippou. Il acheta aux hollandais deux villes sur sa frontière septentrionale et construisit une muraille défensive appelée « les lignes du Travancore ». Tippou déclara que les deux villes appartenaient au raja de Cochin, qui était son vassal. Le raja du Travancore en refusa la rétrocession et demanda secours au gouvernement anglais. Lord Cornwallis fit faire une enquête sur la matière et informa le sultan que le gouvernement britannique défendrait les droits du raja, puis il ordonna au gouvernement de Madras de faire les préparatifs nécessaires à la guerre.

Par malheur, ce dernier était alors aussi corrompu et aussi démoralisé qu'il l'avait été du temps de Hyder Ali. Un agent de la

Compagnie, nommé Holland, avait été nommé gouverneur de
Madras. Holland était impliqué dans des prêts nombreux au
nabab du Carnatique, et défiant le gouverneur général, il refusa
de faire les préparatifs de la prochaine guerre et consacra les revenus du Carnatique au paiement des dettes du nabab. A la fin, il
écrivit au raja du Travancore qu'il l'aiderait d'un détachement
anglais, à la condition de recevoir pour lui-même un cadeau d'un
lackh de pagodes, soit environ trente-cinq mille livres sterling.

Cependant Tippou attaqua les lignes du Travancore, mais à sa
grande surprise il fut repoussé par l'armée du raja. Il fit venir en
conséquence un train d'artillerie de Seringapatam et demanda partout des renforts. A ces nouvelles, lord Cornwallis résolut d'entrer
en campagne; mais Holland fut incorrigible. Il ne prépara aucun
bétail, et proposa de nommer des commissaires pour régler tous
les différends avec Tippou. Lord Cornwallis fut très exaspéré,
Holland déserta son poste et s'embarqua pour l'Angleterre.

Lord Cornwallis résolut alors de s'allier avec Nizam Ali et les
Mahrattes contre Tippou, mais le bill Pitt, de 1784, prohibait
aux autorités britanniques dans l'Inde de contracter désormais aucune alliance de cette sorte. Lord Cornwallis viola la lettre du bill,
mais en respecta l'esprit en décidant que les traités cesseraient
d'être effectifs une fois la guerre terminée.

Les négociations avec Nizam Ali furent relativement aisées. Désireux de l'humiliation de Tippou, il désirait encore plus vivement
la protection britannique contre les Mahrattes, qui lui réclamaient
des sommes considérables sous le chef d'arrérages de chout. Il se
serait volontiers assuré la protection permanente des Anglais
contre les Mahrattes, mais on ne pouvait la lui accorder
qu'en offensant mortellement ces derniers. Nizam Ali dut donc
se contenter de la protection de son territoire par les Anglais jus-

qu'à la fin de la guerre, et en retour il promit de se joindre à l'armée anglaise avec dix mille cavaliers.

Le gouvernement du peichoua montra un égal empressement à rejoindre l'armée anglaise contre Tippou avec un autre corps de dix mille cavaliers. Mais Nana Farnavese jouait secrètement un double jeu. Il emmena les envoyés de Tippou à Pouna et différa pendant plusieurs mois la marche du contingent mahratte, dans l'espoir que Tippou achèterait la neutralité du gouvernement du peichoua par une cession importante de territoire.

Mahadaji Sindia désirait également faire servir la guerre contre Tippou à ses propres intérêts. Il offrit de faire partie de la confédération pourvu que le gouvernement britannique lui garantît la possession des territoires qu'il avait acquis dans l'Hindoustan et l'aidât à vaincre les princes rajpoutes. Lord Cornwallis était évidemment dans l'impossibilité d'accéder à de pareilles conditions. En conséquence, Mahadaji Sindia refusa de participer à la guerre contre Tippou.

En 1790 la guerre commença par une campagne dirigée par le général Medows, qui avait été nommé gouverneur de Madras et commandant en chef de l'armée de cette présidence. Mais ses opérations furent futiles et lord Cornvallis se rendit à Madras et prit en main le commandement. Dans l'intervalle, Tippou avait désolé le Carnatique et s'avança au sud, dans l'espoir d'obtenir à Pondichéry quelques troupes françaises.

En 1791, lord Cornwallis traversa le Carnatique jusqu'au Mysore et prit la forteresse de Bangalore. A cette date aucun de ses alliés ne l'avait rejoint. Nizam Ali ne voulait pas abandonner sa frontière jusqu'à ce qu'il apprît que Tippou s'en était allé vers le sud; quand il entra dans le Mysore ce ne fut pas pour combattre mais pour piller. En apprenant la capture de Bangalore, il se

joignit aux forces de lord Cornwallis. Sa cavalerie avait de bons
chevaux et des costumes voyants, mais elle était indisciplinée et
inapte au service en campagne; elle n'aidait qu'à consommer le
grain et le fourrage. Quant au contingent mahratte, pour les rai-
sons que nous en avons données, il n'arriva point.

Fig. 32. — Colporteurs indigènes de Delhi.

Le résultat de la campagne de 1791 fut que lord Cornwallis
avança jusqu'à Seringapatam, et qu'il fut ensuite forcé de battre
en retraite faute de vivres et de bêtes de trait. Quelque
temps après, il fut rejoint par une division mahratte sous Huri
Pant. Il l'aurait été une semaine plus tôt, l'issue de la campagne
aurait pu être tout autre. Les Mahrattes avaient des vivres en
abondance, mais ils étaient imbus de l'esprit des revendeurs; ils

refusèrent de rien céder aux Anglais sinon à des prix exorbitants. Depuis le jour qu'ils avaient quitté leur frontière, ils n'avaient fait que voler et piller le Mysore; le bazar de leur camp était formé de leurs rapines dans les villes : draperies anglaises, coutellerie de Birmingham, châles de Kachemire et joaillerie de luxe aussi bien que des bœufs, des moutons et de la volaille. Cependant Hari Pant se plaignit de son dénuement et demanda un prêt de quatorze lakhs de roupies, que lord Cornwallis fut forcé de lui donner, non à cause de ses services, mais pour empêcher qu'il ne passât à Tippou avec son contingent.

En 1792, lord Cornwallis reprit sa campagne du Mysore sur une échelle qu'on n'avait pas vue dans l'Inde depuis Aureng-Zeib. Il engagea un grand nombre de brinjarris, les rouliers héréditaires de l'Inde, déjà décrits sous le nom de Manaris; son infanterie, son artillerie de siège, ses pièces de campagne et les bagages, marchaient en trois colonnes parallèles, suivies de cent chariots pleins de liqueurs, de soixante mille bœufs chargés de provisions. Ces ressources des Anglais frappèrent les indigènes d'une crainte respectueuse, et Tippou exclama, dit-on : « Je ne crains pas ce que je vois, mais ce que je ne vois pas. »

Lord Cornwallis fut bientôt rejoint par les beaux cavaliers de Nizam Ali et un détachement des Mahrattes de Hari Pant; et après une longue marche il disposa enfin son artillerie sur un terrain élevé qui dominait Seringapatam. Tippou avait construit trois lignes de terrassements, protégées par trois cents pièces de canon et une haie de plantes épineuses. Les Anglais prirent bravement d'assaut ces défenses et l'artillerie anglaise joua bientôt sur les fortifications de Seringapatam.

Tippou fut abasourdi et confondu. Ses pertes en tués et blessés furent considérables; les recrues qu'il avait levées désertaient en grand nombre. Il vit qu'une prompte soumission pouvait seule sauver son trône. Il accepta tout à coup les conditions proposées par lord Cornwallis, notamment la cession de la moitié de son territoire que se répartirent en trois parties égales : les Anglais, le nizam et le peichoua ; le paiement de trois millions sterling pour les dépenses de la guerre et la livraison de ses fils comme ôtages pour l'accomplissement des conditions. Quelques années plus tard, on découvrit que la prompte soumission de Tippou avait déjoué les intentions perfides de Hari Pant et de Nizam Ali. Les deux étaient engagés avec Tippou dans une correspondance clandestine, que rendit vaine l'arrivée de ses fils au camp anglais.

La guerre du Mysore marque un changement dans la politique du gouvernement britannique. Lord Cornwallis l'avait entreprise pour protéger le raja du Travancore contre le sultan du Mysore, mais son objet principal avait été de réduire le pouvoir de Tippou, de rompre ses rapports avec les Français et de lui fermer le Carnatique. La politique d'isolement, qui avait été enjointe par le Parlement britannique, le bureau de contrôle et la cour des directeurs, avait été erronée. Aussi lord Cornwallis proposa-t-il de faire un pas de plus, — de maintenir la paix dans l'Inde de la même façon qu'on la supposait maintenue en Europe, notamment par une balance des pouvoirs. Dans ce but, il chercha à convertir la confédération des Anglais, du nizam, et du peichoua contre Tippou, en une base pour cette balance, dont le gouvernement britannique tiendrait les plateaux.

Mais il existait un obstacle fatal contre un tel système politique. Excepté les Anglais, il n'y avait dans l'Inde aucun pouvoir qui se souciât du maintien de la paix publique ou qui hésitât à la troubler à chaque instant moyennant quelque avantage immédiat et personnel. Warren Hastings, dix années auparavant, avait déjà

déclaré que le manque de bonne foi entre les États indigènes et
l'aveugle égoïsme avec lequel chacun poursuivait ses projets indi-
viduels d'agrandissement, sans égard aux obligations des traités
ou aux intérêts des alliés, rendaient impossible dans l'Inde quelque
chose d'analogue à l'équilibre européen.

Il résulta des négociations de lord Cornwallis que Nizam Ali voulait entrer dans toute confédération qui le protégerait contre les
réclamations mahrattes, tandis que les Mahrattes refusaient toute
alliance qui entraverait leur perception du chout sur Nizam Ali ou
tout autre. Mais le projet de maintenir la paix dans l'Inde par une
balance des pouvoirs avait charmé les hommes d'État anglais.
Pendant des années cette idée politique hanta leur imagination
et faussa l'opinion publique touchant le gouvernement de l'Inde.

Comme pour montrer l'impossibilité de cet équilibre, Mahadaji
Sindia et Nana Farnavese manifestèrent des vues contraires à
celles du gouvernement britannique. Sindia soutint que les
Anglais étaient devenus trop puissants dans l'Inde et qu'il fallait
appuyer Tippou pour leur faire contrepoids. Nana Farnavese, de
son côté, désirait obtenir l'aide des Anglais contre Sindia; mais
il insistait sur le droit du peichoua à réclamer des arrérages de
chout non seulement à Nizam Ali, mais au sultan du Mysore.
Lord Cornwallis fut ainsi obligé de renoncer avec désespoir à son
projet politique.

En 1792, Mahadaji Sindia s'était élevé à un pouvoir énorme.
Il avait augmenté ses bataillons français commandés par de Boigne, son effectif atteignait dix-huit mille fantassins réguliers,
six mille irréguliers, deux mille cavaliers irréguliers, six mille
cavaliers persans, sans compter une forte artillerie. Ce pouvoir
militaire était maintenu par de formelles concessions du revenu foncier du Doab, à l'ouest d'Oude, que Sindia avait obtenues de Chah

Alam comme Grand Mogol. En même temps Agra devenait une importante forteresse entre les mains de Mahadaji Sindia. C'était

un dépôt de ca-
nons et d'armes
et une place forte
commandant
l'Hindoustan su-
périeur.

En 1792, Ma-
hadaji Sindia alla
de Delhi à Pouna
avec une armée
pour conférer au
jeune peichoua le
titre héréditaire
de « député du
Grand Mogol ».
Nana Farnavese
essaya d'empê-
cher le jeune pei-
choua d'accepter
ce titre, selon lui,
opposé à la cons-
titution de l'em-
pire mahratte.
C'était en effet
une étrange ano-

Fig. 33. — Tippou-Saïb, sultan de Maïssour.

malie, pour le brahme suzerain de la confédération mahratte, d'accepter le titre de député d'un vieux fantôme mahométan tel qu'é-
tait Chah Alam. Mais Sindia insista et Nana Farnavese fut obligé

de céder. La vaine cérémonie eut donc lieu à Pouna avec une extrême magnificence.

Mahadaji Sindia cherchait à calmer tous les soupçons sur ses desseins ambitieux par une humilité affectée qui n'en imposait à personne. Son père, Ranuji Sindia, prétendait être le patell ou chef héréditaire d'un village, et il avait porté d'abord les pantoufles des peichouas antérieurs. En conséquence, le fils refusa qu'on l'appelât d'aucun autre titre que celui de patell, et il porta avec ostentation les pantoufles du jeune Peichoua lors de son installation comme député du Grand Mogol.

Mais le soi-disant patell et porteur de pantoufles surveillait de près ses propres intérêts. Mahadaji Sindia demanda au gouvernement du peichoua le paiement des dépenses qu'il avait faites en étendant vers le nord l'empire mahratte, et le rappel de l'Hindoustan à Pouna, de Tukaji Holkar et Ali Bahadur, qu'on avait envoyés à son secours après sa retraite de Goualior.

Mais Mahadaji Sindia eut affaire à forte partie avec Nana Farnavese. Le brahme, homme d'État, qui avait appris la diplomatie à Pouna, ne devait pas être pris en défaut par le fils d'un patell. Nana Farnavese somma Mahadaji Sindia de produire les comptes des revenus territoriaux du Doab[1] et d'ailleurs, qu'il avait acquis pour son souverain maître le peichoua. Sindia avait conquis très facilement ces pays et en avait eu longtemps l'usufruit ; le ministre astucieux déclara, avec quelque apparence de raison, qu'il était grandement temps pour les serviteurs de verser ces revenus dans le trésor du maître [2].

---

1. Le Doab, ou région interfluviale, pourrait être appelé la Mésopotamie de l'Hindoustan. Il gît entre la Jumna et le Gange, comme la Mésopotamie entre le Tigre et l'Euphrate. Il est impossible de tracer à cette époque une ligne exacte de démarcation entre les territoires du Grand Mogol et ceux du nabab, vizir d'Oude.

2. La rivalité entre Sindia et Nana Farnavese fournit un étrange échantillon des

Pendant que Sindia et Nana complotaient l'un contre l'autre à
Pouna, les hostilités éclataient entre les armées de Sindia et d'Holkar dans l'Hindoustan. Quelque querelle avait surgi à propos de
butin; Tukaji Holkar avait été battu et forcé à se retirer dans sa
capitale d'Indore par de Boigne, le général français au service de
Sindia. La mort de Sindia à Pouna, en février 1794, vint mettre
fin à la rivalité existante entre lui et Nava Farnavese. Il eut pour
sucesseur un enfant de quatorze ans connu plus tard sous le nom
de Daulat Rao Sindia.

En attendant, la paix et la prospérité régnaient au Bengale. En
1793, le règlement définitif de la question foncière fut promulgué
et lord Cornwallis retourna en Angleterre, laissant sir John Shore,
agent de la Compagnie, pour successeur dans le poste de gouverneur général. Des événements importants survinrent en Europe :
l'Angleterre déclara la guerre à la France et à la Révolution française, et les autorités britanniques prirent possession de Pondichéry
pour la troisième fois dans l'histoire de l'Inde.

Sir John Shore était un civil modèle, à l'abri de tout soupçon
de vénalité, honorable, honnête, altier, aussi industrieux que capable. Il était le réel auteur du système foncier dont lord Cornwallis ne pouvait réclamer que la proposition de le rendre permanent.

Le cabinet britannique avait une telle opinion de son mérite
qu'il le créa chevalier et le nomma pour succéder à lord Cornwallis

alliances indigènes. Sindia avait délivré Nana des mains des conspirateurs, y
compris Tukaji Holkar et ses confédérés, qui complotaient la restauration de
Rughanath Rao sur le trône du peichoua. Depuis lors, Tukaji Holkar avait été
nommé, comme allié fidèle de Nana Farnavese, au commandement des troupes qui
devaient tout ensemble aider Sindia et contenir son pouvoir croissant. En réalité,
Holkar fut choisi à cause de son antagonisme avec Sindia, antagonisme qui se tra-
duisit par une bataille entre Tukaji Holkar et les troupes de Sindia commandées
par de Boigne.

comme gouverneur général. Mais il connaissait peu l'histoire du monde et semble avoir méconnu la partie des événements politiques dans l'Inde.

A cette époque, la marche des affaires à Pouna et Hyderabad excitait une alarme générale. Les Mahrattes insistaient pour un règlement définitif de leurs droits sur Nizam Ali pour des arrérages de chout. La guerre contre Tippou et les délais de Nizam Ali avaient fait différer ce règlement; mais, la paix traitée avec Tippou, les réclamations mahrattes devinrent plus pressantes. Nizam Ali ne pouvait pas payer le chout ni avoir l'espoir de repousser l'invasion mahratte. Dans sa détresse il implora le secours des Anglais; mais sir John Shore déclina d'intervenir, sur l'injonction stricte du parlement et de la cour des directeurs à cet égard, bien qu'il connût les dangers de la politique de neutralité. Il vit dans le cas présent que, sauf intervention britannique, Nizam Ali serait écrasé par les Mahrattes, que cet écrasement enlevait la dernière barrière au pouvoir croissant des Mahrattes et laissait les Anglais sans allié sérieux pour résister aux empiètements de ceux-ci. Mais sir John Shore était le dernier homme à enfreindre des ordres et il refusa obstinément de protéger Nizam Ali.

Nizam Ali, perdant tout espoir de secours des Anglais, s'adressa naturellement aux Français. Quarante ans auparavant, son frère aîné, Salâbat Iung, avait dû son trône aux Français; il se maintint et contre les Mahrattes et contre ses rivaux domestiques avec le seul appui de Bussy et de ses Français. Il engagea un Français, nommé Raymond, qui avait servi auparavant dans l'armée de Hyder Ali, et avec d'autres officiers de la même nation lui fit dresser à l'européenne des bataillons de cipayes. Au commencement de 1795, Nizam Ali disposait déjà d'une armée de vingt-

trois bataillons de soldats réguliers, était indépendant des Anglais
et n'avait plus peur des Mahrattes.

Le gouvernement du peichoua demanda des arrérages de chout
pour près de trois millions de livres sterling. Les comptes étaient
majorés par des taux élevés d'intérêt et autres articles. Ils étaient
alignés avec beaucoup de précision par les brahmes mahrattes,
et embrouillés sinon inintelligibles pour tout autre qu'eux. Un
envoyé mahratte porta ces comptes à Hyderabad et en demanda
l'acquit. Le ministre musulman du nizam traita cet envoyé

Fig. 34. — Agra. Vue extérieure du fort mogol.

avec une hautaine insolence. Il lui dit en plein durbar que Nana
Farnavese devait venir en personne à Hyderabad pour en expli-

quer les chapitres et que s'il refusait de venir il fallait le porter. Cette menace fut regardée des deux côtés comme une déclaration de guerre.

Nizam Ali se gonfla d'espérances de victoire. Les bayadères glorifièrent ses triomphes dans des chants prophétiques. Les soldats se vantaient de saccager et de piller Pouna. Le ministre du Nizam, mahométan comme lui, déclarait qu'aucun traité ne serait conclu avec les Mahrattes jusqu'à ce que le brahme peichoua eût été envoyé en pèlerinage à Bénarès, pour marmotter ses incantations sur les rives du Gange, un morceau de toile sur les reins et un pot de terre à la main.

Quant aux Mahrattes, ils ne rêvaient que la guerre. Tous les feudataires de l'empire, — Sindia et Holkar, le Guikouar et le Bhonsla, même les petits chefs mahrattes du sud, — brûlaient de participer à un règlement des réclamations mahrattes. Pour la dernière fois dans l'histoire mahratte, l'appel du peichoua fut obéi dans toute l'étendue de l'empire.

La bataille décisive fut livrée en mars 1795, près de la petite forteresse de Kurdla. La cavalerie du nizam fut défaite avec des fusées volantes et de l'artillerie; mais les bataillons français, commandés par Raymond, gardèrent leurs positions. Cependant, dès le début, Nizam Ali fut saisi de panique et se réfugia dans la forteresse de Kurdla, en faisant prier plusieurs fois Raymond de le suivre. Le gros de ses troupes se dispersa dans toutes les directions, pillant même leurs propres bagages préalablement. Les bandits de l'armée mahratte, connus sous le nom de Pindharies, se précipitèrent sur les fuyards et les dépouillèrent de leur butin, pendant que les Mahrattes essaimèrent autour de la forteresse de Kurdla, excités par la pensée que le nizam et tous ses trésors allaient incessamment tomber entre leurs mains.

Nizam Ali soutint le siège pendant deux jours à Kurdla, puis souscrivit à toutes les demandes. Il livra son ministre provocateur, céda près de la moitié de son territoire et s'engagea à liquider toutes les créances mahrattes. La victoire de Kurdla éleva Nana Farnavese au comble de la prospérité; mais six mois après il fut en proie à mille tiraillements qui faillirent causer sa ruine.

Le peichoua, Mahdu Rao Narain, avait atteint sa vingt-deuxième année. Gardé toute sa vie sous une tutelle incommode par Nana Farnavese, désespérant de secouer le joug et d'exercer ses droits souverains de peichoua de l'empire mahratte, il se précipita d'une terrasse de son palais dans un accès de désespoir et mourut deux jours après.

Le plus proche parent était Baji Rao, fils de Rughonath Rao, que les Anglais avaient appuyé lors de la première guerre mahratte. Baji Rao avait à ce moment vingt ans, mais il avait été tenu en prison par Nana Farnavese. Il était trop âgé et trop rusé pour servir de poupée, et le ministre peu scrupuleux désirait annuler ses droits en pressant la veuve du défunt peichoua d'adopter un fils. Mais Baji Rao, dans l'enceinte de sa prison, était engagé dans un complot contraire. Il essaya de pousser Sindia contre Nana Farnavese. Dans une correspondance secrète il promit au fils de Mahadaji, Daulat Rao Sindia, de lui céder un territoire considérable s'il le plaçait sur le trône de Pouna comme Peichoua des Mahrattes.

Nana Farnavese découvrit ce dernier complot et prévint Sindia en relâchant Baji Rao et le déclarant peichoua. Mais ministre et souverain se défièrent l'un de l'autre jusqu'à ce qu'ils se fissent sur la queue d'une vache les plus solennels serments, Nana Farnavese d'être fidèle à Baji Rao et Baji Rao de garder Nana Farnavese à la tête de l'administration.

Les complots qui suivirent sont tortueux et embrouillés. Daulat Rao Sindia mena une armée à Pouna. Nana Farnavese s'en fut à Satara sous prétexte d'obtenir du fantôme de maharaja des insignes d'investiture. Baji Rao traita avec Daulat Rao Sindia en promettant de lui payer une somme de deux millions de livres sterling. Tout ce temps, en dépit des serments et des promesses et bien qu'il fût brahme, Baji Rao envoya des messagers à Nizam Ali, le souverain mahométan de Hyderabad, pour implorer son aide, à la fois contre les Sindia et Farnavese, s'engageant à lui rendre tout le territoire qu'il avait cédé après la bataille de Kurdla et à lui remettre le restant de la contribution de guerre.

Ces complots jetèrent la ville de Pouna dans le tumulte et l'anarchie. Nana Farnavese fut persuadé de retourner à Pouna et de faire une visite à Daulat Rao Sindia, mais il fut perfidement arrêté et mis en prison avec ses principaux partisans. Des escouades de soldats mahrattes furent envoyées piller les maisons de ces derniers. Trouvant les portes barricadées et les habitants postés en armes aux fenêtres et sur les toits, les soldats y mirent le feu : l'alarme devint générale dans la ville et, avec elle, le tumulte, le pillage et l'effusion de sang.

Sindia réclamant ensuite ses deux millions à Baji Rao, il lui fut répondu de s'en prendre à Pouna. Sindia se mit à piller impitoyablement la capitale de son suzerain. Tous les riches citoyens furent fouettés et torturés jusqu'à ce qu'ils eussent décelé leurs trésors cachés. A la fin Baji Rao essaya d'un guet-apens pour tuer Sindia : il l'invita à cet effet au palais, mais au dernier moment le cœur lui manqua pour donner le signal nécessaire aux assassins. Sindia sortit du palais sain et sauf, mais plus méfiant que jamais à l'égard de Baji Rao.

Fig. 35. — Agra. Intérieur de la mosquée de la Perle.

Sir John Shore n'était pas l'homme requis pour ces conjonctures. L'empire mahratte s'effritait, et la non-intervention ne pouvait résoudre le problème. Cette crise demandait un homme d'État qui eût l'expérience des choses européennes et un génie original, un plus fort cerveau et une volonté plus ferme. En même temps une désaffection dangereuse éclata dans l'armée anglaise du Bengale. Sir John Shore sentant qu'il n'avait pas assez de nerf pour supprimer les désordres croissants et dépourvu d'ailleurs de l'entente des choses militaires, demanda à la cour des directeurs de lui envoyer un successeur.

Avant son retour en Angleterre, Sir John Shore dut donner son attention à l'État d'Oude.

L'administration y était à la fois faible et oppressive. L'argent arraché aux ryots était gardé par les talukdars[1] ou dépensé à la capitale follement, tandis que la présence des bataillons anglais empêchait seule que tout le pays ne fût à la merci des Mahrattes. Sir John Shore fit des remontrances au vizir-nabab, mais en pure perte. Asof-ud-Daula mourut en 1797 et sir John Shore reconnut pour son successeur un certain vizir Ali. Plus tard il se trouva que le vizir Ali était illégitime et que Saâdut Ali, frère du Nabab défunt, était son successeur légitime. En conséquence, le premier fut pensionné et envoyé résider à Bénarès, le second placé sur le trône. Saâdut Ali consacra toute son énergie à thésauriser les revenus que ses prédécesseurs étaient dans l'habitude de gaspiller pour leurs plaisirs.

En mars 1798, sir John Shore, lord Teignmouth, s'embarqua

---

[1] Les talukdars d'Oude correspondaient généralement aux zemimdars du Bengale, mais quelquefois ils étaient de simples collecteurs du revenu, d'autres fois une sorte de noblesse féodale. Sous le gouvernement d'un vizir-nabab, il est impossible de dire ce qu'ils étaient au juste.

à Calcutta pour l'Europe, et il venait dans l'Inde un gouverneur général d'une trempe bien différente. Connu d'abord comme lord Mornington, c'est sous son dernier titre de Wellesley qu'il est le plus célèbre dans l'histoire de l'Inde britannique.

CHAPITRE VIII

Lord Mornington débarqua à Calcutta âgé de trente-huit ans. En quittant l'Angleterre il avait trois objets en vue : chasser les Français de l'Inde, renouer la confédération avec Nizam Ali et le peichoua contre Tippou du Mysore, établir la balance des pouvoirs, que lord Cornwallis avait échoué à créer et qui était encore le rêve de prédilection du cabinet anglais.

A cette époque, la haine de l'Angleterre contre le gouvernement révolutionnaire en France était devenue une fièvre. Le règne de la Terreur, les horreurs de la guillotine, l'exécution de Louis XVI et de Marie-Antoinette, le pouvoir et le prestige croissants de Napoléon et la menace d'une invasion de l'Angleterre avaient produit une surexcitation du patriotisme dont notre génération peut à peine se faire une idée. Le nouveau gouverneur général partageait le sentiment national, mais sa colère fut mêlée d'alarme quand il apprit qu'une armée de cipayes français était au service de Nizam Ali, une autre armée au service de Daulat Rao Sindia, et que le sultan Tippou, l'ennemi héréditaire de l'Angleterre, entretenait des officiers français et recherchait une alliance française qui pourrait compromettre le pouvoir britannique dans l'Inde.

Mais lord Mornington constata bientôt que s'il était aisé de rétablir la confédération antérieure contre Tippou, c'était tout à fait impossible de former un réseau d'alliances d'où sortirait une balance des pouvoirs, de maintenir le pays de l'Inde sur la base de relations internationales. En effet, le cours des événements avait rendu pareille tâche encore plus irréalisable en 1798 qu'en 1792. En 1792, le nizam et le peichoua étaient des souverains sérieux de tout point, bien qu'on ne pût s'en faire des alliés fidèles. Mais en 1798, l'humiliant traité de Kurdla avait atteint le pouvoir du nizam, tandis que le gouvernement du peichoua était tiré à quatre par les dissensions de Baji Rao, de Daulat Rao Sindia et de Nana Farnavese. En conséquence l'idée d'une balance des pouvoirs fut abandonnée. Lord Mornigton vit que ce qu'il avait à faire c'était d'assurer le licenciement des bataillons français et de rétablir la confédération contre Tippou.

Lord Mornigton commença par le nizam. C'était chose facile, en dehors des alarmes et prévarications éventuelles, du caractère volage du souverain de Hyderabad. A la fin, Nizam Ali consentit à licencier ses bataillons français et à les remplacer par des Anglais sauf médiation du gouvernement britannique pour les exigences mahrattes, et au besoin protection contre les Mahrattes. Nizam Ali s'engagea encore à ne prendre à son service aucun Français ou Européen sans le consentement du gouvernement britannique, et il promit de fournir un contingent dans la prochaine guerre contre Tippou.

Le licenciement des bataillons français à Hyderabad était attendu avec anxiété, mais il s'effectua sans effusion de sang. Des troupes anglaises étaient tout près. Les cipayes français se mutinèrent pour arrérages de solde et leurs officiers passèrent aux lignes anglaises pour avoir la sécurité. La solde ayant été assurée aux cipayes, ils se soumirent à leur sort et en quelques heures s'éparpillèrent.

Lord Mornigton ouvrit aussi des négociations avec les Mahrattes, mais il trouva ceux-ci intraitables. Baji Rao et Nana Farnavese s'étaient réconciliés, parce qu'ils étaient brahmes et menacés tous deux par Daulat Rao Sindia. Mais ils ne voulurent pas des rapports intimes avec les Anglais; ils étaient jaloux de leur alliance avec le nizam et plus encore de toute intervention de leur part au sujet de l'exécution du traité de Kurdla. Mais en esquivant un traité ils évitèrent toute cause de conflit. Nana Farnavese promit qu'au cas d'une guerre contre Tippou le gouvernement du peichoua enverrait un contingent mahratte, de concert avec les Anglais et le nizam.

En attendant, l'hostilité de Tippou était bien évidente. Il envoya des émissaires au gouverneur français de Maurice avec des dépêches pour le gouvernement de Paris, où il proposait une alliance offensive et défensive contre les Anglais. Cette proposition fut célébrée à Maurice dans une proclamation publique que reproduisirent les journaux de l'Inde et que confirmèrent des avis du Cap. Peu de temps après on apprit dans l'Inde qu'une armée française avait débarqué en Égypte avec Napoléon à sa tête, et le bruit courut aussi qu'une flotte française venait de la mer Rouge sur la côte de Malabar. Ces circonstances étant données, lord Mornigton résolut de détruire Tippou, sans pourtant se jeter à l'aveugle dans une guerre.

Il demanda des explications au sultan et offrit de lui envoyer un major Doveton pour arriver à une complète entente commune. Mais Tippou envoya des explications boiteuses, accusa les autorités françaises de mensonge et de malveillance et refusa de recevoir le major Doveton. La guerre commença en 1799. Une armée anglaise commandée par le général Harris, qu'accompagnait le colonel Arthur Wellesley, plus tard fameux comme duc de Wellington, fut dirigée de Madras sur le Mysore. L'expédition fut rejointe par le contingent de Nizam Ali, mais les Mahrattes firent défaut. Une autre armée anglaise partit de Bombay et pénétra dans le Mysore par l'ouest pour se réunir à celle de Madras. Tippou fit quelques efforts pour résister, mais, défait, il dut se replier sur sa capitale et forteresse fameuse de Seringapatam. Il parut frappé de vertige par la jonction des forces de Madras et de Bombay. Ayant sollicité la paix, on exigea qu'il cédât la moitié de ses territoires et payât une somme de deux millions de livres sterling. Ces conditions étaient dures, mais les Anglais étaient aigris contre lui. Ils se souvenaient de ses cruautés contre les prisonniers anglais, ils étaient furieux de ses intrigues avec les Français. Tippou rejeta avec mépris les conditions offertes : « Il vaut mieux, dit-il, mourir en soldat qu'en nabab pensionné. »

En mai 1799, les fortifications de Seringapatam furent prises d'assaut. Le corps de Tippou, trouvé près d'une porte cochère, fut traité avec respect et enseveli solennellement dans le mausolée de sa famille.

Ainsi tomba la dynastie de Hyder Ali, après une courte période de quarante ans. La mort de Tippou et la prise de Seringapatam retentirent dans l'Inde entière comme la victoire de Plassy. Chaque Anglais se sentit soulagé, chaque prince indigène alarmé du succès rapide des vainqueurs. Dans l'Inde, en dehors des membres de sa famille et des musulmans du Mysore, il y eut peu de gens qui regrettèrent le sort de Tippou. Il s'était montré persécuteur cruel des Hindous et des chrétiens, adversaire des

Anglais et ami des Français. Il n'avait pas le génie de son père Hyder Ali, mais comme mahométan il était plus zélé et plus consistant.

Des conquêtes territoriales dans l'Inde déplaisaient au peuple anglais. Lord Mornigton, salué comme le vainqueur de Tippou, reçut en récompense le titre de marquis de Wellesley ; mais comme lord Clive il jugea prudent de voiler sa conquête aux regards européens. Une partie du Mysore fut érigée en royaume hindou ; un enfant représentant de l'ancienne dynastie hindoue fut transféré d'une bicoque sur le trône comme maharaja. Le reste fut divisé en trois parties, l'une pour les Anglais, l'autre pour le Nizam, et la troisième pour le peichoua, qui n'avait pas participé à la guerre, sous certaines conditions.

Des vues pittoresques du Carnatique et du Mysore en l'an 1800 sont fournies par le Dr Buchanam, que lord Wellesley envoya dans les territoires récemment ouverts. Le Dr Buchanam quitta Madras en avril 1800 et se dirigea sur Arcot. Son voyage s'effectua dans le jaghîr de la Compagnie, et il est curieux de noter les changements que le jaghîr avait subis. Il avait été cédé à la Compagnie des Indes Orientales par Mohammed Ali, nabab d'Arcot, plusieurs années auparavant, en retour de servi-

Fig. 36. — Porteurs montagnards.

ces rendus par les Anglais. Il s'étendait le long de la côte de Coromandel du nord au sud, depuis le lac de Pulicat jusqu'à la rivière Palar, et à l'intérieur des terres, de Madras à Conjeveram. Il avait donc une centaine de milles de long sur quarante de large.

Le jaghîr de la Compagnie avait été ravagé deux fois par Hyder Ali. La dévastation fut si complète qu'à la fin de la guerre, en 1784, il n'y avait d'autres signes que le pays avait été habité que les ossements des gens tués, que les murailles nues des maisons, temples et chauderies qu'on avait livrées aux flammes. Les ravages de la guerre furent suivis d'une famine destructive, qui força beaucoup de malheureux survivants à émigrer du pays.

Dix ans après, en 1794, le jaghîr de la Compagnie devint un collectorat sous la direction de M. Place, dont les indigènes se sont longtemps souvenus. M. Place se retira en 1798. Deux ans après, le Dr Buchanam cheminait de Madras à Mysore.

Le Dr Buchanam trouva l'air chaud et sec, comme c'est généralement le cas en avril. Après avoir quitté la plaine occupée par les blanches maisons avec jardins des Européens, le Dr Buchanam s'engagea sur un terrain plat couvert de rizières. Les routes étaient bonnes ; plusieurs des huttes de torchis avaient des toits en tuiles et par suite avaient meilleure mine que celles du Bengale.

Le Dr Buchanam fut frappé des lieux de halte et des chauderies ou caravansérails qui avaient été construits pour la commodité des voyageurs par les riches marchands indigènes de Madras. Les lieux de halte avaient des murailles de boue de quatre pieds de haut sur lesquels les colporteurs déposaient leurs charges pendant leurs intervalles de repos, et les reprenaient ensuite sans se courber. Les chauderies étaient des cours carrées, encloses de bâtisses peu élevées, où les plus pauvres voyageurs pouvaient s'abriter du soleil et de la pluie et avoir gratis une coupe d'eau ou de lait. Dans quelques chauderies on vendait des provisions, dans d'autres on les donnait, au moins aux brahmes et autres religieux mendiants.

Lors de la perception des impôts dans le jaghîr de la Compagnie, les récoltes ne restaient pas sur le sol jusqu'à paiement des impôts, comme c'était le cas au Bengale. Au contraire, le grain était battu et empilé, puis scellé avec de l'argile portant une empreinte, jusqu'à ce que le cultivateur se fût acquitté en argent ou en nature. Le grand réservoir de Saymbrumbaukum, sur la route de Conjeveram était, alors comme aujourd'hui, un objet d'étonnement. Il n'était point creusé à l'instar de ceux du Bengale, mais formé par une ouverture entre deux crêtes, que fermait un barrage artificiel. La nappe d'eau avait de sept à huit milles de long et trois de large. Pendant la saison pluvieuse les rivières voisines le remplissaient, pendant la saison sèche il s'épanchait dans des rigoles. Quand les pluies tombaient, il suffisait à arroser les terres de trente-deux villages pendant dix-huit mois.

M. Place, le collecteur anglais[1], avait réparé ce réservoir à la grande satisfaction des cultivateurs et au profit du trésor. Il avait aussi fait entourer chaque village par une haie de bambous, ce qui, en étendant les plantations de ces arbres, servait à tenir en respect de petits détachements de cavalerie lors d'une invasion hostile.

Buchanam fit halte à Conjeveram ou Kanchi-puram, environ à quarante milles de Madras. A cette époque Conjeveram était un type de ville hindoue dans la péninsule. Les rues étaient assez larges, bordées de cocotiers, et s'entre-croisaient à angle droit. Les maisons étaient construites en torchis, sous forme de carré,

---

1. A Madras, les officiers civils sont appelés collecteurs et vice-collecteurs; au Bengale, commissaires et sous-commissaires.

avec une petite cour au milieu. Elles avaient une apparence bien
plus confortable que les maisons urbaines du Bengale.

Il y avait à Conjeveram un grand temple dédié à Siva et à son
épouse. Trois milles plus loin, il y avait un autre temple dédié à
Vichnou. Il y avait cent familles de brahmes et cent bayadères
attachées au service de ces temples. Deux fois par an les
images de Vichnou et de sa famille étaient portées en procession
auprès de Siva qui, lui, ne rendait la visite qu'une fois l'an. A
ces occasions il éclatait entre les adorateurs de Siva et ceux de
Vichnou, de fréquentes disputes finissant par des insultes et des
coups, que les collecteurs anglais étaient parfois obligés de faire
cesser avec les baïonnettes.

Les brahmes de l'Inde méridionale étaient divisés en trois sectes
principales : les smartals, les vaichnavas et les maduals. Les
smartals étaient les plus nombreux et comprenaient la moitié des
brahmes du bas Carnatique. On les disait communément adorateurs de Siva, mais ils considéraient Brahma, Vichnou et Siva
comme un Dieu unique se personnifiant en créateur, conserva-
teur et destructeur de l'univers. Ils tenaient leurs propres âmes
pour des parcelles de la divinité et ne croyaient pas à la transmigration comme à un châtiment des péchés. On les distinguait
de suite par troies raies horizontales sur le front faites avec des
cendres blanches [1].

Buchanam rencontra un brahme smartal, qui était un beau

1. Sankhara Achârya, l'apôtre des smartals, était un brahme nambûri du
Malabar qui florissait vers le huitième siècle de notre ère. Ses disciples pensaient
qu'il était une incarnation de Siva, qu'il vint sur la terre pour déraciner la religion des djains et réformer les brahmes. En 1871, un représentant ou sucesseur de cet apôtre vivait encore. Son nom était Narsingh Achârya, ses disciples
l'appelaient le Gourou Jogat ou le maître du monde. Voir ma grande *Histoire de
l'Inde*, vol. III, ch. viii.

type de sa classe. On le considérait comme un homme de savoir,
mais ne connaissant que de nom les djains, les Bouddhistes et autres

Fig. 37. — Richard Wellesley.

sectaires. Il tenait les doctrines des autres sectes en dehors de
la sienne, comme dignes de mépris et d'indifférence. Il croyait en
un Dieu suprême appelé Nârâyana, ou Para Brahma, dont pro-
cédaient Siva, Vichnou ou Brahma, qu'il regardait ensemble et
isolément comme le seul et même Dieu. Sa secte priait Siva,
Vichnou, aussi bien que plusieurs de leurs femmes, enfants et
assistants, parmi lesquels étaient les Sakhtis, ou puissances des-
tructives. Toutefois Siva était le principal objet de leur culte,

car ils le considéraient comme un médiateur très efficace auprès de Nârâyana, divinité trop élevée pour prêter l'oreille à leurs demandes personnelles. Ils abhorraient les sacrifices sanglants, mais sans blâmer les soudras de pratiquer cette forme de culte, alléguant que c'était la coutume de ceux-ci et que ce que ces bas castés faisaient importait fort peu.

Les smartals croyaient que lorsqu'un bon brahme mourait, son esprit se réunissait à Dieu, mais que l'âme d'un mauvais brahme était punie en purgatoire, puis parcourait d'autres existences, comme celle d'un animal ou d'un bas casté, jusqu'à ce qu'il redevînt un brahme et, au moyen de bonnes œuvres, gagnât une autre occasion de se réunir à Dieu.

Les adeptes de Râmânuja Achârya étaient, après les smartals, les brahmes les plus nombreux. On les appelait vaichnaras et A'ayngars; on les reconnaissait bientôt à trois raies verticales sur le front soulignées d'un trait au-dessus du nez, le tout en argile blanche. Ils détestaient Siva, qu'ils appelaient le chef des Râkchasas ou diables, et n'adoraient que Vichnou et les dieux de sa famille. Ils formaient deux sectes, les croyants en la transmigration et les non-croyants [1].

Les maduals formaient la troisième catégorie de brahmes. Comme les adorateurs de Vichnou ils portaient au front les raies verticales, mais ils adoraient également Siva. Ils croyaient à la génération des dieux dans un sens littéral, tenant Vichnou pour le père de Brahma et Brahma pour le père de Siva.

---

1. Râmânuya Achârya, l'apôtre des vaichnaras et des a'ayngars, florissait vers le douzième siècle. Il fit de Conjeveram son quartier général, mais étendit ses tournées apostoliques dans la péninsule entière.

L'un de ses disciples, nommé Râmânand, fonda à Bénarès une autre secte célèbre qui adorait Vichnou dans ses incarnations de Râma et de Krichna, et rejeta tous les liens de caste. Voir la grande *Histoire de l'Inde*, vol. III, ch. VIII.

Le devoir spécial du brahme était la méditation sur les choses divines, et son moyen d'existence la mendicité. Mais le gros du peuple n'était plus charitable ni généreux comme jadis, en sorte que beaucoup de brahmes du bas Carnatique suivaient des professions séculières. Ils étaient engagés les uns dans la collection des revenus et l'administration de la justice, les autres s'employaient sur une grande échelle comme guides et messagers ou gardiens de chauderies. Ils affermaient des terres mais sans jamais mettre la main à la charrue : ils les faisaient cultiver par des esclaves appartenant aux castes inférieures [1]. De là leur division en brahmes vaidikas et lôkikas, les premiers voués à l'étude, à la contemplation, à l'éducation des jeunes brahmes, les seconds engagés dans le fisc et autres affaires terrestres. Les brahmes mercenaires qui officiaient dans les pagodes pour un gagne-pain étaient également méprisés des vaidikas et des lokikas.

Dans les deux Carnatiques, sauf à Madras et quelques autres villes, les brahmes s'appropriaient un quartier spécial, d'ordinaire celui qui était le mieux fortifié. Un soudra ne pouvait habiter la même rue qu'un brahme, et les pariahs et autres bas castés ne pouvaient résider dans le même quartier que les soudras : ceux-là vivaient dans de misérables huttes aux faubourgs, où un brahme ne pouvait passer sans être pollué.

Buchanam visita en passant Arcot et Vellore. Il ne vit rien de

---

1. Les bas castés, ou plutôt les hors caste, formaient la population la plus laborieuse du Carnatique, mais le plus grand nombre était esclave. Hyder Ali, qui appréciait leur valeur, chercha pendant ses incursions dans le Carnatique a les entraîner au Mysore où il leur concéda des fermes. Ils sont divisés en une multitude de tribus ou de castes, que distinguent divers noms, mais ils sont mieux connus des Européens sous le terme général de pariahs. A vrai dire, les pariahs ou pareyars ne forment qu'une seule tribu.

remarquable que les femmes mahométanes, qui se promenaient montées sur des bouvillons, enveloppées complètement dans leurs voiles blancs. Il gravit les Ghâtes orientales et pénétra dans le Mysore.

Le pays était très pauvre et la population clairsemée. Toutes les maisons étaient groupées en villages, et les plus petits, de cinq ou six maisons seulement, étaient fortifiés par une muraille haute de six pieds et une tour en torchis, au sommet de laquelle on n'avait accès que par une échelle. Si une bande de pillards s'approchait du village, les habitants montaient dans cette tour avec leurs familles et leurs objets de prix; puis ils retiraient l'échelle et se défendaient avec des pierres, que les femmes même lançaient avec autant de force que d'adresse. Les villages plus considérables avaient des forts carrés, avec des tours rondes aux angles. Dans les villes les défenses étaient encore plus nombreuses : le fort servait de citadelle, mais on entourait la ville d'un mur de boue sèche seulement. Les habitants considéraient ces fortifications comme des conditions d'existence; ils contribuaient aussi bien à leur érection qu'à leur défense. C'est que pendant une longue période la guerre avait sévi constamment dans le pays et que les pauvres habitants avaient tant souffert de tous les partis qu'ils ne voulaient plus se fier à aucun.

Buchanam fit une halte à Bangalore, qui est devenu depuis une résidence favorite des Anglais dans l'Inde. Bangalore fut fondée par Hyder Ali, et pendant son règne ce fut un emporium commercial et manufacturier. Hyder contruisit le fort de Bangalore sur le meilleur type d'architecture militaire musulmane; mais Tippou le détruisit après constatation qu'il ne pouvait pas résister à la bravoure anglaise. Tippou ruina aussi la ville en prohibant tout commerce avec les sujets du nabab d'Arcot et du

Fig. 38. — Vichnou assis sur le serpent Ananta, temple souterrain de Badami.

nizam de Hyderabad qu'il détestait [1]. Bangalore fut saccagée en 1791-92 par les forces de lord Cornwallis et de ses alliés indigènes; les habitants s'enfuirent dans toutes les directions. Plus tard Tippou induisit les fugitifs à y retourner avec les lambeaux de leur fortune; mais quand il les eut sous la main il les dépouilla de tout ce qu'ils possédaient jusqu'aux plus simples bijoux, sous prétexte qu'ils avaient favorisé les Anglais. Après la chute de Tippou, en 1799, les habitants recommencèrent à affluer à Bangalore, confiants en la protection britannique.

A Seringapatam, Buchanam vit le palais du sultan Tippou. C'était un grand édifice environné d'un mur de pierre et de torchis. Les appartements personnels de Tippou formaient un côté du carré, des magasins occupaient les trois autres. Tippou avait été un marchand aussi bien qu'un prince; pendant son règne il fit remplir ses magasins d'une immense variété d'articles, que les amildars, ou gouverneurs de provinces, devaient vendre aux plus riches habitants à des prix bien au-dessus de leur valeur réelle. Beaucoup de corruption et d'oppression résulta de ce système forcé de commerce. Ceux qui subornaient les amildars étaient exemptés d'achats considérables; ceux qui étaient incapables d'en faire autant étaient contraints d'acheter, et comme ils ne pouvaient pas davantage payer, on les dépouillait de tout ce qu'ils possédaient et on les inscrivait comme débiteurs du Sultan dans les balances de comptes non acquittés.

Tippou persécuta les Hindous, surtout les Brahmes, aussi âprement qu'Aureng-Zeib, mais sa bigoterie fut rarement inspirée par son intérêt. Il pouvait être sans pitié pour les brahmes

---

1. Tippou cherchait à punir à la fois le nabab et le nizam en suspendant le commerce avec Arcot et Hyderabad, à peu près comme Napoléon Ier essaya de punir l'Angleterre par les décrets de Berlin sur le blocus continental.

des pagodes, mais il épargnait les séculiers parce qu'ils étaient
les seuls hommes de ses domaines aptes à l'administration
civile. Son dyouan ou ministre des finances, était un brahme sin-
gulièrement habile, nommé Purnea. Tippou désirait qu'il de-
vînt mahométan, mais Purnea fut si effrayé de l'idée que le
sultan y renonça.

Les brahmes étaient si avares et si corrompus à cette époque
que Tippou les aurait volontiers remplacés dans leurs postes
par des hommes d'autres castes. Il essaya d'arrêter leurs mal-
versations en nommant des asofs mahométans, ou surintendants
de l'administration, dans les provinces; mais cette mesure ne
fit qu'aggraver le mal. Les asofs étaient indolents, ignorants,
adonnés aux plaisirs, et ils couraient après les cadeaux pour suffire à leurs besoins. Les brahmes durent doubler leurs exactions
pour satisfaire les asofs. Chaque indigène réputé riche était
exposé à de fausses accusations qu'il n'esquivait qu'à prix d'argent.

Dans le nouveau gouvernement organisé par le marquis de Wellesley, Purnea garda le poste de dyouan et dirigea l'administration du Mysore sous la surveillance d'un résident anglais. C'était
un brahme de la secte Madual, un bon linguiste, très entendu dans les affaires du pays. Les appointements des agents
du fisc ayant été grandement réduits, ce furent les brahmes qui
furent les plus bruyants dans les plaintes contre le nouveau régime. Ceux qu'on garda dans le service public eurent des salaires élevés pour les mettre au-dessus de la tentation, mais
le résultat ne fut pas satisfaisant. Le peuple mysorien reconnaissait qu'il avait été délivré de la licence de la soldatesque de
Tippou et des exactions arbitraires de son gouvernement, mais
il déclarait que les brahmes attachés au fisc le pressuraient plus
que jamais.

Buchanam explique la remarquable distinction qui prévaut dans les deux Carnatiques entre les « mains » droite et gauche.

Fig. 39. — Arthur Wellesley, plus tard duc de Wellington.

Cette distinction se restreint aux pariahs et aux bas castés généralement.

La « main gauche » comprend neuf tribus ou castes : les forgerons, les charpentiers, les maçons, les orfèvres, les extracteurs d'huile, les chasseurs, les cordonniers et quelques autres catégories d'artisans. La « main droite » comprend dix-huit tribus de pariahs : les imprimeurs d'indiennes, les bergers, les potiers, les blanchisseurs, les porteurs de palanquin, les barbiers, les peintres.

les gardiens de vaches, etc. Les pariahs purs formaient la principale tribu de la « main droite ».

L'origine de cette division des bas castés hindous est fabuleuse. On dit que c'est la déesse Kâli qui l'avait apportée à Conjeveram, que les règles à observer par les uns et par les autres étaient gravées sur une plaque de cuivre et conservées dans le grand temple de Siva. L'existence de cette plaque, cependant, était plus que douteuse. Les prétentions des deux mains étaient diamétralement opposées ; si les deux en appelaient à l'autorité de son texte, aucune n'en produisait de copie. L'antagonisme commença à propos de la possession exclusive de certaines distinctions honorifiques, telles que l'usage de douze piliers à l'édifice temporaire où se célébraient les cérémonies nuptiales, le droit d'aller à cheval aux processions ou de porter un drapeau sur lequel est peint le dieu simiesque Hamman [1].

Buchanam nota quelque chose de l'action des gourous et des souamis dans la hiérarchie brahmanique. C'étaient là les évêques de leurs sectes respectives, exerçant une juridiction sur toutes les matières de religion ou de caste. Ils confiaient à chaque disciple une sen-

1. La division entre les « mains » droite et gauche est inconnue dans l'Hindoustan, mais prévaut dans la Péninsule et une grande partie du Dekkan. Les disputes parmi les bas castés à Masulipatam, dont parle Fryer dans son voyage, se rapportaient à cette distinction. Au dernier siècle, les Anglais à Madras et les Français à Pondichéry, furent souvent troublés par des querelles entre les « mains » gauche et droite, qui dégénéraient parfois en rixes sanglantes et requéraient l'intervention militaire. L'abbé Dubois en raconte une remarquable dont il fut témoin. Une dissension véhémente éclata entre les pariahs et les savetiers ; elle gagna un grand district. Beaucoup d'habitants timides commencèrent à emporter leurs effets et à quitter leurs villages comme si une invasion mahratte les eût menacés. Par bonheur les choses n'en vinrent pas à l'extrême, vu que les chefs des diverses sections s'interposèrent et débandèrent les rangs ennemis au moment où ils attendaient le signal de la bataille. La cause de cette grande commotion était une bagatelle. Un savetier avait mis des fleurs rouges dans son turban à un festival public, sans en avoir le droit, au dire des pariahs.

tence mystérieuse, dite l'upadâsa, à répéter oralement dans leurs dévotions, mais qui ne devait jamais être mise par écrit ou révélée. Parfois, dans la secte vaichnava, un gourou donnait à un disciple favori une upadâsa et quelques images et le nommait son délégué pour aller diriger des affaires au loin; chaque disciple était marqué avec la lance du dieu Vichnou. On appelait cette cérémonie le chakrântikam[1]. La lance était chauffée au rouge et appliquée sur l'épaule, de façon à brûler la peau. L'upadâsa n'était confiée au disciple qu'une fois seulement pendant sa vie; mais le chakrântikam ou marque avait lieu plusieurs fois[2].

Les gourous étaient entièrement défrayés par les contributions de leurs disciples; mais ces contributions étaient si lourdes qu'un gourou résidait d'ordinaire peu de temps au même endroit. Les contributions d'une ville riche comme Madras suffisaient à un gourou deux mois au plus, et les visites d'un gourou étaient aussi appréhendées, souvent, que les incursions mahrattes[3].

Les gourous voyageaient en grande pompe, avec des éléphants, des chevaux, des palanquins, une nombreuse suite de disciples, dont le dernier se croyait par sa sainteté bien supérieur aux vulgaires mortels. Généralement ils allaient de nuit pour éviter leurs

1. Cette cérémonie de la marque n'était pas pratiquée par la secte smartal, qui adorait Siva.

2. Il y a quelques années, l'auteur de ce livre entendit, au collège de la Présidence de Madras, souvent des hommes instruits parler des cérémonies décrites par Buchanam. Il croit que l'upadâsa communiqué aux castes élevées correspondait au gayatri, ou invocation de toutes les déités védiques représentées par le soleil. L'upadâsa donnée aux soudras et autres n'était que le nom de quelque dieu particulier que le fidèle devait répéter sans cesse. La cérémonie de la marque était parfois un sujet de gaieté pour ceux qui n'étaient pas requis de s'y soumettre.

3. L'offre minimum faite à un gourou lors de sa tournée pastorale était cent pagodes par jour, soit environ trente-six livres sterling. On dit que le raja de Tanjore donna à son gourou quatre-vingt-dix livres, un jour qu'il l'honora de sa visite. On est pourtant fondé à croire que les disciples exagéraient la valeur des présents antérieurs dans l'espoir d'exciter l'émulation des fidèles ordinaires.

conquérants mahométans ou européens, qui ne leur témoignaient pas cette vénération ou adoration qu'ils se croyaient due. A l'approche d'un gourou quelque part, tous les habitants des hautes castes allaient au-devant de lui : les castes inférieures n'étaient pas admises en sa présence. Le gourou était conduit au temple principal, où il conférait aux postulants l'upadâsa ou le chakrântikam, et distribuait de l'eau bénite. Il s'enquérait aussi des différends ou . des transgressions contre les règles de la caste, et après avoir vidé les uns et puni les autres, il écoutait ses disciples et autres savants hommes disputer sur des matières théologiques. C'était la grande arène pour acquérir de la réputation parmi les brahmes. Outre les gourous, il y avait partout d'autres formes populaires de gouvernement ecclésiastique. Dans l'Inde entière, presque partout où se trouvait un nombre considérable d'individus de telle caste ou de telle tribu, était un chef à office héréditaire en général, dont les pouvoirs, variables suivant les lieux et les sectes, concernaient la punition de toutes les fautes contre le régime des castes. Ces pouvoirs n'avaient rien d'arbitraire : un conseil, composé des hommes les plus respectables de la tribu, assistait toujours le chef. Celui-ci pouvait infliger des amendes et le fouet, et surtout l'excommunication ou mise hors la caste, pénalité la plus terrible pour un Hindou.

Tandis que les gourous, et les brahmes en général, étaient l'objet de cette vénération extérieure, un courant occulte d'antagonisme trouvait parfois son expression dans le langage de la révolte. Des chants satiriques faisaient ressortir l'incapacité des gourous, des récits sarcastiques circulaient sur la vanité ou la stupidité des brahmes. L'abbé Dubois a conservé un échantillon de ces compositions qui révèle suffisamment le sentiment populaire et qui peut être reproduit dans une paraphrase condensée :

« Une fois quatre brahmes étaient en voyage lorsqu'ils croisèrent
un soldat qui s'écria : « Santé à mon Seigneur » ! Tous les quatre

Fig. 40. — Montagnards de l'Assam.

répondirent par une bénédiction, puis ils se querellèrent sur la
question de savoir lequel d'entre eux avait été salué par le soldat. Rebroussant chemin, ils le questionnèrent : celui-ci répondit
que son salut s'adressait au plus fou des quatre.

« Les quatre brahmes se querellèrent ensuite au sujet de ce maximum de folie. Arrivés à la chauderie du village le plus proche, ils posèrent la question aux anciens rassemblés là, et pour trancher ce nœud gordien, chaque brahme fut appelé à tour de rôle pour prouver ses droits au salut du soldat.

« Le premier brahme dit qu'un riche marchand lui avait donné deux des plus belles pièces de toile qu'il eût jamais vues dans son village. Il les purifia en les lavant et les mit sécher, lorsqu'un chien courut dessous; or ni lui ni ses enfants ne pouvaient affirmer que le chien les eût ou non touchées de façon à les souiller. En conséquence, il se traîna sur ses mains et ses genoux sous les pièces de toile sans les toucher; mais ses enfants décidèrent que l'expérience ne signifiait rien, vu que le chien pouvait les avoir touchées avec sa queue en l'air, et que lui n'avait pas un appendice pareil. Cette décision exaspéra tellement le brahme, qu'il déchira la toile en morceaux; ensuite on se moqua de lui comme du plus grand fou du village, parce qu'il aurait pu la laver une seconde fois ou la donner à un soudra pauvre.

« Le second brahme raconta qu'un barbier lui ayant rasé la tête, sa femme lui donna deux annas au lieu d'un sans qu'il voulût rendre l'anna de trop. Après beaucoup de chicanes, le barbier offrit de raser pour rien la tête de cette femme. Le mari y consentit; mais elle poussa des cris de désespoir, cela équivalant pour elle à une accusation d'infidélité. Mais, le brahme ne voulant pas perdre son anna, sa femme fut rasée de force. Il en résulta que la femme se réfugia chez ses parents et que le mari fut raillé comme le plus grand fou du monde.

« Le troisième brahme dit qu'un soir il remarqua que toutes les femmes étaient bavardes. Son épouse lui répliqua que quelques hommes étaient encore plus bavards que les femmes. Après quelque dispute, il fut convenu que celui des deux qui parlerait le premier donnerait à l'autre une feuille de bétel. La nuit s'écoula sans qu'un mot fût proféré. Au matin suivant, ni l'un ni l'autre ne voulurent parler ni se lever. Le village prit alarme et une foule de brahmes et de brahmines se réunirent autour de la maison dans la crainte que les habitants n'eussent été assassinés. A la fin, un charpentier vint enfoncer la porte. Le mari et la femme étaient encore couchés et muets. Quelques-uns des assistants déclarèrent que le couple était possédé du diable, et un magicien fut mandé qui n'obtint aucun résultat. Alors un vieux brahme portant une barre d'or incandescent avec des tenailles, l'appliqua aux pieds du mari qui supporta la douleur sans souffler mot. La barre ayant été appliquée de même aux pieds de la femme, celle-ci se leva en criant et elle donna une feuille de bétel à son mari. Celui-ci prit la feuille en disant : « N'avais-je pas raison de dire que toutes « les femmes étaient bavardes? » Les spectateurs avaient regardé le tout avec étonnement, mais en apprenant que le mari avait mis en émoi tout le village pour une feuille de bétel, ils déclarèrent que c'était le plus grand fou qu'ils eussent jamais vu.

« Le quatrième brahme raconta qu'il avait été pendant quelques années fiancé à une fille, et qui arriva enfin en âge d'être sa femme. Sa mère à lui aurait été chercher la demoiselle chez ses parents, mais elle était trop malade pour bouger. Elle envoya donc son fils à sa place, mais le connaissant pour une brute, elle le supplia de faire attention à sa conduite. Le père de la demoiselle reçut très hospitalièrement son gendre, puis lui donna congé avec elle. Le temps était très chaud, et la route traversait un désert où ils s'écorchèrent les pieds. La demoiselle, élevée délicatement, fut abattue par la chaleur, et se couchant par terre déclara qu'elle désirait mourir. Un riche marchand survint, qui offrit de la sauver en la faisant monter sur un bouvillon ; il offrit aussi vingt pagodes au mari comme valeur des bijoux de la demoiselle. Le fiancé se sépara de sa moitié et s'en alla chez lui avec les vingt pagodes. A l'audition de ce qui précède, sa mère l'accabla de malédictions. Les parents de la demoiselle arrivèrent à leur tour au village, et l'auraient tué s'il ne se fût enfui dans la jungle. Les chefs de la caste le condamnèrent à une amende de deux cents pagodes et lui défendirent de se remarier jamais.

« Les anciens de la chauderie, au récit des quatre brahmes, s'étaient tordus de rire, et tous les assistants accourus pour savoir de quoi il s'agissait en avaient fait autant. Les anciens décidèrent que chaque brahme pouvait revendiquer pour lui le salut du soldat, et là-dessus les quatre fous sortirent allègres de la chauderie, chacun déclarant qu'il avait gain de cause. »

La citation précédente fournit un spécimen exact du sentiment populaire courant dans la Péninsule au commencement de ce siècle et même de nos jours. Il est nécessaire ici de renouer le fil de l'histoire, que nous avons laissée au dénoûment de la guerre du Mysore, marqué par la mort de Tippou et la prise de Seringapatam.

La conquête du Mysore fut suivie dans le Tanjore et le Carnatique de changements importants, analogues à ceux effectués par Clive trente cinq ans auparavant dans le Bengale et le Bihar, mais sans la fiction de la suzeraineté mogole. L'administration anglaise y fut introduite à la place du gouvernement indigène, et le raja de Tanjore et le nabab du Carnatique furent réduits à la condition de princes nominaux comme le nabab Nazim de Murchedabad. Jusqu'à quel point lord Wellesley eut raison d'opérer des réformes aussi radicales, on peut l'inférer des faits suivants.

Le raj hindou de Tanjore avait été favorisé de la nature plus
que toutes les autres principautés de la Péninsule — nous l'avons
déjà signalé comme le Delta du Koleroun et du Kâvery; c'est un
jardin bien arrosé, rivalisant avec le delta du Nil pour la fertilité,
il forme le grenier de l'Inde méridionale. Il avait été conquis
au dix-septième siècle par un prince mahratte de la maison de
Siwaji, mais il était isolé des populations parlant le mahratte dans
le Dekkan occidental par les territoires immédiats du nabab du
Carnatique[1].

Tanjore avait beaucoup souffert des empiètements des Mogols,
mais était d'ailleurs resté indépendant. Isolés de l'empire mahratte,
les rajas de Tanjore ne relevaient ni des maharajas de Satara ni
des peichouas de Pouna, comme Sindia et Holkar, le Guikouar et
le Bhonsla de Berar. Pendant plusieurs années les frontières de
Tanjore oscillèrent com-
me celles de l'empire
mahratte; mais au dix-
huitième siècle elles de-

1. Tanjore était à l'origine
une province du vieil empire
hindou de Vijayanagar. Après
la bataille de Talikota, le vice-
roi hindou, ou le naik, devint
un raja indépendant. Puis eurent lieu des guerres intermit-
tentes entre Tanjore et Trichinopoly. Le raja de Tanjore
vaincu appela les Mahrattes à
son aide. En 1680, les Mahrattes l'aidèrent par une vengeance.
Ils le sauvèrent de la ruine et
dévastèrent son territoire, mais
ensuite ils prirent possession
du raj pour se payer de leurs
services. .

Fig. 41. — Brahmane du Mysore.

vinrent fixes, et le raj de Tanjore est dépeint comme un territoire compacte, d'une longueur de septante milles du nord au sud
et d'une largeur de soixante milles de l'est à l'ouest. Il était limité
au nord par le Koleroun, à l'est par la baie du Bengale, au sud
par le pays de Marouar [1], et à l'ouest par Trichinopoly et le
pays de Tondiman [2].

Le missionnaire Schwartz était favorablement disposé envers le
raja régnant en 1775 lorsque Tanjore fut restauré par lord Pigot :

[1]. Le pays de Marouar est une relique de l'antiquité hindoue, intimement associée aux guerres légendaires de Râma et de Râvana. La population en était
primitive et comprenait la caste des kalars, ou voleurs héréditaires. Dans les
temps modernes, cette zone tomba au pouvoir des rajas de Sivaganga et de
Ramnad, ou du petit et du grand marouar. Le raj de Ramnad fut accordé
aux ancêtres du grand marouar avec le titre de Sethipati, ou « commandant en
chef », pour la protection des routes et des pèlerins se rendant à la pagode sacrée
de Ramisseram.

[2]. Tondiman était d'abord un zèmindar qui rendit de grands services à la Compagnie des Indes orientales pendant les guerres du Carnatique et qui fut ensuite
récompensé par le titre et la dignité de raja. Un incident dans l'histoire de sa
famille reporte aux anciens jours de la vie hindoue.

Entre les rajas de Sivanga et le Tondiman existait une ancienne querelle
concernant une petite bande de terre longue d'environ dix milles. Génération
après génération on se battit pour cette bande, en sorte que les quatre cinquièmes
en redevinrent jungle, pendant que le reste était semé l'épée à la main et moissonné
avec effusion du sang. Diverses tentatives furent faites pour régler la querelle, mais
sans résultat. A la fin, un major Blackburne, résident à Tanjore, cita les représentants des deux parties avec tous leurs documents et témoins. Après six mois
d'une investigation laborieuse, Blackburn découvrit que la plupart des pièces
étaient indubitablement fausses. Les deux parties, voyant que le fait était patent,
convinrent que tout document important avait été fabriqué pour la circonstance;
mais elles en appelèrent avec confiance aux bornes de pierre qu'elles jurèrent
avoir été posées il y avait très longtemps. Une enquête du major Blackburn
révéla que quatre années auparavant il n'existait aucune de ces bornes. Le
major Blackburn vida alors le différend, de son autorité privée, en divisant le
terrain disputé en deux portions égales entre les deux rajas de Tondiman et de
Sivaganga, et en faisant apposer le sceau du gouvernement britannique sur les
nouvelles bornes de pierre.

Cette décision offensa les deux parties, mais elle mit fin aux interminables
guerres antérieures et sous peu la jungle entière fut cultivée. Aux yeux des indigènes la mesure prise fut une des oppressions du gouvernement britannique.

c'est que le raja lui avait permis de prêcher et d'établir des écoles. Mais le témoignage de Schwartz révèle l'agonie de Tanjore. Le peuple murmurait de l'oppression d'un mauvais gouvernement. Le raja était un esclave aux mains des Brahmes. Il vivait claquemuré dans son palais, au milieu d'une multitude de femmes, laissant l'administration à un ministre rapace. Les cultivateurs

Fig. 42. — Transport à dos d'éléphant.

étaient à la merci des agents du fisc, qui prélevaient soixante à soixante-dix mesures de riz sur cent, et quelquefois toute la récolte était accaparée par les serviteurs du raja, pendant que les cultivateurs restaient sans ressources. En 1786, soixante-cinq mille habitants, dit-on, quittèrent le Tanjore et plusieurs de ceux qui demeurèrent refusèrent de cultiver le sol à moins d'un changement dans l'administration.

Malheureusement, le gouvernement anglais de Madras était plus ou moins responsable de cette tyrannie. Quand lord Pigot rendit le Tanjore au raja, il s'engagea à respecter à l'avenir l'autonomie de l'administration indigène. Le gouvernement de Madras ne pouvait donc faire que des remontrances stériles. Enfin on nomma un comité d'inspection dont Schwartz fit partie. Le raja en appela aux engagements de lord Pigot et promit d'amender son administration, mais il ne fit rien ou presque rien à cet effet, et le gouvernement de Madras laissa les choses aller à la dérive.

Le raja mourut sans postérité en 1787. Sa mort fut suivie d'une querelle de succession. Il y avait un demi-frère adulte nommé Amar Singh et un fils adoptif nommé Serfoji, âgé de dix ans. La reconnaissance du gouvernement de Madras, en sa qualité d'autorité supérieure de la Péninsule, était nécessaire pour régler le cas. En conséquence, le gouvernement de Madras nomma douze pandits, qui se prononcèrent contre l'adoption, et parce que l'enfant était trop jeune et parce qu'il n'était que le seul fils de son père naturel. Dans ces circonstances Amar Singh, le demi-frère, fut placé sur le trône de Tanjore par le gouvernement de Madras.

L'administration d'Amar Singh fut aussi oppressive que celle de son prédécesseur. Il confina étroitement l'enfant Serfoji ainsi que les femmes du Raja défunt. Après quelque délai et des plaintes réitérées, le gouvernement de Madras ayant insisté pour la libération des prisonniers, ceux-ci furent transférés à Madras; puis Serfoji adressa une pétition où il réclamait le trône de Tanjore en vertu du droit d'adoption. D'autres pandits furent consultés, qui se prononcèrent en sa faveur. Le gouvernement de Madras, après un long et consciencieux examen, déclara qu'il y avait eu méprise et opta pour le renversement d'Amar Singh.

Étant données les interprétations contradictoires du droit sanskrit et le conflit d'autorité entre les pandits, il est impossible de dire lequel était le raja légitime. On ne peut pas dire davantage quelles influences indues ont dominé les premiers ou les seconds pandits. Schwartz insinue assez clairement que les pandits tanjoriens furent achetés par Amar Singh, et probablement

Fig. 43. — Femmes des montagnes d'Assam.

que ceux de Madras le furent par Serfoji. Lord Wellesley résolut le problème en plaçant Serfoji sur le trône, à condition que toute l'administration passerait aux officiers de la Compagnie. Serfoji fut donc installé dans la ville et le fort de Tanjore et doté d'une pension annuelle de trente-cinq mille livres et du cinquième des revenus du raj. Quant à l'ex-raja Amar Singh, on lui donna une rente annuelle d'environ neuf mille livres.

Les affaires du Carnatique étaient tombées dans une plus grande confusion encore. L'introduction de l'administration britannique était devenue une nécessité criante, non seulement pour le peuple opprimé, mais pour la sécurité des possessions de la Compagnie des Indes orientales dans la Péninsule. Pendant la guerre contre Tippou en 1791-92, lord Cornwallis avait suivi l'exemple donné par lord Macartney pendant l'invasion de Hyder Ali : il prit l'entière direction du Carnatique comme l'unique sauvegarde contre des manœuvres occultes et le manque de provisions. Après avoir fait la paix avec Tippou en 1792, lord Cornwallis conclut un traité avec Mohammed Ali en vertu duquel la Compagnie prendrait la direction administrative du Carnatique dans toutes les guerres ultérieures, et le nabab s'abstiendrait de toute correspondance avec aucun autre État, indigène ou étranger, sans la sanction du gouvernement britannique.

Mohammed Ali mourut en 1795; il eut pour successeur sur le trône d'Arcot son fils aîné Umdut-ul-Umra. En 1799, lord Wellesley se préparait à conquérir le Mysore; mais comme il se proposait de mener les choses rondement avec Tippou, il ne voulait pas embarrasser ses opérations en prenant le Carnatique. Il regretta vite ce délai. Le nabab et ses officiers créérent de telles obstructions en des moments critiques qu'il était impossible de ne pas les croire coupables de trahison systématique. Après la capture de Seringapatam la trahison devint manifeste. Une correspondance clandestine, que Tippou avait entretenue avec Mohammed Ali et son fils Umdut-ul-Umra, fut découverte. On pouvait s'attendre peut-être à quelque sympathie entre princes mahométans;

bien que le Carnatique eût été ravagé par Tippou quelques années
auparavant. Mais le premier devoir de lord Wellesley fut d'assurer la sécurité du gouvernement de la Compagnie dans l'Inde,
et il lui était impossible de négliger une trahison délibérée, qui menaçait l'existence de la Compagnie et qui violait positivement
le traité de 1792 et mettait fin à toute confiance dans la bonne foi
future de la famille régnante du Carnatique.

Umdut-ul-Umra était sur son lit de mort. Lord Wellesley ne
voulut pas troubler ses derniers moments : il se borna à faire
des investigations dans sa correspondance jusqu'après son dé-
cès, en juillet 1801. La famille du défunt fut mise au courant
de la trahison découverte et de la résolution de la Compagnie
de soumettre dorénavant le Carnatique au même système de
gouvernement que le Tanjore et le Bengale. La dynastie ne
devait pas être renversée. Il y aurait un nabab titulaire d'Arcot
comme il y avait un Nabab titulaire du Bengale à Murchedabab,
mais il n'exercerait plus d'autorité ni civile nimilitaire et toute
l'administration passerait aux employés de la Compagnie. Il
existait deux prétendants au trône, un fils et un neveu, et le neveu avait, dit-on, un meilleur droit à la succession parce que
le fils était illégitime. On offrit d'abord le trône au fils de Umdut-
ud-Umra, mais il refusa à cause des conditions. Le neveu
accepta. Une gratification annuelle d'environ cinquante mille
livres fut assignée au nouveau nabab pour ses dépenses personnelles, et un cinquième des revenus annuels du Carnatique fut
réservé pour l'entretien de la famille [1].

1. Le nabab de la ville de Surate, à côté de Bombay, dépendait également du
gouvernement britannique ; il était aussi incapable de défendre sa nababie que
d'en diriger les affaires. En 1800, la dynastie de Surate partagea le sort de celle
du Carnatique ; on profita d'une querelle de succession pour prendre le gouver-

Par ces mesures autocratiques, lord Wellesley mit fin à l'anarchie et à l'oppression qui avaient prévalu pendant des siècles dans l'Inde méridionale. En même temps il établit le gouvernement britannique comme le pouvoir dominant dans la Péninsule. L'administration anglaise fut introduite dans le Carnatique mogol et dans les territoires nouvellement acquis au Mysore, du Kistna au Koleroun et de la baie du Bengale à la frontière du raj de Mysore ; on l'introduisit encore dans les pays au sud du Koleroun, et non seulement Tanjore et Trichinopoly, mais encore Tinnevelly et Madura devinrent territoire britannique [1]. Plus à l'ouest sur la côte de Malabar, le Malabar proprement dit et le Kanara passèrent pareillement sous l'administration britannique. Quant aux États de Coorg, de Cochin, de Travancore, ils entrèrent avec le gouvernement britannique en des relations de vassalité qui ont duré, sauf pour Coorg, jusqu'à nos jours [2]. Ainsi, la présidence de Madras, qui consistait à l'origine en une bande sablonneuse sur la côte de Coromandel longue de six milles et large d'un mille, fut étendue à l'ouest jusqu'à la côte de Malabar, au nord jusqu'au Kistna et au Godavari, et au sud jusqu'au cap Comorin.

nement et les revenus de Surate et réduire un prétendant favorisé à la position de titulaire pensionné.

1. Le collectorat anglais de Madura comprend Dindigul et les deux Marouars, Sivaganga et Ramnad.

2. Le caractère général de ces relations de vassalité sera suffisamment décrit au chapitre suivant. En 1834, le raja de Coorg ayant déclaré la guerre au gouvernement britannique fut vite réduit par les armes anglaises. Son pays, sur le désir unanimement exprimé du peuple, passa sous le gouvernement de la Compagnie. L'incident appartient à l'administration de lord William Bentinck et sera raconté ci-après.

CHAPITRE IX

La guerre du Mysore fit plus qu'établir dans la péninsule la prédominance du gouvernement britannique : elle dissipa le fantôme de la balance des pouvoirs dans le Dekkan et l'Hindoustan. Le nizam était désespéré, son existence dépendait entièrement des Anglais. Le gouvernement du peichoua était de mauvaise foi : il n'envoya aucun contingent rejoindre ses alliés et garda les envoyés de Tippou à Pouna longtemps après l'ouverture des hostilités pour conduire sous main des négociations avec l'ennemi. Il appartenait dès lors au gouvernement britannique seul de maintenir la paix dans l'Inde par l'exercice d'un pouvoir suprême.

Le système politique visé par le marquis de Wellesley contient dans une coquille de noix. Les États indigènes devaient livrer au gouvernement britannique leur existence internationale en retour de la protection anglaise. Ils devaient s'interdire toute guerre et toute négociation avec tout autre État, sans la connaissance et l'acquiescement du gouvernement britannique, aussi bien que l'emploi à leur service de Français ou d'autres Européens. Les plus grandes principautés devaient maintenir chacune une force indigène commandée par des officiers anglais pour la conservation de l'ordre public, et céder sans retour certains territoires pour défrayer cette force. Les principautés moindres devaient payer tribut au pouvoir suprême, et celui-ci les protéger contre tout ennemi extérieur quelconque. Ce système avait été déjà pratiqué à l'égard des petites principautés hindoues du Travancore et de Coorg, qu'on avait laissées intactes dans la péninsule. Il s'agissait de l'étendre aux plus grands pouvoirs du Dekkan et de l'Hindoustan.

Le nizam de Hyderabad était le premier à enrôler dans le nouveau système comme feudataire du gouvernement britannique. Nizam Ali consentit au maintien d'une armée indigène sous des officiers anglais, qu'on appelait la *force subsidiaire* de Hyderabad; et il rétrocéda pour son entretien tous les territoires qui lui avaient été donnés après la conquête du Mysore en 1792 et 1799. Ainsi commença le nouveau système d'empire britannique sur des feudataires indigènes [1].

Lord Wellesley essaya ensuite de gagner le gouvernement du peichoua. Il offrit de céder la partie restante du Mysore pourvu que le peichoua se soumît aux mêmes conditions que le nizam. Baji Rao et Nava Farnavese avaient envie du territoire offert, mais ils ne voulaient pas accepter le traité conditionnel. Ils soutinrent que le peichoua avait le droit de collecter le chout dans tout le Mysore et ils tâchèrent de convaincre lord Wellesley qu'il serait politique de céder la part de conquête proposée comme une compensation de ce chout. Ils esquivèrent de même tous les autres. Le peichoua voulait aider les Anglais contre les Français, mais non licencier ces derniers à son service. Il voulait prendre à sa

---

1. Il ne faut pas confondre la *force subsidiaire* de Hyderabad avec le *contingent* de Hyderabad. Celui-ci est de création postérieure.

solde des bataillons anglais pourvu qu'il pût les employer contre ses feudataires rebelles; mais il ne voulait pas accepter la médiation des Anglais dans les réclamations mahrattes au nizam, ni prendre d'engagements quant aux guerres ou aux négociations avec les autres États ou principautés.

Daulat Rao Sindia fut plus réfractaire encore. Il n'était âgé que de dix-neuf ans, et déjà il exerçait une influence prépondérante dans l'empire mahratte et s'exagérait même sa propre importance. Lord Wellesley s'abstint d'exciter ses soupçons par aucune révélation prématurée de ses vues politiques furtives, et il essaya de l'enrôler seulement dans une alliance défensive contre les Afghans, qui causaient quelque alarme. Zeman Chah, le souverain régnant de l'Afghanistan, était un petit-fils du célèbre Ahmed Chah Abdali, et il rêvait de suivre les traces de son illustre aïeul. En 1796 il s'était avancé dans le Punjab jusqu'à Lahore; mais il fut contraint de retourner à Kaboul l'année suivante à cause des tiraillements survenus dans ses territoires. Postérieurement il envoya à lord Wellesley une lettre annonçant son intention d'envahir l'Inde et d'inviter le gouvernement britannique à l'aider à chasser les Mahrattes de l'Hindoustan. Lord Wellesley communiqua cette lettre à Daulat Rao Sindia et lui proposa de s'allier aux Anglais contre Zeman Chah. Mais Daulat Rao Sindia ne s'épouvanta pas d'une invasion afghane. La boucherie des Mahrattes à Paniput en 1761 s'était effacée de la mémoire de la génération actuelle. Aussi Daulat Rao Sindia traita la lettre de Zeman Chah comme une vaine fanfaronnade de barbare éloigné, et il refusa de s'engager dans une alliance avec les Anglais contre une invasion tout à fait problématique [1].

1. La génération antérieure des Mogols ou des Mahrattes, lorsque les armées de Ahmed Chah Abdali ravagèrent le Punjab et menaçaient l'Hindoustan, ne se

Lord Wellesley fut exaspéré par l'apathie de Daulat Rao Sindia, car il appréhendait sérieusement les Afghans. Il ne savait rien de leurs guerres domestiques et de leurs discussions interminables, il savait seulement qu'ils avaient établi jadis un empire dans l'Hindoustan et qu'ils devaient en désirer la résurrection. Il craignait fort que les Afghans n'envahissent Oude, car Oude n'était défendu que par quelques bataillons anglais et une soldatesque indigène à la solde du nabab-vizir, qui serait plus qu'inutile en cas d'invasion.

Dans ces circonstances lord Wellesley somma le nabab d'Oude de licencier son armée et de consacrer le prix de son entretien à d'autres bataillons de la Compagnie. Le nabab s'y refusa. Lord Wellesley fut impérieux et péremptoire, il n'était pas disposé à reculer avec le nabab d'Oude comme il l'avait fait avec le peichoua et Daulat Rao Sindia. Il jugeait qu'à moins que l'Hindoustan ne fût dans un état suffisant de défense, l'empire britannique dans l'Inde serait en péril. Aussi força-t-il le nabab-vizir à céder la moitié de ses territoires avec leurs revenus pour sauver le reste, et il affecta ce surplus de ressources ainsi acquis à la défense permanente de l'Hindoustan.

Quant à l'invasion redoutée de Zeman Chah, elle ne fut qu'un épouvantail. En 1800, le soi-disant envahisseur de l'Hindoustan fut détrôné, privé de la vue par un de ses frères et forcé finalement de chercher un refuge sur le territoire britannique. Mais lord Wellesley n'avait aucun moyen de savoir ce qui se passait. Kaboul à cette époque était inséparable des invasions de Timour, de

préoccupa des Afghans qu'à leur arrivée à Delhi. Il y avait de cela trente ans. Ahmed Chah Abdali mourut en 1773. Leurs luttes pour la succession au trône absorbèrent trop ses fils pour qu'ils essayassent de renouveler les agressions paternelles sur l'Hindoustan.

Nadir Chah et d'Amed Chah Abdali, et lord Wellesley savait que
pour un rien des hordes de Tartares et d'Afghans pourraient dé-
border sur l'Hindoustan comme une inondation dévastatrice. De
plus, il n'y avait aucun secours à espérer des princes indigènes. Les
Mahrattes se seraient tenus à distance en attendant les événements.
Les Mahométans comptaient que Zeman Chah les délivrerait
des Anglais et les Rajpoutes des Mahrattes. On ignorait encore ce
que les Français pourraient faire à l'arrière-plan. Cette situation
étant donnée, l'instinct de conservation poussa lord Wellesley à

Fig. 44. — Lahore. Vue de la mosquée d'Aureng-Zeib (XVIIᵉ s.), prise du sommet
de la forteresse.

prendre des mesures extrêmes pour la défense permanente de
l'Hindoustan contre des envahisseurs étrangers.

Sur ces entrefaites, lord Wellesley tourna ses regards anxieux vers la Perse. Pendant l'anarchie qui suivit l'assassinat de Nadir Chah en 1747, le commerce antérieur entre la Perse et Bombay avait cessé. La Perse fut le théâtre de luttes sanglantes entre les Persans et les Turcomans, appelés autrement les Zends et les Kajars. Pendant une courte période, les Zends l'emportèrent; mais en 1794 ils succombèrent sous les massacres et atrocités des Kajars, trop horribles pour être décrits. Une dynastie kajare fut fondée par Agha Mohammed Khan. La Perse se vit alors exposée quelque temps à une agression russe [1], puis on put supposer qu'elle deviendrait un instrument des intrigues françaises. Aussi, après s'être débarrassé dans la péninsule méridionale de Tippou comme créature des Français, il était naturel que lord Wellesley parât à tout danger possible couvant au nord-ouest de l'Hindoustan.

En 1800, lord Wellesley envoya en Perse le capitaine John Malcolm en mission pour créer une diversion contre Zeman Chah, du côté du Khorassan, et contrecarrer tous les desseins éventuels de la France. La mission n'a pas laissé de trace dans l'histoire, mais Malcolm était un homme de son temps, et destiné à jouer un rôle important dans les affaires ultérieures de l'Inde. Il se distingua en Perse en prodiguant des présents au Chah et à ses courtisans, qui étaient également pauvres, vaniteux et mercenaires; il conclut un traité où le Chah s'engageait à agir au besoin contre Zeman Chah et à exclure tous les Français de la Perse [2].

1. Le conquérant kajar. Agha Mohammed Khan, étendait ses conquêtes vers l'est, lorsqu'une agression russe en Géorgie l'en détourna; il fut sauvé par la mort de Catherine II, en 1796, et le rappel inattendu de l'armée russe par son fils et successeur, l'empereur Paul. En 1797, Agha Mohammed Khan fut assassiné, et après une autre période de guerres et de tiraillements, il eut pour successeur son neveu, Futih Ali Chah, le second souverain de la dynastie kajare, qui mourut en 1834.

2. John Malcolm appartenait à la vieille école militaire des officiers politiques. En 1783, il débarqua à Madras comme enseigne à l'âge de quatorze ans. En 1784,

Cependant le progrès des affaires mahrattes attira l'attention sérieuse de lord Wellesley. En 1800, Nana Farnavese, le fameux premier ministre, trépassa. C'était un brahme, homme d'État du vieux type hindou. Pendant plusieurs années, il posséda réellement le pouvoir, et traita comme un enfant le défunt peichoua, Mahdu Narain Rao; mais Baji Rao, successeur de celui-ci, était plus âgé, plus expérimenté, et par conséquent plus embarrassant : il intriguait sans cesse contre son autorité. La mort de Nana Farnavese délivra Baji Rao du joug de son ministre, mais en l'exposant plus que jamais aux ordres incommodes de Daulat Rao Sindia. Peu de temps après, Sindia étant appelé au nord par des désordres qui avaient éclaté dans le territoire de Holkar, Baji Rao se trouva seul à Pouna, en mesure de poursuivre ses projets sans intervention quelconque.

L'État fondé dans le Maloua par Mulhar Rao Holkar traversait à cette époque une crise, qui poussa Daulat Rao Sindia à s'en mêler. Ailah Baï, la fille de Mulhar Rao, avait dirigé l'administration publique depuis sa mort en 1767. Elle avait transformé le village d'Indore en une riche capitale, et dorénavant le nom d'Indore fut appliqué aussi bien à l'État qu'à la capitale. Elle mourut en 1795, laissant Indore en la possession unique de Tukaji Holkar, qu'elle avait nommé commandant en chef.

Tukaji Holkar mourut en 1797, laissant deux fils légitimes, dont un était imbécile. Daulat Rao Sindia, accouru de Pouna à Indore, y joua le rôle d'un suzerain. Il plaça sur le trône le fils imbécile de Tukaji Holkar, et fit incarcérer l'autre, qui fut tué ensuite, son

il prit charge des prisonniers rendus par Tippou après le traité de Mangalore et exclua quelque gaîté par son extrême jeunesse. En 1791, il se distingua dans la guerre du Mysore sous lord Cornwallis. En 1798, il prit une part active au licenciement des bataillons français du nizam. Il n'avait que trente ans lorsqu'il fut envoyé en mission en Perse par lord Wellesley.

but étant de rendre prépondérante son influence à Indore. Mais un fils naturel de Tukaji parut sur la scène sous le nom de Jasouant Rao Holkar. Cet homme n'avait nulle prétention au trône, que lui interdisait la bassesse de sa naissance. Il s'était déclaré le partisan du dernier frère, que Sindia avait mis de côté; mais après le meurtre de son dernier frère Jasouant Rao s'enfuit dans la jungle et devint un *outlaw* et un bandit à la mode rajpoute. Il fut rejoint par une multitude de voleurs qui infestaient l'Asie centrale à cette époque : Bhîls, Pindharies, Afghans et Mahrattes. Il devint si formidable avec ces recrues que Daulat Rao Sindia dut marcher contre lui avec une armée considérable.

L'armée de Jasouant Rao Holkar comptait une vingtaine de mille hommes vivant tous de pillage. Il est inutile d'insister sur les détails des rapines et des meurtres qui caractérisaient leurs procédés et faisaient de Jasouant le fléau du Maloua et du Berar. En octobre 1801, Sindia et les bataillons français l'attaquèrent et le mirent en déroute; mais la déroute importait peu à cette époque, tant que survivait un chef dont le seul nom était un symbole de force pour toutes sortes de décastés et un point de ralliement pour tous les brigands et vauriens de l'Asie centrale.

Quant à Baji Rao, il était libre de toute contrainte. Nana Farnavese était mort et Daulat Rao Sindia occupé à établir son influence sur le territoire de la famille Holkar à Indore. En conséquence, le jeune peichoua se livra à un accès de sauvage revanche sur tous ses ennemis, réels ou supposés. Un échantillon fera connaître la férocité de ses actes divers. Un frère de Jasouant Rao Holkar avait commis quelque délit ou crime : il fut condamné à être traîné par les rues de Pouna, attaché aux pieds d'un éléphant. Baji Rao ne fut pas seulement sourd aux humbles supplications de sa victime, mais il se fit un plaisir de contempler l'exécution de

sa sentence et d'écouter les cris perçants du malheureux, à la perspective de sa longue agonie.

Baji Rao eut bientôt motif de regretter sa cruauté. On apprit
à Pouna que Jasouant Rao avait rassemblé ses forces éparses,
infligé quelques petites défaites à Daulat Rao Sindia, et qu'il se
dirigeait sur la capitale mahratte pour se venger sur le peichoua
des tortures infligées à son frère. Baji Rao éprouva une grande
consternation. Il fut sur le point de traiter avec les Anglais et
d'accepter leur protection. Sindia empêcha cette alliance en envoyant des troupes nombreuses pour rassurer le peichoua. En
octobre 1802, la bataille décisive de Pouna changea le sort de
l'empire mahratte. Les armées réunies de Sindia et du peichoua
furent défaites pas Jasouant Rao Holkar, et Baji Rao ne conserva
la vie qu'en se réfugiant à bord d'un bateau anglais au port de
Bassein, à vingt milles environ au nord de Bombay.

Baji Rao fut paralysé par le désastre. Un autre peichoua fut établi à Pouna par Jasouant Rao Holkar et Baji Rao ne vit devant lui
que la ruine. Dans cette extrémité il consentit au désagréable traité,
pourvu que les Anglais le restaurassent à Pouna. Le traité de
Bassein fut donc conclu le 31 décembre 1802.

Par ce traité, Baji Rao rompit tous les liens qui lui rattachaient
les princes mahrattes comme peichoua, seigneur suprême, suzerain. Il abdiqua formellement l'hégémonie de l'empire mahratte.
Il s'engagea à ne communiquer avec aucun autre pouvoir, pas
même avec les grands feudataires de l'empire, tels que Sindia et
Holkar, le giukouar et le raja de Berar, sans l'agrément du gouvernement britannique. Il céda aussi un territoire pour l'entretien
d'une force subsidiaire à Pouna. Il s'assura ainsi la restauration
sur son trône ; mais, selon la teneur du traité, il cessa d'être à la
tête de l'empire, ayant transféré sa suzeraineté à la Compagnie

des Indes orientales, et dorénavant n'étant qu'un feudataire, pieds et mains liés, du gouvernement britannique.

Le traité de Bassein est un gond dans l'histoire de l'Inde. Par lui l'Angleterre devint le pouvoir suprême, mais au prix d'une guerre mahratte. Pour un prince du caractère et de l'entourage de Baji Rao, il était impossible de remplir les obligations impliquées dans un tel traité : un peu plus tôt ou plus tard, il essaierait certainement de recouvrer sa situation antérieure. Il était également impossible à Daulat Rao Sindia de respecter les termes d'un traité qui détruisait le grand objet de son ambition, à savoir, le gouvernement de l'empire mahratte au nom du peichoua.

En 1803, Baji Rao fut conduit par une armée anglaise de Bassein à Pouna. L'armée de Madras, sous le colonel Wellesley, et la nouvelle force subsidiaire de Hyderabad sous le colonel Stevenson, s'ébranlèrent vers le sud dans la même direction pour protéger le peichoua. Or, même pendant le trajet, Baji Rao implora secrètement Sindia et le bhonsla, raja de Berara de venir à son aide et de le délivrer du joug anglais [1].

Sindia et le bhonsla entrèrent chacun en campagne avec une armée considérable et s'avancèrent rapidement près de la frontière occidentale des États du nizam. Wellesley et Stevenson les surveillaient de près quand la nouvelle du traité de Bassein vint les surprendre et déconcerter. Ni l'un ni l'autre ne se souciait de Baji Rao : théoriquement ils étaient opposés à la suprématie brahmanique. Sindia avait intrigué longtemps pour conquérir l'ascendant à Pouna et gouverner les feudataires mahrattes sous le couvert du peichoua, chaque raja successif de Berar nourrissait le désir de

---

1. Mudaji Bhonsla mourut en 1788 et eut pour successeur sur le trône du Berar son fils aîné Rughaji Bhonsla, qui régna vingt-huit ans et mourut en 1816. C'est lui que Baji Rao implora.

renverser les brahmes qui trônaient à Pouna pour les remplacer comme représentant la dynastie de Sivaji. Mais Sindia et le bhonsla préféraient encore la souveraineté des brahmes à celle des Anglais, et ils hésitèrent à conclure des traités avec lord Wellesley ou à commencer la guerre.

Dans l'intervalle, Sindia et le bhonsla firent tous leurs efforts pour induire Jasouant Rao à les rejoindre. Ils étaient prêts à tous les sacrifices, à ignorer la branche légitime de la famille Holkar et à reconnaître Jasouant Rao comme maharaja d'Indore. Mais celui-ci était richement doué de l'habileté et de l'astuce propres à sa race. Il fut prodigue de promesses concernant sa jonction aux alliés contre les Anglais, et il obtint ainsi de Sindia et du bhonsla la reconnaissance et l'encouragement dont il avait besoin; puis il retourna à Indore fortifier sa situation et attendre l'issue de la collision imminente avec les Anglais. A Indore, il reçut des invitations pressantes de Sindia et du bhonsla; mais il répondit chaque fois avec un semblant de franchise : « Si je vous rejoins dans le Dekkan, qui surveillera l'Hindoustan? »

Pendant tout ce temps, lord Wellesley était très alarmé par la présence des bataillons français de Sindia entre la Jumma et le Gange. De Boigne était rentré en Europe et avait pour successeur dans le commandement un violent républicain français, nommé Perron, que l'on savait hostile aux Anglais. Perron collectait les revenus du Doab pour l'entretien de ses bataillons; l'imagination de Wellesley était si enflammée par sa haine des Français, qu'il dépeignait Perron comme un souverain français dans l'Hindoustan supérieur, avec le Grand Mogol à sa merci et des ressources infinies à sa disposition.

L'état des affaires redoubla ses alarmes. L'expédition de Napoléon en Égypte avait révélé la grandeur de son ambition. Le jeune

Corse était prêt à marcher sur les pas d'Alexandre le Grand, d'Égypte en Perse et de Perse dans l'Hindoustan. La paix d'Amiens en 1802 ne fut qu'un intervalle de préparation pour de vastes projets. La nouvelle de la reprise des hostilités entre l'Angleterre et la France était attendue par chaque bateau venant d'Europe, et plusieurs politiciens, outre lord Wellesley, s'imaginaient que le rêveur impérial des Tuileries songeait encore à surpasser Alexandre en conquérant le monde oriental, de la Méditerranée aux embouchures du Gange.

Lord Wellesley couvait d'un œil jaloux la carte de l'Inde. Il examinait tous les endroits vulnérables de la côte où une armée française pourrait débarquer. La position commode de Baroche sur la côte occidentale, au nord de Surate, l'inquiétait particulièrement.

Baroche était un port appartenant à Sindia, il était situé à l'embouchure de la Nerbudda. L'imagination fiévreuse de lord Wellesley se mit donc encore au travail. Il se figura une armée française descendant la mer Rouge, traversant l'océan Indien vers le port de Baroche; une flottille française remontant la Nerbudda de Baroche au voisinage d'Indore; une armée française s'engageant dans le Maloua, suivie d'une multitude de Mahrattes et de Rajpoutes, rejoignant Perron à Agra et Delhi et prétendant conquérir l'Inde au nom du Grand Mogol.

En ce temps-là, le général Lake, commandant en chef de l'armée du Bengale, se tenait à Cawnpore, sur la frontière d'Oude. Lord Wellesley lui avait dit qu'une guerre mahratte était immi-

---

1. Baroche ou Broach, était tombé au pouvoir des Anglais, comme d'autres territoires dans le Guzerate, pendant la première guerre mahratte sous Warren Hastings, mais on l'avait cédé inutilement et étourdiment à Mahadaji Sindia lors du traité de Salbai, en 1782.

nente, et que, cette guerre déclarée, il devait aussitôt marcher sur

Fig. 95. — Hyderabad. Le char Minar et la grande rue.

Delhi, détruire les bataillons français de Sindia et occuper tout le territoire entre la Jumma et le Gange.

De leur côté, les colonels Wellesley et Stevenson continuaient de surveiller Sindia et le bhonsla dans le Dekkan. Sindia s'attendait encore à être rejoint par le traître Jasouant Rao Holkar, son langage concernant les Anglais et leurs alliés était plus hostile. Il insinua au résident britannique qui accompagnait son camp, qu'il entendait collecter le chout dans les territoires du nizam. Il était douteux, ajoutait-il, de savoir si la guerre ou la paix existerait entre les Anglais et les Mahrattes : cela se déciderait après qu'il aurait causé là-dessus avec le bhonsla raja de Berar. Sindia eut une entrevue avec le bhonsla, mais rien n'y fut décidé. Les deux chefs professaient être les amis du gouvernement britannique, mais le traité de Bassein les faisait hésiter. Ils prétendaient qu'on aurait dû les consulter avant de le conclure, que maints articles demandaient une plus ample discussion.

En août 1803, le colonel Wellesley mit fin à ces oscillations. Il dit à Sindia et au bhonsla : « Si vous êtes aussi amis des Anglais que vous professez l'être, prouvez votre sincérité en ramenant chez vous vos armées respectives. » Sindia répliqua que les Anglais devaient donner l'exemple, — en d'autres termes, que les Anglais devaient laisser Sindia et le bhonsla avec leurs armées de pillards menacer la frontière du nizam, tandis que Wellesley retournerait à Madras et que Stevenson rentrerait à Hyderabad. Sindia oubliait qu'il avait parlé du pillage des domaines du nizam et de son incertitude quant à la paix ou à la guerre. On fit donc observer à Sindia que c'était lui, et non le gouvernement britannique, qui avait rompu les relations amicales, et qu'il devait par suite en subir les conséquences.

Ainsi commença la seconde guerre mahratte. Le résident anglais quitta le camp de Sindia. Sindia et le bhonsla se dirigèrent vers le sud-est comme pour menacer Hyderabad ; mais leurs mouvements furent faibles et indécis. Leurs marches et contre-marches retardèrent toute action, plutôt qu'elles n'aboutirent à aucun plan défini.

A la fin, Wellesley et Stevenson concertèrent une attaque combinée sur les armées alliées. Quelque incident fit que Wellesley arriva seul près de l'ennemi au village d'Assaye sur la frontière du nizam; néanmoins il se décida à engager la bataille. Il ne disposait que de quatre mille cinq cents hommes, tandis que les Mahrattes étaient au nombre de cinquante mille. La bataille d'Assaye fut livrée le 23 septembre 1803. Le bhonsla s'enfuit aux premières décharges et Sindia suivit bientôt son exemple. L'artillerie mahratte pourtant fut très meurtrière, et Wellesley ne l'emporta que par des charges de cavalerie et d'infanterie. La victoire fut décisive; mais un tiers des Européens de l'armée anglaise resta sur le champ de bataille, morts ou blessés.

La victoire d'Assaye fut suivie de la prise de forteresses et d'une autre victoire à Argaum. Il serait fastidieux d'insister sur les détails des opérations militaires qui, quoique très louables pour le jeune Wellesley, devaient être éclipsées par ses victoires de la péninsule espagnole et de Waterloo. Il suffira de dire qu'à la fin de l'année 1803 la campagne du Dekkan était terminée et que les deux chefs mahrattes demandèrent la paix.

De son côté, le général Lake avait mené une autre brillante campagne dans l'Hindoustan. Il laissa Cawnpore en août 1803, défit la cavalerie de Perron à Alighur et s'empara de la forteresse de ce nom. Il marcha ensuite sur Delhi, défit l'infanterie française et entra dans la capitale des Mogols en héros et en conquérant. Plus de quarante ans auparavant, le dernier représentant de la

1. C'est lui qui, contre les myriades d'Assaye, fut aux prises avec une poignée de braves et vainquit. (TENNYSON, *Ode sur la mort du duc de Wellington*.)

dynastie du Grand Mogol, l'infortuné Cham Alam, s'enfuyait de Delhi au Bengale et se réfugiait auprès des Anglais ; dix ans après, il quittait sa retraite d'Allahabad pour la ville de ses pères sous la protection des Mahrattes. En 1803, il méditait sur la délivrance des Mahrattes et l'arrivée de ses protecteurs anglais à la cité d'Aureng-Zeib et à la tombe de Humâyun.

La famille impériale fut très excitée par l'arrivée de l'armée anglaise. Quelques parures et oripeaux furent fourbis pour mettre l'aveugle et vieux Chah Alam en état de recevoir le général anglais. Le pauvre descendant d'Aureng-Zeib se plaça lui-même sous la protection britannique : on le laissa dans le palais de ses pères, doté d'une pension libérale du gouvernement anglais.

Le général Lake confia la garde de Delhi au colonel Ochterlony et termina la campagne par la prise d'Agra et la victoire de Lasouari. La bataille de Lasouari détruisit les bataillons français pour toujours et mit les Anglais en possession de tout l'Hindoustan supérieur. Le sort de Perron fut assez extraordinaire. Dès le commencement de la campagne, il eut l'air d'un suppliant vis-à-vis du général anglais ; suspect à Sindia et comprenant que sa vie était en danger, il exprima le désir de se retirer sur le territoire anglais avec sa fortune privée, ce qui lui fut accordé. A la fin, il fixa sa résidence à l'établissement français de Chandernagor, où il tomba dans l'oubli.

Sindia et le bhonsla n'avaient d'autre alternative que d'accepter les conditions du gouvernement britannique. Ils conclurent donc des traités sur la base de celui de Bassein. Sindia renonça à toutes ses prétentions concernant les régions au nord de la Jumna et à l'ouest du Chambal, à toute mainmise sur le Grand Mogol, à toute collecte de chout sur les Rajpoutes, les Djâts et autres princes indigènes. Selon toute apparence, son pouvoir de mal faire semblait disparu sans retour[1]. Le bhonsla raja appartenait à un moindre fretin. Il céda Cuttack sur la côte et Berar à l'ouest, et porta désormais le titre de raja de Nagpore. Mais lord Wellesley craignait de faire parade de ces conquêtes aux yeux de l'Angleterre, à moins de pouvoir prouver qu'elles étaient nécessaires pour se protéger contre les Français. Il garda Cuttack parce que c'était le seul endroit de la baie du Bengale ouvert à une invasion par mer, mais il céda à titre gratuit, au nizam de Hyderabad, le territoire du Berar.

En 1804, lord Wellesley avait achevé son plan politique pour le gouvernement de l'Inde. Le guikouar de Baroda accepta la situation et céda du territoire pour l'entretien d'une force subsidiaire.

---

1. Les négociations avec Daulat Rao Sindia furent conduites par le major Malcolm et le général Wellesley. Le premier ministre de Sindia était un vieux brahme, né diplomate, à l'attitude acariâtre, altière, inflexible, que rien ne pouvait troubler. La demande la plus alarmante, la concession la plus inattendue, ne lui faisaient pas bouger un muscle. Malcolm dit qu'il n'avait jamais vu de visage pareil pour un jeu de cartes, et à partir de là le Mahratte grisonnant fut surnommé « Old Bray », le vieux parchemin. Des années s'écoulèrent, Wellesley retourna en Angleterre et devint duc de Wellington. Malcolm l'ayant rencontré, le questionna sur Talleyrand ; Wellington lui répondit : Il ressemble beaucoup à *Old Bray*, mais n'est pas aussi habile.

Des négociations en de telles circonstances n'étaient pas faciles. Malcolm alla au camp de Sindia et trouva le jeune maharaja presque aussi grave que son ministre. Une entrevue eut lieu dans une grande tente pendant une averse. Tout à coup, l'eau accumulée tomba à torrents à travers la toile sur un officier irlandais nommé Pepper. Le maharaja éclata de rire et toute l'assistance fit chorus ; adieu la gravité ! La pluie fut suivie d'un orage de grêle ; les diplomates et leurs suivants se mirent à recueillir des grêlons, qui sont aussi rafraîchissants que des glaçons dans les plaines brûlantes de l'Inde.

Mais rien ne pouvait prendre en défaut la ténacité de *Old Bray*. Dans une occasion ultérieure il demanda qu'on insérât dans le traité un article, où par respect pour la caste des brahmes dont faisait partie le peichoua, par amitié pour le maharaja Sindia et en vue de sa propre réputation, le gouvernement britannique défendrait qu'on tuât des vaches dans tout l'Hindoustan. Pareille demande, nuisible au bien-être des soldats anglais, sans parler des anglais en général qui attribuent leur supériorité à la viande de bœuf, fut rejetée comme inadmissible.

Les princes Rajpoutes et le raja djât de Bhurtpore abandonnèrent
volontiers leurs droits internationaux, avec toutes leurs guerres et
dissensions, pour être défendus contre les Mahrattes. La cession
de Cuttack par le raja du Berar combla la seule brèche du littoral maritime qu'eussent les Anglais entre Calcutta et le cap Comorin. Il ne restait qu'un petit pouvoir en dehors de la sphère du
nouveau système politique : c'était Jasouant Rao, le pillard
mahratte qui avait usurpé le trône de Holkar.

A cette date, le gouvernement britannique n'était nullement intéressé dans les prétentions, fondées ou non, de Jasouant Rao. Il
n'était en aucune façon responsable de son usurpation, car elle
était antérieure aux traités subsidiaires conclus avec les autres pouvoirs mahrattes. Le gouvernement britannique aurait pu servir
d'arbitre, mais il ne pouvait, en général, forcer ni le peuple
d'Indore ni les princes mahrattes à accepter son arbitrage. Il ne
pouvait pas conclure de traité subsidiaire ou protecteur garantis-
sant à Jasouant Rao les domaines de la famille Holkar, parce
que, d'après la commune opinion des États mahrattes, Jasouant
Rao était un rebelle contre le peichoua et un fils illégitime du dernier souverain, tandis que l'héritier légitime vivait encore. Mais
lord Wellesley voulait laisser Jasouant Rao à lui-même, pourvu
qu'il s'abstînt de toute agression sur le territoire du gouvernement britannique ou de ses alliés.

Mais Jasouant Rao était une sorte de guerillero du vieux temps
mahratte, un homme de la trempe de Sivaji avec les instincts
d'un bandit. Il n'aspirait pas, comme les Sindias, à être un
guerrier et un héros. Il préférait le butin au pouvoir politique
et aimait mieux commander des bandes de cavaliers déprédateurs, comme un autre Sivaji, que diriger les mouvements de
bataillons d'infanterie régulière, comme Mahadaji Sindia ou

Daulat Rao. Jasouant Rao Holkar se vantait d’avoir son domicile sur une selle et pour domaine tout pays où ses cavaliers pouvaient atteindre.

En 1803, tandis que les Anglais et les Mahrattes étaient engagés dans les guerres du Dekkan et de l’Hindoustan supérieur, Jasouant Rao Holkar fit un riche butin dans le Maloua et la Rajpoutana. Rejoint ensuite par des déserteurs ou des fuyards de Sindia et du bhonsla, il aurait pu sans la présence des Anglais dans l’Hindoustan, devenir le plus formidable déprédateur de l’Inde centrale.

Mais Jasouant Rao Holkar était mal à l’aise. C’était un Ésaü parmi les pouvoirs mahrattes, — ni craint ni aimé d’aucun d’eux. Les victoires des Anglais l’alarmèrent. Il était évident pour son esprit, moulé par la culture mahratte, qu’il avait un droit inhérant de collecte du chout que les Anglais devaient respecter. Il ne pouvait pas, d’ailleurs, garder ensemble ses gens sans pillage ou chout. Mais il craignit que les Anglais ne voulussent reconnaître les droits sacrés des Mahrattes et mettre fin à ses expéditions futures.

Jasouant Rao se mit à agir auprès des Anglais avec toute la circonspection d’un Mahratte. Il écrivit au général Lake une lettre arrogante, pleine de ses prétentions concernant ses prétendus droits, mais très amicale encore. Il continua de prélever en Rajpoutana le chout et du butin sur les alliés protégés, et en même temps il pressa les princes de secouer le joug britannique. Le général Lake lui répondit que les Anglais n’avaient aucun désir de le molester, mais qu’il devait absolument se retirer à Indore et s’abstenir de toute agression envers le gouvernement britannique ou ses alliés.

Jasouant Rao prit alors un ton plus décidé. Il demanda la per-

mission de lever le chout suivant la coutume de ses ancêtres. Il
offrit de conclure un traité, pourvu que le gouvernement britannique lui garantît la possession du territoire d'Indore. Mais il refusa
de quitter la Rajpoutana jusqu'à ce que les Anglais agréassent
ses demandes. Il écrivit des lettres encore plus péremptoires au
général Wellesley dans le Dekkan, le menaçant en cas de refus de
brûler, piller et tuer indéfiniment. Il invita Daulat Rao Sindia à
se joindre à lui pour une attaque des possessions britanniques;
mais Sindia, déjà dégoûté par sa duplicité, non seulement refusa
l'invitation, mais informa les autorités britanniques de l'alliance
proposée.

Il n'y avait pas d'autre alternative que de réduire Jasouant Rao.
Le général Lake reçut ordre de se rendre en Rajpoutana vers
le sud pendant que le général Wellesley irait du Dekkan vers le
nord, de façon à cerner Jasouant Rao et le forcer à se rendre à
discrétion. Mais une famine était survenue dans le Dekkan, les
pluies avaient manqué et le pays avait été ravagé par les armées
de Sindia et du bhonsla. Le général Wellesley ne put bouger du
Dekkan, mais il ordonna au colonel Murray de se rendre du Guzerate, vers le Maloua, avec des forces suffisantes pour coopérer
avec celles que pourrait envoyer le général Lake. Daulat Rao Sindia
offrit aussi de participer à la réduction de Jasouant Rao, qu'il déclara déchu de tout droit à la considération par son refus perfide
de se réunir avant la bataille d'Assaye aux armées mahrattes
alliées.

En avril 1804, le général Lake envoya une armée en Rajpoutana, précédée d'un détachement aux ordres du colonel
Monson. Jasouant Rao battit précipitamment en retraite à travers la Rajpoutana, vers le territoire d'Indore. En mai, les Anglais capturèrent la forteresse de Holkar appelée Tonk-Ram-

poura. La saison des pluies approchant, le général Lake retourna à ses cantonnements en laissant le colonel Monson tenir Jasouant Rao en échec.

Le colonel Monson avait avec lui cinq bataillons de cipayes, un train d'artillerie et deux corps de cavalerie irrégulière commandés, l'un par le lieutenant Lucan, l'autre par Bapoji Sindia, parent de Daulat Rao. Au mois de juin, Monson traversa le Chambal, puis gagna Kotah, où bientôt il fut rejoint par un corps de troupes au service du souverain de Kotah, un Rajpoute désireux de l'amitié du gouvernement britannique. Monson attendait chaque jour l'arrivée du colonel Murray avec ses troupes de Guzerate et d'un contingent que Daulat Rao avait promis d'envoyer d'Ujain. Il franchit la passe de Mokundra, dans le territoire de Holkar, et continua sa marche environ cinquante milles plus au sud.

Au commencement de juillet, le colonel Monson fut déconcerté par une série d'événements malencontreux. Ses provisions lui arrivaient très lentement. Il ignorait que la trahison était dans son camp. Bapoji Sindia envoyait des messages secrets à Jasouant Rao pour qu'il fît volte-face et tombât sur la brigade anglaise. Monson apprit ensuite que le colonel Murray, ayant pris peur, battait en retraite sur le Guzerate, et que Jasouant Rao, suspendant sa fuite, venait contre lui avec des forces écrasantes et un vaste train d'artillerie.

Le colonel Monson donna ordre de repasser le défilé de Mokundra, laissant derrière lui la cavalerie irrégulière. Peu après, Bapoji Sindia vint raconter que Jasouant Rao avait défait cette cavalerie et que Lucan était prisonnier. Pour combler la mesure de sa trahison, Bapoji Sindia, une fois le défilé franchi, lâcha les Anglais et s'en alla rejoindre Jasouant Rao avec tous ses cavaliers.

Monson, bientôt attaqué par toute l'armée d'Holkar, réussit pourtant à repousser l'ennemi.

Par malheur, au lieu de rester au défilé de Mokundra, le colonel Monson continua sa retraite jusqu'à Kotah. Le souverain de Kotah perdit courage à la vue des fugitifs et leur ferma les portes de la ville. La saison des pluies était alors en son plein. Monson se dirigea vers le nord, mais ses provisions étaient épuisées et ses canons gisaient dans la boue. Il fut obligé de les enlever et de détruire ses munitions pour empêcher que les ennemis ne s'en emparassent. Le commandant de Sindia arriva avec le détachement promis d'Ujain; mais lorsque les Mahrattes virent le pitoyable état des fugitifs, ils tournèrent leurs canons contre les Anglais et rejoignirent Jasouant Rao. Il est inutile d'insister sur les détails du désastre en traversant les cours d'eau, et sur les privations et souffrances sous des pluies incessantes. La retraite devint une fuite désordonnée pendant laquelle les cipayes anglais furent exposés aux charges et surprises continuelles de Jasouant Rao Holkar. Vers la fin d'août 1804, les restes de la brigade Monson arrivèrent enfin à Agra.

La retraite de Monson fut un de ces désastres qui renversent les plans des hommes d'État les plus habiles. Le système politique de lord Wellesley était en danger imminent. Pendant une courte période, c'en fut fait du prestige britannique dans l'Hindoustan. Jasouant Rao Holkar prit les proportions d'un héros mahratte, la plupart des bandes de voleurs de l'Inde centrale le rejoignirent. Les princes rajpoutes et djâts eux-mêmes, les alliés protégés par le gouvernement britannique furent ébranlés dans leur soumission par les succès du Mahratte victorieux.

Jasouant Rao s'empara de Muttra, puis se dirigea audacieusement sur Delhi pour se saisir de Chah Alam et piller l'Hindoustan au nom du Grand Mogol. Mais il fut battu aux environs de Delhi par quelques troupes que commandait Ochterlnoy, tandis qu'il lui surgissait un nouvel allié. Le raja djât de Bhurtpore, rompant ses relations avec les Anglais, se déclara en faveur de Jasouant Rao Holkar. La forteresse de Bhurtpore était la plus puissante de l'Hindoustan.

De grosses murailles de boue durcie s'élevaient autour de la ville comme un rempart de montagne. Pour Jasouant Rao ce fut là une bonne fortune inattendue. Il envoya dans cette forteresse son artillerie et son infanterie, et avec ses cavaliers il commença de ravager le Doab, comme un khan tartare de l'ancien temps.

Le général Lake entra en campagne avec sa cavalerie et bientôt mit en déroute et dispersa la cavalerie mahratte; les Anglais capturèrent la forteresse de Deeg, qui appartenait aussi au raja de Bhurtpore. Mais ensuite, au lieu de compléter la destruction de Jasouant Rao, le général Lake s'avança sur Bhurtpore et essaya, sans même un train de siège, de capturer l'imprenable forteresse. Pendant quatre mois, de janvier 1805 à avril, il dépensa la force de l'armée anglaise à deux tentatives d'assaut de ces énormes ouvrages de terre. Pour empirer la situation, Daulat Rao rompit sa vassalité envers le gouvernement britannique et se déclara pour Jasouant Rao Holkar.

Mais la fortune recommença bientôt à sourire aux Anglais. Le Raja de Bhurtpore prit peur et reprit son rôle de protégé moyennant une amende de deux cent mille livres sterling payée au gouvernement britannique. Des défaites infligées à Jasouant Rao ramenèrent Daulat Rao Sindia à la raison. Les difficultés s'aplanirent; la tranquillité allait se rétablir, lorsque le gouvernement de la métropole vint troubler les négociations. En effet, vers la fin de juillet 1805, lord Cornwallis débarquait à Calcutta, avec le titre de gouverneur général, et dès lors la politique du gouvernement britannique subissait un changement important. Peu de temps après, lord Wellesley rentrait en Angleterre.

* * *

Lord Wellesley était un homme d'État de l'ordre le plus élevé, qui utilisa les expériences politiques de la culture occidentale dans la conduite d'un gouvernement asiatique. Son génie fut libre des idées étroites, inhérentes au monopole commercial, qui pesa sur le jugement de Robert Clive et de Warren Hastings. Il fit plus de cas de la sécurité et du prestige de l'empire britannique dans l'Inde que des privilèges commerciaux de la Compagnie des Indes orientales, et par suite il se créa une foule d'ennemis qui ne pouvaient apprécier son intelligente prévoyance. Mais, nonobstant toute opposition, il établit la souveraineté du gouvernement britannique sur la plus grande partie de l'Inde et ensevelit à jamais la chimère d'une balance des pouvoirs.

On a comparé lord Wellesley à Akbar. Consciemment ou non, il chercha à ériger dans l'Inde un empire britannique sur des fondements pareils à celui d'Akbar. Il élimina pourtant l'esprit d'intrigue orientale, qui neutralisait un élément ethnique ou religieux par un autre, et travailla à assurer la paix et la sécurité de l'Inde en établissant le gouvernement britannique au-dessus des Mogols et des Mahrattes, et en protégeant les chefs rajpoutes contre les incursions dévastatrices de Sindia et de Holkar.

Il forma une école d'officiers politiques dont les aspirations se rattachaient à la prospérité de l'empire britannique plutôt qu'au maintien du monopole de la Compagnie : il prépara ainsi l'identification des intérêts anglais avec ceux de l'Inde, qui a été le grand œuvre du dix-neuvième siècle. Petit de stature et impérieux de volonté, ses admirateurs appelaient Wellesley « le glorieux petit homme ». Aussi longtemps que l'empire anglo-indien gardera une place dans l'histoire, le nom du marquis de Wellesley figurera parmi ses plus illustres fondateurs.

Lord Wellesley tomba dans des erreurs, mais des erreurs particulières au génie, — entre autres, la supposition, chez les ennemis, de desseins supérieurs à leur pouvoir d'exécution. Wellesley mesura l'ambition de Napoléon Ier et rêva un transfert d'armée française de la Méditerranée au Gange; mais il surestima les ressources aussi bien que la prescience du rêveur impérial, et se méprit sur les obstructions et les difficultés qui, enserrant Napoléon en Europe, arrêteraient sa marche sur les traces d'Alexandre. Il pourvut à la défense de l'Inde contre des plans qui n'existaient que dans son imagination, mais qui auraient pu se réaliser néanmoins, si Napoléon eût été un Wellesley, ou Wellesley un Napoléon.

Lord Wellesley fut le fondateur du service civil indien tel qu'il existe aujourd'hui.

Les anciens serviteurs de la Compagnie étant surtout marchands, il jugea avec raison que l'éducation mercantile est peu utile à des administrateurs civils, comparée à la connaissance de l'histoire, du droit, de l'économie politique et des langues de l'Inde.

De plus, pendant la première partie de la période commerciale, faire fortune fut trop souvent l'objectif principal, et cette préoccupation exerça certainement une fâcheuse influence sur les gouvernants anglais de l'Inde au dix-huitième siècle.

C'est dans ces vues que lord Wellesley fonda à Calcutta un

vaste collège, muni de professeurs compétents, pour l'éducation des jeunes civils frais arrivés d'Europe. Quoique pendant quelque temps la cour des directeurs se mît en travers de ses plans, il n'en résulta pas moins l'établissement d'un collège à Haileybury, où furent dressés les employés civils, jusqu'à l'introduction assez récente du système des concours publics.

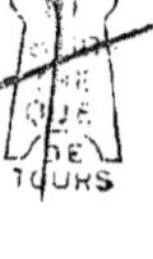

FIN

TABLE DES MATIÈRES